本书的出版得到了中央高校基本科研业务费项目
"媒介化社会背景下的本土健康传播理论创新研究"
（项目编号：QNTD202306）的支持

莎莎舞式的社会科学

超信息时代的研究方法

［美］克里斯丁·卢克（Kristin Luker）/ 著
陈　娟　邵成圆 / 译

SALSA DANCING INTO THE SOCIAL SCIENCES
RESEARCH IN AN AGE OF INFO-GLUT

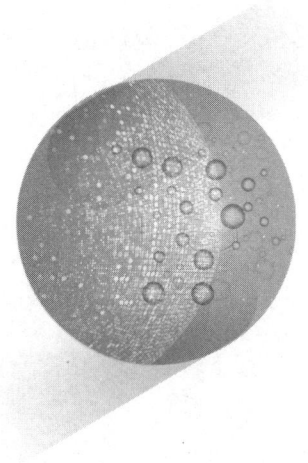

中国传媒大学出版社
·北京·

目 录

第一章 莎莎舞式的社会科学？ / 001

第二章 这一切的目的是什么？ / 014

第三章 典范社会科学的颂歌 / 026

第四章 这是一个关于什么的案例？ / 034

第五章 回顾文献 / 051

第六章 抽样、操作化和普遍化 / 066

第七章 深入核心细节 / 085

第八章 实地调查（和其他）方法 / 102

第九章 历史比较的方法 / 125

第十章 数据简化和分析 / 131

第十一章 去生活，像莎莎舞式的社会科学家那样 / 143

附录一 没有案例怎么办？ / 149

附录二 一些好用的工具 / 152

附录三 具体方法的参考文献 / 154

附录四 搜索日志 / 159

注 释 / 160

参考文献 / 198

作者注 / 224

致 谢 / 225

索 引 / 227

第一章

莎莎舞式的社会科学？

关于莎莎舞，我是认真的。多年来，我在加州大学伯克利分校、圣迭戈分校和普林斯顿大学教过很多天资卓越的研究生。这些经历使我越来越相信，莎莎舞（或其他任何能让你出汗并将工作抛诸脑后的运动）对于成功的社会科学研究而言至关重要。从社会学到政治学，从人类学到教育学，从社会工作到心理学，概莫能外。从表面上看，跳舞与社会科学研究似乎没有多大关系，而拿起这本书的你多半正在从事社会科学研究。但请相信我。莎莎舞是一种"实践"（practice，这个词会多次出现在本书中），也是一种比喻，它是可以让社会科学研究变得更轻松、更美好的方法。读完第一章，你就会明白其中的缘由。[1]

加入莎莎舞俱乐部其实是一个解决社会科学研究难题的奇招。当你的舞伴靠近你时，你的"内部传感器"（Internal Censor，也就是你脑海中经常出现的那个声音，它经常苛责你的愚蠢，并且告诉你一个自重的研究者绝不会做你这样的课题）会在迷人的舞蹈节奏中放松戒备。当你的双脚在舞池中踏出新颖的节奏，身体也随之舞动时，你会解锁新的知识领域，你会将跨领域的，甚至不同学科的知识联系起来，并会突然发现自己不知不觉中已有新的领悟。

我坚信，在即将到来的时代，最好的社会科学研究一定会建立在类似跳莎莎舞的过程中获得的那种大胆的、跨领域的见解之上。但我要告诫诸公：可千万别想着在未经任何训练时就"跳出热辣的舞步"。尽管莎莎舞在很大程度上需要即兴发挥，但它还是有基本的步法的。这本书就是要教你这些"步法"，让你成为一名"莎莎舞式的社会科学家"。

成为一名莎莎舞式的社会科学家（social scientist）意味着什么？通过多年从事社会科学研究以及指导前文提到的那些天资过人的研究生，我总结出了一套特别的方法，这套方法汲取了两种社会科学研究方法的优势——经典量化方法的严谨与理论建构能力,以及田野调查方法的自生性、开放性和实践能力——并在两者之间找到了最佳的平衡点。² 莎莎舞式的社会科学研究者就处在这个平衡点上,我们所关注的研究问题处于"公共社会学"(public sociology)和"批判社会学"(critical sociology)的交集(你也可以在这里加入你自己的学科)。我们提出的研究问题在社会层面有深远的意义(比如,"公共社会学"),但是我们提出研究问题的方式之一就是首先假设问题的根源至少部分在于我们传统的提问方式(比如,"批判社会学")。如果可以自由组合出一些关键词来定义莎莎舞式的社会科学,我认为莎莎舞式的社会科学研究在整体上关注语境脉络,在理论上推陈出新,在方法(methods)上自出机杼,它注重社会语境,致力于渐进式的理论建构,并且深切关注权力问题。³

在本书中,我将从三个不同的角度解释如何进行莎莎舞式的社会科学研究,并且,作为莎莎舞爱好者,我为自己(和你)准备的三个任务之间相互交织,密不可分。

我首先想严肃地讨论一个在哲学领域已经成为陈词滥调的话题,那就是我们认识和研究社会问题的方式本身就植根于我们所处的世界。这本书将谈及社会科学研究方法史,以此来说明那些我们通常认为是"好"的社会科学研究,包括我们关于如何实现这一目标的许多想法,都是受到皮埃尔·布迪厄(Pierre Bourdieu)所说的"常识成见"(doxa),即那些根深蒂固到被认为是理所当然的观念的影响。⁴ 具体来讲,我想讨论的一个重要问题就是,特定"研究方法"发展过程中的政治、社会和历史背景,以及其间各类利益相关者之间的权力关系,都在深刻地形塑我们关于什么才是"科学的"和"严谨的"研究的观念。

你可能认为提出这种观点等于自断后路,因为这意味着我们即将开展的研究也局限于其社会语境。但是我恰恰认为这种观点可以解放我们的研究,并且我希望读完这本书的你也可以这么想。这里同时提出了本书的第二个目标:我会提出一些实用的参考方法,从而帮助你掌握在社会科学研究中"跳莎莎舞"的一些关键步骤。我会教你,在已经知道某些"研究方法",无论在当下和过去,都不是原始性和非历史性的实践的情况下,如何去开展严谨的、令人信服的,并且在思想上相对坦诚的研究。⁵

这本书的第三个也是最后一个目标,是教你如何在充满不确定性的情况下展开高质量的莎莎舞式的社会科学研究,并且与此同时能保持理智,甚至享受研究的乐趣。⁶ 我将指导你完成一个研究项目的所有阶段,从理论到执行,再到与那些可能对研究方法持更传统看法的人进行论辩,以捍卫你的研究。

要知道,正统的社会科学研究方法已经在过多的"常识成见"之下变得僵化,我们对于怎样做好社会科学研究的理解也被一套僵硬而刻板的信仰所约束。学术界很多被广为接受的观念都是某个截然不同的时代的产物,比如学者应该怎样努力、何时工作、如何阅读,以及读什么书,这些仅是我打算一步一步推翻的众多"金科玉律"中的几条而已。它们只能让你痛苦不堪,是你展开真正属于你的激动人心而富有意义的研究的绊脚石。[7]

在我个人的经历中,我早年接受过定量方法(quantitative methods)训练,但是我很快发现我想要研究的问题并不适合用这种方法来解答。然而,当我转向定性研究时,我又发现我开始怀念定量研究那令我欣赏的严密性和逻辑性。并且,随着现代生活引发的众多问题变得越来越紧迫,我担心定性研究方法无法对权力问题展开充分的诠释。后来,那个我之前提到的两种传统形式的社会科学之间的缺失之地、那个平衡点,越来越令我困扰。后现代主义的兴起,以及我称之为超信息(info-glut)时代的来临,让我愈发渴望找到新的研究途径。在这本书中,我将主要谈论定性研究方法,因为它最适合我的学生们想要从事的研究,但这并不意味着从事定量研究的学者无法从莎莎舞式的社会科学研究方法中获益,并让它为你所用。

另外,我希望你能看到定性和定量研究的二元对立的荒谬性,并且认识到一个优秀的莎莎舞式的社会学家应该敞开胸怀,拥抱任何能帮助你理解社会生活中那些令你困惑又启发你探索的事情的方法。

莎莎舞在这里是一种隐喻,它代表着我将在这本书中教给你的各种社会科学研究方法,同时也是我想让你从事的一系列非智力训练的汇总。例如,就方法论而言,莎莎舞在研究中特别是在我所从事的研究中只有两个步骤,即理论和方法,但这两个步骤能否产生美感的关键都在于你如何去做。

与此同时,我希望你能将莎莎舞(或者瑜伽、看电影、举重,以及无数其他的放松形式),当作一种对于严谨的社会科学而言必不可少的,一种让人出汗、兴奋和放松的"训练"。因为只有当你学会像一个莎莎舞式的社会科学家那样玩耍,你才能学会像他们一样思考。

话说回来,我凭什么指点你呢?我的资历并非来自我多年的研究经验——尽管我的确从研究中总结了一些经验。我指导过许多如今快乐地从事学术工作的研究生,帮助他们发现了自己真正的研究兴趣所在,并学会如何在进行这些研究的同时保持理智。

我曾多年在加州大学伯克利分校的社会学系教授研究生第一学期必修的方法课。最近几年,我在加州大学伯克利分校法学院的法学和社会政策项目(JSP)中也教授了类似的课程。在这两门课程中,我发现无数的学生都想从事某种研究,但就是不知道该怎么去做。他们来自社会科学的各个领域,不仅有法律与社会政策类(历史、社会学、心理学、哲学和政治科学)的学生,还有城市规划、教育、商业、公共政策和人类学等领域的学生。

顺便说一句，我所说的社会科学的"方法"指的是一整套方案，它能指导你将自成体系的、严谨的智力探究理论化并付诸实践，以使你尽可能地接近"真相"(truth)。对我而言，"方法"的目标是建立这样一种研究设计：让你有令人惊讶的研究发现，并且让别人对你的研究结果感到信服。[8]

在本书中，你将读到很多关于社会科学中"真相"的问题。因此，你应该清楚，真理以及它的衍生概念——客观性(objectivity)，目前正面临巨大的挑战。许多社会科学家认为，这些概念本身并无问题，依旧像以往一样可靠且值得信赖。而另一些人则持有不同观点，他们觉得任何试图塑造"真相"的做法都荒谬至极，因为在他们看来，"真相"不过是一个来自古老、不成熟时代的遗留物。至于我自己，我认为在社会科学领域中追求客观性有点类似禅宗(Zen)所讲的开悟：我并不期望能够抵达绝对的真相或完全的客观之境，但我坚信这是值得我们不懈追求的。请允许我借助两个寓言故事来阐述这一观点。

古代的水手(葡萄牙人，而不是诗里的水手)凭借精美但却很差的地图完成了非凡的航海壮举。他们用于环球航行的地图边缘的大片空白区域甚至还写着"此地有恶龙"。我们也可以这样做。我们可以描绘出一幅比现有认知更为清晰的社会图景，即便我们的地图上依然布满了象征未知的现代版"恶龙"标记，我们所能抵达的远方仍将远超乎想象。[9]

另一个寓言由我的同事史蒂夫·爱泼斯坦(Steve Spstein)转述给我，其核心在于：即便是最激进的、后现代主义的、社会建构主义的"艾滋病解放力量联盟"(ACT UP)活动人士仍然会迫切追问"AZT 抗逆转录病毒药物是否有效"。换言之，有些时候，我们就是需要一个答案。[10]

但让我们回到我的学生身上——那些在真正想做的研究道路上屡屡受挫的年轻人。这些学生绝非不够聪明，恰恰相反。很多时候，他们并非没有系统学习过"方法论"、统计学和研究设计。但年复一年，这些聪颖勤奋的研究者不断地以可预见的方式在相似的困境中反复碰壁。

有一句话常被归诸不同人之口——从马丁·布伯(Martin Buber)到十二步疗法团体(Twelve Step)，他们说所谓疯狂，就是重复相同行为却期待不同结果。我年复一年观察我的学生，目睹相似困境如宿命般轮回，我不得不相信我们的"方法论"教学存在根本性谬误——甚至堪称疯狂。直白地说，我们固守陈旧的传授方式，学生便在新瓶装旧酒的困境中反复挣扎——所谓"新"，不过是相对于我们这代研究者曾面对的困境类型而言。

我开始相信，我们教授"方法"的错误之处在于那个催生"方法"的世界已经发生了深刻的变化，这种变化不仅体现在社会现实层面，还体现在我们对于如何思考和探索社会现实的前提与假设上,然而我们所教授的"方法"却尚未反映出这些变化。我敢断言,大多数从事社会科学研究方法教学的同行,至少面临三重共同困境。其一,我们的学术养成发生在前福柯时代(pre-Foucauldian era)——既未能真正消化福柯对既有认知体系的解构,更遑论其对理论范式的颠覆,至于他对方法论根基的动摇则更为我们所忽视。其二,我们成长于信息匮乏(information scarcing)而非信息爆炸的年代,这种时代烙印深刻影响着我们的世界观架构。其三,我们熟悉的线性思维世界,与学生栖居的非线性现实已产生根本断裂。本书后续章节将反复叩问这些命题,此刻且让我们逐一审视。

我所说的"前福柯时代",更多指一种时代思潮的标签,而非米歇尔·福柯(Michel Foucalt)本人。就如同 20 世纪初,"弗洛伊德"思想盛行,以至于历史上真实的弗洛伊德本人在其思想光芒的映照下都显得黯然失色。所以,生活在 21 世纪初的所有人,某种程度上都是"福柯主义者"(Foucauldian)——即便我们不一定了解福柯的作品。[12] 在此提到"福柯主义者",我的意思是,所有尝试从经验角度探讨人类处境问题的人,都对这项事业产生了前所未有的怀疑。我们不能再理所当然地认为——倘若我们曾经如此认为过——社会现实以某种简单的方式"客观存在"于那里,能让我们轻而易举地对其进行测量与研究。[13] 我们至少得接受这样一个现实:描述社会世界,就如同将一个模糊不清、变化多端、复杂多样且五彩斑斓的现实呈现在一幅黑白素描之中。[14] 用后现代主义的术语来讲,我们总是从自己的视角"优先解读"世界。知识即权力,而社会科学知识更是一种特殊的权力——因为整个社会仍倾向于认为我们掌握着某种绝对真理。因此我们应当明白,从事社会科学写作绝非仅仅被动地"报告发现",而是必然卷入各种权力关系。与其说我们是自认为的超然旁观者,不如说事实上——即使不是在实际观察过程中,至少在报告研究结果时——我们已经在改变所观察的对象。

如果你是一个挑剔的人,或者你具有哲学或科学社会学的背景,你或许会想,我在此描述的过程实际上在 20 世纪初就已经开启,只是随着后现代主义(postmodernism)的兴起,这一过程得以加速,并为更多人所知晓罢了。你这样想当然是正确的。然而,就我个人的经验而言,普通社会学家对这些趋势的接纳,是从福柯,尤其是他的《规训与惩罚》(*Discipline and Punish*)一书广泛流行开始的。我自己也经历了这样一种认知转变:从几乎没有人能准确说出福柯的名字,到这个名字频繁出现在各类有关性、种族 / 族裔关系、法律权威,或是福利国家的研讨会上,而这还仅仅是我近期教学经历中涉及的几个领域而已。

除了福柯及其所代表的思潮的影响,我提到的第二个主题是,如今可供我们使用的信息总量已经超出了人类处理信息的能力,这从根本上把教导他人的人与需要接受教导的人区分开来,但并不是以人们所预期的那种方式。[15] 在我任职的大学里,图书馆藏有

900万册图书;并且还有计算机辅助的馆际互借服务,能帮我获取数百万种书刊资源。不仅如此,在撰写本书时,我的个人资料库中有248个数据库,其中包含无数的期刊文章、研究报告、新闻报道,以及专业学术资料,仅仅其中一个数据库(LexisNexis)就约有10亿个文档。可供学者使用的信息数量呈现出爆炸式的增长态势。然而,许多教导他人的人仍然在无意识地依赖那套源自信息匮乏时代的研究策略。在我求学的那个时代,让学生进行"文献梳理"是一回事,可当如今"文献"本身意味着数十亿个文档时,再让学生去梳理文献,则完全是另一回事了。[16]

第三件对我们这一代人产生影响的事情是,我们成长于一个与现今世界相比更为线性的世界,这意味着像我这样的很多人传授给年轻人的知识,都是基于某些关于线性世界的既有假设,也就是我之前提到的"常识成见",而那个线性世界早已不复存在。杰克·古迪(Jack Goody)和伊恩·瓦特(Ian Watt)在一篇精彩的文章中指出,识字率的提高从根本上改变了人类大脑的工作方式,同时也改变了社会的运行模式。[17]在线性世界这一问题上,我在学生身上看到了类似的变革,我个人认为这一变化应归因于(或者说得益于)互联网的出现。

以我的经验来看,在互联网问世后成长起来的人们,不再认为世界是按照某种既定逻辑运行的,并非像从A到B再到C那样有规律地发展演变。他们习惯于沉浸在海量信息当中,并借助超文本链接跳转至任何想去的信息源,而非沿着一本书或者期刊文章作者所指引的线性路径去探索。

这对他们而言是自然而然的事,但我们这一代人却很容易在失去标注着开始、中间和结束的路标时感到紧张。我在网上总是感到无所适从,常常不明白自己怎么就从福音派基督徒的页面跳转到了法国一所小学本周午餐的页面(这是一件真实发生过的事情)。

传统的研究方法论基于认识论(epistemology),也就是关于我们是如何获取知识的一套既有的观念,而认识论反过来提出某种线性的体验世界和研究世界的视角。[18]上过方法课的人应该都知道这个机制就隐藏在自变量、因变量和条件变量的概念里。如果你曾经必须背诵这样的句子,你就会明白我的意思:"A导致B,但仅在C存在的情况下。""A和B是假相关;A实际上是由C引起的。"[19]这就是说,我们会假设A在某种意义上导致B,并且A在逻辑上和时间上都先于B。

这种线性的观念影响着传统的社会科学家眼中世界运行的方式,同时——这是一个关键点,请画重点——它还隐秘地奠定了我们在那个世界里展开研究以及对那个世界进行研究的实践活动的基础。A导致B,意味着所有像样的研究项目都必须事先设置一个自变量和因变量,也意味着研究的展开被视作一个线性的过程。我们应该设计研究问题,搜集数据,分析数据,然后认真地撰写研究发现。我们在后面的章节讨论如何进行莎莎舞式的研究时,你就会发现,事先指定一个"自变量"和"因变量"在多数情况下会让人迈错第一步,这简直就是痛苦的根源,而把我们从事的研究当作一个线性的、有秩序的过程则会让人崩溃。[20]

让我具体解释一下我所说的这些相互巩固的进程是如何令做研究比以往任何时候都更具挑战性的。在我成长为社会科学研究者的20世纪70年代初期,信息极其匮乏。在那个没有互联网和手机的世界,计算机的体积相当于一个车库,必须预约才能使用;信息和专业知识既稀缺又昂贵,"懂某件事情"的标准是什么——虽没有明说,但大家都心照不宣。社会科学的"领域"划分非常清晰,当时出现的少数(但极少)跨学科的研究问题通常只跨越两个或最多三个领域。对于一个崭露头角的年轻学者来说,成功的道路就是掌握一个晦涩难懂但界限清晰的领域,并且要比其他任何人都懂这个领域的知识。

一个人如何才能"掌握"一个晦涩难懂但界限清晰的知识领域?他当然要去查找文献,而文献本身则被一套既有的"规范"约束[我的同事罗伯特·贝林(Robert Berring)称其为"过滤器"(filter)]。虽然大多数学者都对这套规范不甚了解,但学者对什么样的文献必须认真对待,什么又是可以忽视的却是十分清楚的。[21]例如,本领域或相近领域的采用同行评审制的顶级期刊文章必须认真对待,而其他学科的论文、未发表的报告或新闻报道就没有如此待遇。我将在后续章节详细讨论互联网的兴起对社会科学研究产生的元效应,但现在你只需要思索这件事:曾经,有地位的社会学家可以随意地忽视人文学科的最新进展,更不用说文化研究了,只有专家才会去研究历史。

那时候,非学术的、明显具有倡导性的文献的学术性很轻易就会被否定,因为这些书的作者没有博士学位,并且没有通过采用同行评审制的大学出版社发行。综合以上因素,这些界限清晰的研究领域和经过"过滤"的信息使得年轻学者可以相当容易地掌握相关文献,并且幸运的话,还可以准确地定位自己能做的贡献。

我将在第五章深入讨论如今做"文献梳理"意味着什么,但现在,我想先举一个我自己生活中的鲜活的例子,以此说明我这里提出的重大理论问题。

我二十多岁的时候在耶鲁大学修过一门人口统计学的研究生课程,也是在那个阶段,我开始意识到一个微小的精子竟然就能决定一个女人的命运。作为一个新生代的女权主义者——那一年是1968年——我开始着迷于怀孕问题以及社会对怀孕的管制,并决定研究堕胎问题。很快,我对堕胎有了非常深入的了解,当时的地球上可能只有四五个人比我更懂这个问题,但我也可以告诉你他们为什么,以及如何能比我懂得多。[22]这并不是因为我是一个特别聪明的社会学家,而是因为那时怎样算"了解"堕胎问题这一标准十分明确,并且我所掌握的"文献"已经经过了过滤(另外一个原因,你可能也猜到了,我当时沉迷这个选题,而且非常年轻)。

具体来说，因为堕胎在1968年并不是一个重要的议题（1973年堕胎在美国全国范围内被合法化以后才引发了广泛的争议），我也没有想过在国际范围内考虑堕胎问题——我所接触到的"文献"本身在这方面也相当有限。因此，经过过滤，我可以很快辨别出哪些是对我有用的，哪些是可以舍弃的文献。例如，我知道我必须读《人口统计学》(Demography)上发表的有关堕胎的论文。但《天主教医生杂志》(The Catholic Physicians' Journal)和《华尔街日报》(Wall Street Journal)上发表的相关文章我可能就不用读。

在信息有限的情况下，相比信息的广度，对某类信息的深度把握更有价值（这也是我所说的"训练"之一）。在这方面最有说服力的例子是贝蒂·福塞尔讲述的她丈夫在哈佛大学英语系时参加口语考试几乎不及格的故事，因为他不知道威廉·华兹华斯、塞缪尔·柯勒律治，还有马修·阿诺德小时候在哪里上学。饱学之人往往对琐碎的细节了然于胸，如果一个人知道某件事的细节，那他肯定对这件事有非常深入的了解。[23]

但是一切都已经改变。过去，由于掌握的信息量有限，我们对研究的思考与我们拥有的信息之间存在一种相互确认的关系，一个人的研究能力体现在他能否比别人掌握更多的关于某个很小的领域的知识。今天仍然有这样的领域，即使社会科学中也还存在这样的子领域。但是对于大多数读这本书的人来说，知识不是来自对某些深奥的事实或技术的掌握，而是来自跨越传统界限，将不同领域的知识融会贯通——是广度而不是深度。这意味着我们要将经济学的见解与历史知识相结合，或者将人口统计学与分层理论相结合。做这件事当然有陷阱，我们后面将讨论这个问题，但无论这是否是进行现代研究最好的方法，我的大多数学生如今都在以这种方式思考学术问题。[24]

理查德·彼得森（Richard Peterson）和罗杰·肯恩（Roger Kern）在1996年提出的观点可以支持我所说的这一观点。他们认为，在大的社会世界做"区分"（distinction）的时候，优势的到来往往就在用他们的话说"从闭门造车到旁学杂收"的转变过程之中。[25]尽管他们谈论的对象是艺术作品，但我认为他们的观点也适用于人们思考学术研究的方式。

彼得森和肯恩发现，过去一个人可以通过深入了解一种高雅艺术来展现自己的修养（"啊，是的，这是晚年的莫扎特"），但如今，显示一个人的修养的是他在多个领域之间来去自如的本领（啊，是的，卡特家族，这使我想起了晚年的莫扎特）。[26]

我们不妨仔细想想这件事情。布迪厄和他的追随者提出的重要观点是，一个人所拥有的"文化资本"决定了他是受欢迎的人还是loser（失败者，用高中生的话说）。[27]而不同的人拥有的文化资本的差异对于"社会闭合"（social closure，即根据某种标准排除一些人，同时纳入另一些人）机制的运作来说至关重要。[28]

文化资本的有用之处在于它表面上看起来非常民主，以美德为基础，并且在名义上对所有人同时开放。当然，歧视（discrimination）和分类（sorting）一直存在，只是在隐秘地发生。[29]

回到社会研究当中，正如彼得森和肯恩所说，高等教育的普及和"讲解"高雅艺术的媒体节目的流行（想想像 Sister Windy 这样的节目以及公共广播，Sister Windy 是一档在当时具有一定影响力的讲解高雅艺术的节目）削弱了曾经与歌剧、现代艺术和交响乐密切相关的文化资本（cultural capital）。所以现在"有教养"的标志是拥有跨越传统领域的边界建立联系的能力。但与此同时，文化资本又一次变得稀缺，因为行走在多个领域之间，你的发现必须能够说服文化权威人士，必须让他们看到令人"兴奋"的炉火纯青的学识。[30] 简言之，你必须结合外控型和内控型洞察力来拓展你的"思想领域"。[31] 我相信，随着适配个人电脑的统计软件的增多，曾经与数据分析技能相关的文化资本优势也将被减弱。此外，在过去的几十年里，社会研究的读者群也产生了巨大的变化，马尔科姆·格拉德威尔（Malcolm Gladwell）的书的流行见证了这个变化。[32] 高等教育的普及在削弱高雅艺术作为"区分"标志的同时，催生出一批新观众，他们渴望了解社会生活，却难以忍受社会学家为构建内部圈子而创造的专业术语和复杂的技巧。[33]

我想，还有另外一些不寻常的事情。在我的职业上升期，只有拥有博士学位并在名牌大学就职的学者才有资格提出"合法的"关于社会世界的理论和研究发现。在今天，我猜这群学者只是众多正在生产关于社会世界观点的人中的一小部分，很可能只是极少数。非政府组织（NGO）、有政治立场的智库、联邦和州政府，以及像兰德公司和美国国家数学科学研究所这样的研究机构都在提出理论和研究发现。这些研究（如果你愿意，也可以称其为"产品"）在美国传统基金会这样的机构出成果的速度很快，而且它们往往比学者的研究更具活力，也更容易阅读。[34] 此外，结合前面提到的一个主题，网上也有许多自称"研究"但却实在愚蠢的内容。美国所有的社会活动组织似乎都设立了"研究主管"这个职位，其职责是利用"科学"的名义，宣布自家立场是唯一可取的立场。若真如此，那真是应了彼得·斯坦纳（Peter Steiner）著名的《纽约客》漫画中的那句话："在互联网上，没有人知道你是一条狗。"网上的信息的确未经罗伯特·贝林所说的"过滤器"的筛选，这些过滤器曾经代表着"水果蛋糕"式研究和可靠的学术研究之间的区别。

如何教聪明的人在这个新世界里做研究，如何重新思考社会科学，这些都是我思考了很久的问题。作为一名社会学家，我会从社会学的视角来思考这些问题。以下这些因素——福柯主义的影响、超信息的出现和线性思维的式微——已经向传授我们研究方法的那个传统体系提出了严峻的挑战。要想摆脱传统的、充满束缚的社会研究的框架,我们需要理解社会研究和研究者的社会角色的变化。

那么,在我眼中你是什么样的人呢?在我看来你应该做什么样的研究呢?我假设你是社会科学某个领域的研究生,或者是年轻的高校老师。当然,你也可能是一个成熟的本科生,你甚至可能是比我更资深的学者,但你感到传统的研究方法,无论是定性研究还是定量研究,都与你的研究旨趣格格不入。

至于你的内心和灵魂,我想你进入社会科学领域,很可能是为了找到一些关于周围世界以及你所经历的某些巨大变革的答案。你很困惑为什么像世界银行这样的组织会呼吁各国将公共用水私有化。你想知道孩子在"女性学校"还是在"男性学校"会学得更好。或者,你想知道为什么人们会做一些危险的事情,比如使自己暴露在感染艾滋病病毒的风险之中,或者不筹备退休计划,以及为什么美国白人和非裔之间存在持续的"成就差距"(achievement gap)。你想知道 20 世纪 90 年代后期,已经存在于美国社会 30 年之久的平权法案为什么突然遭遇强大的反对浪潮;你还想知道平权行动——不管我们如何定义它——是否"行得通"。

简言之,你进入这本书所涉及的社会科学的某个领域是为了寻找答案。在我的研究生课堂上,最痛苦但最终又最让人欣慰的时刻之一,就是当我告诉聪明、勤奋的学生——他们往往是社会正义之战中的老兵——很可惜,我手中并没有他们迫切寻找的答案,而且据我所知,社会科学界的其他人也没有答案。

这是个坏消息,但好消息是:我无法想象有任何一个地方,比社会科学专业的研究生院更适合去探索并为自己找到答案。在所有社会科学领域,都存在着一些久经考验的结论和研究工具、一些了不起的理论模型,以及一些令人振奋的学术方向(其中一些将在本书中探讨),它们能够帮助你找到你需要了解的东西。但是,要抵达那个目标,你必须摒弃学院里的一些老师(以及研究生同学,甚至是研究生院的氛围)向你灌输的许多关于你自己、你的学科,以及"文献"的传统认知。最重要的是,你或许得摒弃他们所传授的大部分关于如何做研究的内容。

就我的学生而言,无论是以前的还是现在的,你都会被一些现象所吸引,这些现象从学术角度紧紧抓住了你,但当你试图向别人讲述它们的迷人之处时,却难以描述清楚。很多时候,你甚至无法向自己研究生院里最要好的朋友解释你想研究的东西究竟有什么吸引人的地方,更不用说你的导师了。

为了表述简便,我把你感兴趣的东西统称为"公共社会学"——或者公共人类学、公共政治学、公共城市规划。通过"公共"(你可以自行补充具体学科),我指的是有理论依据、严谨的社会科学研究,它探究的是困扰社会和普通大众的重大问题,而不只是那些能帮助你在社科学者小圈子里获取声望的问题。[35]

现在，我们就从这里开始说一说你应该忽略的事情。每个精彩的故事往往都有一个反派角色，而在这个故事中，反派就是我称之为"典范社会科学"（canonical social science）的东西。在现实生活中，我尊重且敬佩典范社会科学，并且把自己视为这个学术大家庭中的一个异类。倘若没有接受过典范社会科学的训练，再加上一些人口统计学知识，我便不会像如今这样享受做研究的过程。不过，出于论证的需要，我要把典范社会科学当作一个稻草人来树立，因为它依旧代表着传统的研究方式，反映的是一个已然不复存在的世界。但请放心，我打算教你如何从典范社会科学，还有正统的社会科学、历史学、人类学，以及这个清单上的其他学科中，挖掘出许多真正有价值的东西，以此助力你实现自己的目标。我将教你如何取其精华、去其糟粕，也会向你说明这样做你能得到什么（以及有可能失去什么）。

让我们再次回到你感兴趣的案例——世界银行为何推动玻利维亚水私有化，单性别学校是否更具优势，或者 20 世纪 90 年代反对平权运动的声音缘何而起。如果你的导师是我这一代接受过规范训练、声誉良好的社会学家（或政治学家），他会问你的研究假设是什么。要是你在回答这个问题时畏畏缩缩，他可能会接着问你的自变量和因变量分别是什么。再进一步，他会询问你的研究问题究竟是什么。这时，你的脑子很可能会一片空白，感觉自己就像一只被困在马路上的兔子，汽车大灯正直直地照着自己。你拼命地解释水私有化、美国不断攀升的监禁率，或者青少年性行为是多么有意思的研究课题。[36]当你和导师在分配给你的答疑时间结束后分开时，你们很可能都感到十分挫败。

我会在接下来的几页探讨这个问题，但关键在于，你的导师，某位典范社会科学家"先生"或"女士"（Mr. or Ms. Canonical Social Scientist，以下简称"CSS"），可能希望你进行某种预测（prediction），而你想做的却是发现（discovery）。最令人遗憾的是，你们都没有意识到，在交流过程中，双方"跳着不同的舞蹈"。CSS 试图教你如何"跳古典的维也纳华尔兹"，而你却想"跳莎莎舞"，尽管在拿起这本书之前，你并不清楚这就是自己真正想做的。

另一方面，假设你有一位和蔼可亲的导师，允许你不回答他的问题就去"实地"（即便这个"实地"仅仅是图书馆），那么，一种比被迫提出自变量和因变量更糟糕、更可怕的命运或许正等着你，这就是我所说的万条检索诅咒（Damnation of the Ten Thousand Inder Cards），或者万条电子笔记诅咒。无论哪种诅咒，都容易降临在那些懵懂的研究生身上。他们花费多年时间（至少三年，有时甚至超过十年）收集数据，却始终未能找到初次踏入那个美妙"实地"（或进行丰富文献检索）时想要探寻的东西。在那里，他们坐在电脑屏幕前，难以逃脱被诅咒的厄运，不知道如何从一万条条目中梳理出一个故事。或者，更糟糕的是,当他们再次翻阅这一万条条目时,终于偶然发现了一个故事,可他们极其需要的那条信息(或数据)却已回到数据库中,只因他们之前并未意识到自己需要它,又或者它已经消失不见,再或者他们承担不起重新检索的成本。或是,他们确实找到了,但却发现收集到的数据有百分之八十都毫无用处。正如伟大的女权主义社会学家宝琳·巴特(Pauline Bart)曾说过的:"数据,数据无处不在,但却无从思考。"还有一种折中的结果,也是我自己常常遭遇的,即你可能真的找到了研究问题,获取了你所需要的数据用以说明情况,并且有一个令人信服、文笔优美的故事可讲。唯一的问题是,你还有大量未使用的数据,整个研究项目至少多耗费了你四年时间。与其他结果相比,这还算不错,但也称不上好。

不过,希望犹存。我想我可以保证,如果你仔细阅读这本书,并用心践行它所建议的原则,就不必将你有趣且丰富的案例研究硬塞进一种与它完全不匹配的自变量和因变量格式中。你也不必花费三到十年的时间收集数据,最终沦为万条检索诅咒的受害者。这本书将告诉你如何在新千年里像社会科学家一样思考(和"舞蹈"),以及为何你面临的困境是一个深刻的社会学问题,而非个人困境。

更好的事情是,我保证我们在这一过程中将要讨论的社会学方法,在依据你的个人特质以及你想从事的研究类型做出调整后,将会让你获得解放。

本书的编排与我所讲授的方法论课程的内容大致相同,且或多或少遵循了开展一个研究项目所需完成的步骤。不过,就如同生活中的许多事情一样,构建一个研究项目的方式多种多样,你会发现,我们会反复重温一些关键观点和原则(还记得前几页关于非线性的讨论吗?可以说,在这里它得以践行)。我期望这能成为一次类似学习瑜伽的经历,当你初次尝试时,会感觉身体僵硬、动作生涩,但随着基础逐步夯实,在这个过程中,你会对每个动作以及自身有越来越多全新的认识。

练习:入门练习

在这本书中,我会安排你做一些练习。我强烈建议你认真完成这些练习,并且将它们记录下来。我知道你此刻可能在想:每当书中让我做写作练习时,我都会立刻选择无视。我总是觉得,只要读一读练习的内容,然后在脑海中过一遍就算完成了,这和动笔写下来没什么区别。

不管怎样,我已经在不断的尝试与犯错中认识到,这种想法是个严重的错误。当你把想法付诸笔端时,一些奇妙的事情就会发生(在关于实地笔记的章节中,我会建议你在与他人,甚至是自己的亲人交谈之前,先把要表达的内容写下来)。我个人的观点是,相较于阅读和交谈,写作所调动的是大脑中截然不同的区域,它就像是通往神奇世界的一扇大门。曾经有人问靠创作剧本谋生的巴尔扎克是否喜欢刚刚看过的一场戏,据说他是这样回答的:"我怎么知道呢?我还没开始写评论呢!"巴尔扎克的话很有道理,我发现,当我把事情写下来时,所写和所想的内容常常是我之前从未认真思考过的。小说家们有时会说,他们笔下的人物会做出一些让自己都感到意外的举动,我想这便是上述现象在社会学领域的体现。

前面关于理论我已经说得够多了,现在你可以设置一个15分钟的倒计时,然后动手写下:在确保不会失败的前提下,你想要研究关于社会世界的哪些问题。大胆地去构思,拼写和语法都无关紧要,你可以在书写过程中随意删除或改写内容。

请保存好这个文档,因为它包含着重要线索。在你阅读这本书时,更重要的是,在你的研究项目期间(甚至贯穿你的整个学术生涯),你需要不时回过头来查看这些线索。我有一个研究专用的笔记本(任何普通的活页夹都可以),我建议你也这么做:这个文档就是你的第一篇笔记。

第二章

这一切的目的是什么?

在本章的开头,我们先来做一个随堂测验:请说出唯一一位获得诺贝尔奖的美国社会学家。你是不是毫无头绪呢?需不需要我给你一些提示?好吧,她是一位来自芝加哥的女性社会学家(women sociologists)。你还在苦苦思索吗?答案是简·亚当斯(Jane Addams),她是赫尔之家(Hull House)的创始人,于1931年获得了诺贝尔和平奖。[1]

等一下,你可能会反对,简·亚当斯不是社会学家啊。好吧,是,也不是。我们不妨就从这里切入我们要谈论的事情,以及为什么了解亚当斯和社会学对于我们像新千年的社会科学家一样思考问题来讲很重要(这个故事来自社会学,但其他社会科学学科也有类似的故事)。

事情是这样的:亚当斯如今更多地被看作一名社会改革家,但她曾经是一名社会学家。她在芝加哥大学任教,当时那里的社会学系正在美国创建社会学这个学科。[2]该系的第一位主席阿尔比恩·斯莫尔(Albion Small)让亚当斯成了部门的编外人员,后来又为她提供了一个兼职的职位。[3]亚当斯直到1935去世之前一直是美国社会学学会(American Sociological Society)的特许会员,在1952年之前,这个学会是美国社会学协会(American Sociological Association)的前身。亚当斯在《美国社会学杂志》(*American Journal of Sociology*)上发表了至少五篇论文,她的书也常常在该期刊上受到好评。乔治·赫伯特·米德(George Herbert Mead)、查尔斯·H. 库利(Charles H. Cooley)、威廉·I. 托马斯(William I. Thomas)、威廉·E. B. 杜·布瓦斯(William E.B. Du Bois)和约翰·杜威(John Dewey)这些名人都是她的好朋友。[4]

当我们想到美国社会学的奠基人时,怎么就没想到她呢?为什么她不是我们在学习马克思、涂尔干和韦伯时了解到的社会学血统的一部分,更不用说美国本土的社会学家了,比如威廉·格雷厄姆·萨姆纳(William Graham Sumner)、莱斯特·沃德(Lester Ward)、赫伯特·布卢默(Herbert Blumer)(和我提到过的亚当斯的朋友们)?[5]

我认为有三个原因,而这三个原因都与这本书要探究的核心问题有关。首先,正如玛丽·乔·迪根(Mary Jo Deegan)所说,亚当斯是一位女性,但人们普遍认为社会学是一项思想强硬的、科学的事业,而对于早期的硬核社会学家想要推动的专业化计划(professionalization project)来说,女性似乎太,嗯,女性化了。[6]

其次,亚当斯是一位社会改革家,她一心致力于让美国变成一个更美好的国家。赫尔之家的整体理念是将享有特权的年轻人汇聚起来,让他们与城市居民共同生活并理解这些居民,而城市居民中有许多是移民。[7]社会改革(social reform)以及其中所蕴含的激情与坚定信念,与社会学在学术界逐步发展成熟过程中所推崇的科学客观性大相径庭。在第一次世界大战之后那段思想和政治氛围压抑的时期,这一问题尤为突出。[8]

最后——也是最难以预料的,也是本书最核心的问题——当时的(男性)社会学家认为,亚当斯的研究在方法上是可疑的,因为他们发现它——你准备好了吗?——太过量化。亚当斯的事业在很大程度上受到了英国的睦邻会社运动(Settlement House Movement)的影响,而这项运动又深受维多利亚时代人们对计算和测量之痴迷的影响。[9]在"社会算术学"(Social Arithmetic)的名义下,亚当斯和她的同事运用调查问卷以及其他定量研究方法,在她所在的社区开展了一些近似于我们如今所说的"需求评估"的工作,不过,这样的描述远不足以充分体现《赫尔之家地图与论文集:芝加哥拥挤地区的民族与工资状况展示,以及对社会状况引发问题的评论与论文》的格局与远见卓识。[10]然而,芝加哥大学社会学系的男性学者们却认为,社会数据统计(也就是定量研究方法)显得过于刻板,缺乏精妙之处,而且太过"女性化",无法达成他们心目中真正意义上的社会学研究目标,于是他们转而采用生活史记录、参与式观察以及"共情理解"(verstehen)等研究方法。最后这种研究方法在威廉.I.托马斯(William I. Thomas)和费洛里安·兹纳尼茨基(Florian Znaniecki)的不朽著作《波兰农民》(Polish Peasants)中达到了巅峰(尽管如今鲜少有人读过这部著作)。[11]

如果你想从社会学的角度来思考这个问题,你或许会认为,这种分歧是由20世纪初在芝加哥大学及其周边从事社会研究的男女们不同的物质利益和理想追求[用马克斯·韦伯(Max Weber)的话来说]所导致的。[12]就物质利益而言,当时许多人都接受过高等哲学训练(往往是在德国),倘若"共情理解"成为看待社会现实的主要方式,那么这些人所拥有的文化资本便有可能得到强化与重视。或者,正如阿尔比恩·W.斯莫尔所说:"应当指出,社会学是一种追求,只有那些哲学才能与训练达到一流水准的人才能够从事。"

此外,男性和女性不同的理想追求往往进一步巩固了他们的物质利益。同样的哲学教育为男性学者带来了与"共情理解"相契合的文化资本,但同时也让他们对认识论方面的辩论变得更为敏感,尤其是他们所研究的19世纪的主要哲学家们当时正在热烈讨论的"客观性"问题。[14]因此,他们更有可能对在他们看来仅仅停留在罗列层面、缺乏深度的智力活动感到忧虑。

如果你曾在美国的社会学系(或大多数其他社会学专业)修读过本科或研究生的方法论课程,你很可能并没有接受多少关于生活文献研究和参与式观察方面的训练,可早期的专业(男性)社会学家却认为这些方法才是社会调查的关键所在(据我所知,人类学家是唯一一类被期望进行参与式观察的社会科学家,而历史学家有时会研究生活文献,但根据我对这两个学科顶尖院校所做的非科学性调查,"方法论"是学生在学习过程中逐渐掌握的内容,而非他们正式学习的课程)。[15]

事实上,如果你所接受的训练和我一样,你很可能得到了完全相反的信息——即定性研究是不科学的、缺乏严谨性的,以及(尽管人们很少公然提及)带有女性化特征的。Verstehen,即韦伯提出的诠释性理解,如今带有了同情的意味,成了一种对于"真正的"科学而言不够"阳刚"的方法论。

社会科学领域中所谓的"严谨"训练,现在被定义为定量研究,而且越是抽象的数学方法越好。一门典型的方法论课程会简要介绍如何开展一项问卷调查研究,之所以说是简要介绍,是因为大多数人要么把自己要做的问卷调查"外包"出去,要么会另外学习很多关于问卷调查研究的课程。随后,这门本应教授社会科学家如何进行研究的课程,大部分时间都在教人们如何巧妙处理通过调查操作收集来的数据,并且特别强调线性模型(为了证明我的观点,我或许有些夸大其词,但其实并没有夸大太多)。

如今,社会研究中广泛使用的"瑞士军刀"式工具是线性回归,它与其他相关方法共同构成了大多数"方法论"课程的核心技术基础。有三种相互交织的观念支撑着传统的方法论课程:(1)最好且最可靠的数据,是从涵盖所有可能性的总体中随机抽取的定量数据;(2)除非数据具有显著性,否则任何结论都毫无意义;(3)疯狂地让 SPSS、STATA 或 SAS(三种流行的统计软件)执行你期望它们做的操作,会有助于你更好地理解整个研究项目。

我对上述所有观点都持怀疑态度,很快我就会阐述我的看法。不过,让我们先回到我一直追问的关键问题——数字究竟在何时改变了它在社会学中的"性别属性"?也就是说,数字是从什么时候开始,从被认为是不成熟的、具有革命性的、适合女性从事(而且大概是女性天生就该做)的事情,转变成了一件需要艰苦努力、严谨对待且体现正直态度的事情的呢?

有些学者认为,这种转变早在 20 世纪 30 年代就已经发生了,但我个人对社会学历史的解读是,这种重大的转变发生在第二次世界大战(World War Ⅱ)期间及战后。[16]在战前的几十年里,一种新的研究方法——问卷调查研究已经发展起来,这种方法使学者们能够收集到关于相当数量人群的关键数据（如今，相当数量指的是 1 000 到 2 000 人之间，这看起来不算多，直到你考虑到要进行一两千次参与式观察或同样数量的访谈时才会意识到其难度）。[17]

这意味着在某些条件下，这些数量可观（按定性标准）的群体可以被用来代表更大的群体。如今，仅仅 1 500 到 2 000 人的采访数据就可以被用来预测各种结果，从一场数百万人投票选举的可能赢家，到所有美国青少年的风险行为，再到整整几代美国人的教育和职业选择。[18]

然而，正是第二次世界大战的爆发，使问卷调查成为社会科学领域的主导技术。正如俾斯麦所说，战争是国家之母，第二次世界大战见证了美国联邦政府（在某种程度上州政府也是如此）的大幅扩张。[19]

伴随着斯蒂芬·斯科夫罗内克（Stephen Skowronek）等人所说的"行政能力"（administrative capacity）的提升，即公共机构完成任务的意愿和能力得以增强，福柯所说的治理术（governmentality）也随之发展起来。[20]福柯提出的这一术语指的是一种看待和体验世界的方式，这种方式能够使政府的各项优先事务变得井然有序［一个很有说服力的例子出自詹姆斯·斯科特（James Scott）的《国家视角》（*Seeing Like a State*）一书，他在书中描述了"林务员"这一新兴职业。这些林务员在德国的森林中跋涉，其目的既不是为了丈量森林的面积、感受森林的壮美，也不是为了统计森林中野生动物的数量和种类，而是以木材的长度为单位，去测算森林的生产能力］。[21]

与此同时，在美国，正是政府自身为数字在美国生活中成为新事物奠定了技术基础。1890 年，美国人口普查（U.S. Census）首次采用了一种被称为"霍列瑞斯卡片"（Hollerith Card）的技术，这种卡片是仿照最初用于机械织布机上指导织布的纸卡制作而成的打孔卡。[22]霍列瑞斯卡片直到 20 世纪 80 年代仍以"IBM 卡"的名义存在，它使得对数字的处理成为可能，并为现代意义上的数据统计奠定了基础。

如同社会生活中的其他事物一样，要确定我所说的典范社会科学在"治理术"中从何时开始发挥作用，这是一个见仁见智的问题。美国的大萧条（Great Depression，实际上从 1929 年的"黑色星期二"一直持续到第二次世界大战爆发），为政府衡量和评估大萧条所造成的损失，以及更为重要的——公众对大萧条的反应，提供了契机。进一步深入"治理术"这一主题，我们可以发现，当选的领导人显然迫切希望了解那些势必会改变选民世界观的政治和社会动荡，而大萧条正是这样的典型情况。20 世纪 30 年代兴起的民意调查所推动的技术发展，恰好能够满足这一需求。

例如，赫伯特·胡佛（Herbert Hoover）总统大力支持一项白宫近期社会趋势委员会的研究，这极大地推动了社会科学的发展。这项研究由威廉·奥格本（William Ogburn）

主持,其研究报告于 1933 年发表。奥格本是美国社会学协会的主席,也是最终将量化方法引入芝加哥大学社会学系的人。同样,罗斯福政府支持在工程进展署(Work Progress Agency)和联邦紧急救济署(Federal Emergency Relief Agency)适度开展问卷调查,这两个联邦政府机构都是为了应对大萧条所造成的巨大社会、政治和经济影响而设立的。[23] 由于历史原因,农民是一个庞大的政治选民群体,许多早期的社会学研究尝试都是在美国农业部(U.S. Department of Agriculture)的支持下开展的。[24] 调查研究史上最著名的编年史学家让·孔韦尔塞(Jean Converse)将这些早期调查称为"原生态调查",并指出,与简·亚当斯所进行的"调查"相比,"原生态调查"更类似后来的民意调查。[25]

后来为人们所熟知的问卷调查研究在日本袭击珍珠港事件之后获得了更高的地位。北卡罗来纳州的里兹维尔、俄克拉何马州的奥克穆尔吉和弗吉尼亚州的诺福克等地,纷纷派遣农业部的采访人员前往西海岸,调查公众对这一事件的看法。一周后,即 1941 年 12 月 14 日,他们提交了一份题为《珍珠港事件后的余波》的报告。就这样,这种新的信息收集形式立刻彰显出了自身的作用。[26](为了说明此类报告产生的惊人影响,你可以设想一下,如果社会科学家在 2001 年 9 月 11 日世贸双塔被袭击一周后提交一份类似的报告,那会是怎样的情形。)

能够证明第二次世界大战后社会学和社会学家地位急剧上升(以及我所提出的"治理术"在这一时期崛起的观点)的一个现象是,美国社会学协会的成员人数在 1940 年至 1949 年间增加了 2.5 倍。[27]

第二次世界大战之后是冷战时期,随后又先后出现了"大社会"运动和扶贫运动。这些举措无不意味着政府管辖范围的极大扩展——相应地,政府必须发展出测量、评估并应对日益复杂社会的能力。换言之,超级大国之间的博弈和国内福利国家的制度扩张,二者合力极大强化了国家对于治理术(governmentality)的实践驱动力。

作为 20 世纪 60 年代政府所承担的各类任务的例证,在此列举两项当时由联邦资助的研究。一方面,联邦政府规划了一个雄心勃勃的跨学科项目,旨在研究如何引导第三世界国家的农民抵制革命性质的社会运动;另一方面,国内开展了一项耗资百万美元的实验,对一群获得年度保证收入的人群与一个类似的"对照组"群体在劳动力市场上自力更生的表现进行了比较。[28]

当问题的规模如此庞大,当面临的风险如此之高,当与之相关的方法如此昂贵且相对晦涩难懂时,这些问题往往就会成为"专家"的研究范畴,而且在很多时候,尤其是在 20 世纪 60 年代,这些专家大多是男性。

让我把社会学的观点——作为我在上一章的承诺之一——说得更明确一些。[29] 一种新的技术(问卷调查研究)应运而生,它对实力强大的利益相关者(政府,以及后来的一些大型慈善基金会)而言极具价值。³⁰ 运用这项技术需要大量的资金支持,为了证明其存在的合理性,一套与之相关的技能和方法得以发展起来,而这些技能和方法对于普通人来说很难掌握。³¹ 因此,掌握这些技能的人便获得了"把关人"(gatekeeping)的角色,也就是说,他们能够决定谁有资格、谁没有资格进入运用这种新技术的圈子[简单来讲,这就是社会学家所说的"专业化项目"(professionalization project)]。³²

如果我来提出一个你可能已经想到的问题:这些内容和你有什么关系呢?诚然,这是一段引人入胜的历史,了解简·亚当斯是件很有意义的事,但她以及这段历史的其他部分为什么会出现在一本关于研究方法的书里呢?长话短说,这是因为研究方法——也就是这本书所探讨的内容——本身是有其发展历史的。研究方法也存在其自身的政治性,以及一系列与权力和金钱相关的联系。无论你是否意识到,你对研究的思考,尤其是对研究方法的思考,都受到了数据性别化的影响,同样,围绕着所有研究方法(而不仅仅是数据)的固有假设也受到了这种影响。忽视研究方法自身的历史,是很危险的。

不要误会我的意思——这不仅仅关乎权力;这种特定的历史结果并非如社会学家所说的那样,是"被决定的"。我相信,量化技术本身在特定情境下确实是理解社会生活的重大进步——在此我必须郑重指出,作为社会科学家,若选择全然忽视量化研究的成果,这无异于在学术赌局中错失关键筹码。就如同萨姆·约翰逊(Sam Johnson)对绞刑的比喻那样,量化是一种能够让人集中精力的强大力量。然而,正如你可能已经猜到的,在这个特定的历史时期和特定的社会环境中,量化方法已然变成了荣誉协会和"老男孩俱乐部"的结合体。它具有择优录取的特点,社会背景不高的人可以参与竞争并加入其中,而且只要他们达到一定的标准,就会被授予俱乐部的正式会员或荣誉会员资格。但其他一些或许同样有才华的人,却因一系列微妙的手段而被拒之门外,无法成为俱乐部的一员。长此以往,这就妨碍了人们获取那些能让他们在这个至少表面上是择优录取的环境中表现出色的能力。³³ 因此,尽管俱乐部的会员资格是通过优胜劣汰的竞争获得的,但成功获得晋升的会员需要记住,很多人早在竞争开始之前就已被拒之门外了。而且,数据的"严谨性"和"科学性",以及获取数据的人,都在很大程度上受到其所处社会环境的限制。

因此,无论我们是否有所察觉,每当我们开展研究时,都会受到那些关于什么才是"好的""严谨的"研究方法的固有假设的指引。我们又怎么可能不受影响呢?对社会秩序的研究本身就是一个社会过程,那么,在进行研究的过程中,我们怎么可能不被各种假设、偏好、信念和价值观所环绕呢?而这些假设、偏好、信念和价值观又怎么可能仅仅是客观现实(如果真的存在客观现实这种东西的话)的简单映射呢?这是我们在本书中将会反复探讨的一个问题——我们就像是研究水的鱼,而我们的"鱼性"会影响我们对水的认知方式。受到社会因素制约的,不仅是我们对社会世界的前提假设,还有我们对于研究社会世界的最佳方法的假设。读到这里,你或许已经想躺在沙发上,在额头上敷一块凉毛巾了。

出于我们前面已经清楚讨论过的原因,当我学习"方法"时,有一个理所当然的假设,那就是定量方法先天就比定性方法好。[34]因为自第二次世界大战以来,定量方法就一直与金钱和权力紧密相连,所以自然而然地便拥有了一种与金钱和权力相伴而生的权威性。瞧瞧我们那些经济学家朋友运用这类方法取得了怎样的成果!

因此,定性研究人员往往处于学术边缘地位,主要研究那些不同寻常、不符合常规的人(有时这些人群还会被不友善地称作"疯子和荡妇")。或者,当他们有着更具野心、更偏向理论化的目标时,就会在微观层面展开探索,尝试凭借第一手的观察资料来"生成理论"。

到目前为止,我对典范(即定量)社会科学一直持冷嘲热讽的态度,那么我也应当对定性方法提出批评,以便让你相信我确实是在努力寻求这两种方法之间的平衡。我对定性方法的主要不满在于,它常常缺乏严谨的方法论体系。我记不清有多少定性研究是这样进行的:先选定一个内容丰富的研究实地,研究者在一段时间内身处其中,开展参与式观察和(或)访谈,并且学者们将撰写流畅、优美且令人信服的研究报告视为自己的任务。又或者,正如我的同事卢瓦克·华康德(Loïc Wacquant)曾经抱怨的那样:"人们认为做民族志研究只需讲好一个故事就行了!"[35]

现在,这样的概括也存在例外情况,但我对那些主要的例外并不完全认可,因为尽管它们对我而言意义重大,并且具有相当大的影响力(在本书中,你会一次又一次地看到它们所产生的影响),但它们并不真正契合我——而且,我猜想也不契合你——想要开展的那种研究。

首先,也是最为关键的,是格拉泽和斯特劳斯提出的"扎根理论"(Grounded Theory)研究方法。运用这种方法时,你需要采用"持续比较法",让社会生活的各类范畴系统地从你的调查中"涌现"出来,并着手为这些范畴命名以充实其内涵。事实上,我的学术生涯曾得益于安塞尔姆·斯特劳斯(Anselm Strauss)的帮助,因此我倾向于认为,我如今所从事的研究是在他的成就基础上的拓展,而非仅仅是在发牢骚。

具体而言,我曾是耶鲁大学的一名研究生,接受过正统的典范社会科学训练(尽管这种训练有些杂乱无章,但这是我的问题,而非院系的过错)。实际上,那时我是一名初出茅庐的年轻人口统计学家,对流行病学和生物统计学产生了浓厚的兴趣。我甚至在内心暗自思忖,上帝必定是一位数学家,因为社会生活中的任何现象都能够用数字进行描述,而且其精准程度令人惊叹。我永远也不会忘记,当看到一条衰减的正弦曲线预示着芝加哥市区婴儿死亡率下降时我内心所涌起的那份激动之情。[36]

但我想要弄清楚的是一些通过问卷调查研究不容易反映出来的问题,即为什么在避孕措施如此普及且易于获取的情况下,在 20 世纪 60 年代末罗伊诉韦德案(Roe v. Wade)之前(那时加州已大幅放宽堕胎相关法律),加州仍有众多女性选择堕胎。尽管我可以尽力尝试,但仅靠设计一份调查问卷,我不太可能解答这一问题。[37]

有一年夏天,当我在旧金山为这个问题绞尽脑汁时,偶然间看到了格拉泽和施特劳斯关于扎根理论(grounded theory)的著作,于是我很快便来到了斯特劳斯在旧金山大学的办公室。他对我极为友善,并给予了我一种我也想带给你的东西——鼓励他人跟随自己的直觉行事。他还为我临时上了一堂关于如何运用"扎根理论"的课。

我至今依然尊重并钦佩这种研究方法,但多年来,我也发现了它的一些不足之处,其中最主要的缺点在于,按照传统的运用方式,它过分专注于微观层面的研究。由于斯特劳斯本人曾在芝加哥大学接受过专业训练(你注意到这里面存在的某种联系了吗?),他深受这样一种理念的影响,即研究者深入研究实地,是为了从被研究对象的角度去挖掘社会世界的各类范畴。[38]作为在医疗中心工作的社会学家,很多时候,格拉泽和斯特劳斯最重要的工作是关于疾病和健康、死亡和濒临死亡的社会经验的。

这些都是人类的基本经验,格拉泽与斯特劳斯及其同事和学生从事的也许是在我们看来最基本意义上的基础研究:他们想知道我们如何死亡、如何经历痛苦、残疾儿童的父母是如何接受他们的孩子的缺陷的,以及慢性疾病患者的生活体验是怎样的。[39]

然而,作为一名女权主义者以及曾经历过 20 世纪 60 年代加州大学伯克利分校那段岁月的人,我深切地意识到,强烈的个人经历往往也被置于一定的社会和政治框架之中,而这个框架在很大程度上超出了传统扎根理论的研究视角。健康保险对人们的死亡方式有着怎样的影响?性别因素在死亡过程中起到了怎样的作用?管理式护理对疼痛的处理产生了哪些影响呢?(公平地说,我所引用的格拉泽、斯特劳斯及其学生的大部分作品,都是在医疗系统性质发生巨大变革之前完成的,但我认为我的批评依然是站得住脚的。)在扎根理论最初的表述中,所涉及的权力是局部性的,它并不鼓励分析者把眼前发生的日常微观互动,视作是对更广泛范围内问题的一种反映。[40]这并不是说,扎根理论从原则上来说无法用于建立个人与政治、微观与宏观之间的联系,只是需要对其进行一些修正,我们将在后续内容中探讨这些修正之处。

我知道后结构主义者读到此处会认为我有失公允——社会科学的任务(实际上也是社会科学唯一能够做到的事情)是研究人们如何从周围环境中构建意义。的确,人们确实会从自身所处的环境中构建意义,然而,借用卡尔·马克思的话来说,他们并非随心所欲地进行构建。换句话说,他们受到社会的限制(在某些情形下是约束),而社会对于他们而言往往是无形的存在。在我看来,这恰恰是社会科学家的职责所在——不仅仅是记录人们如何理解他们周遭的世界,更要对其展开调查研究。也就是说,我们耗费了大量时间学习如何成为优秀的社会科学家,就是为了洞察日常生活中那些常人难以察觉的事物。

如果说斯特劳斯及其同事的研究过于聚焦微观层面,那么与之相反的问题则体现在另一种对我而言颇为重要的学术模式中,即迈克尔·布洛维(Michael Burawoy)及其提出的扩展案例法(Extended Case Method)。布洛维对我(以及许多人)产生了深远的影响,所以,就如同斯特劳斯的情况一样,我认为自己是在拓展他的思想,而不仅仅是对其进行批评。

对于像布洛维这样多产且充满活力的研究者而言,所有的定性研究,尤其是民族志研究,都与宏观层面存在着紧密的联系。他对人类经验中那些私密的社会心理学内容并不感兴趣,而是关注这些经验是如何诠释更为宏大的社会秩序的。例如,在《制造共识》(*Manufacturing Consent*)一书中,他探究了为什么工人们不仅会遵守生产要求,而且在生产要求的压力下,还会迫使自己更加努力地工作。他通过参与式观察发现,工人们为了让流水线上的工作变得不那么枯燥乏味,会去"利用"生产系统,并且在这个过程中不自觉地参与到了对自身剩余价值的剥削当中。[41]

他的方法与格拉泽和斯特劳斯的方法形成了鲜明的对照,因为其具有很强的理论性。观察是构建理论的关键所在,但与格拉泽和斯特劳斯所设想的方式不同,布洛维是从一个宏大的理论体系,即马克思主义,尤其是分析马克思主义出发,从中推导出问题和命题,然后通过亲身的观察来对其进行检验的。他认为学者的任务是运用实践经验与观察结果,去探究和拓展理论的深度与活力,这里所指的理论便是分析马克思主义。

然而,倘若你在气质上并非是一位分析型马克思主义者呢?要是在你的内心深处,从原则上就不认可宏观理论呢?又或者,如果你想要解释的现象,既不符合马克思主义的分析框架,又带有浓厚的"文化"因素,甚至两者兼具呢?

更为麻烦的是,我的许多学生想要探究的内容,往往涉及社会领域中那些相较于马克思主义传统关注的问题(比如身份认同、性、流动性以及人类如何培养效能感等方面)而言更为复杂微妙的层面,而扩展案例模型通常并不适用于这类探究。正如布洛维的学生妮娜·埃里亚索夫(Nina Eliasoph)和保罗·利希特曼(Paul Lichterman)所指出的,扩展案例法"在文化研究领域显得格格不入;它表现得扭捏作态,极不情愿地承认了这类研究的可能性"[42]。

平心而论,无论是迈克尔·布洛维本人还是在他的作品当中,对于理论的选取都秉持着极为折中的态度,并且对文化研究抱以完全开放接纳的姿态。事实上,他在阐述扩展案例方法的论文里提出:"我们从自己最为青睐的理论入手……"这至少体现出了相当宽泛的理论选择空间;而且,正如他的所有学生都能够证实的那样,他鼓励学生们挑选任何适合自身研究的理论,同时也并未对他们的研究内容设置限制。

不过,尽管布洛维拥有极具影响力的理论体系,但他在理论运用上的公正无私,并不等同于他会告诉你该如何找到一个契合自身的理论,更遑论能帮你做到我一直鼓励你去做的事情,也就是构建更多的理论。所以,在整本书中,我会将从扎根理论中获得的深刻见解,与布洛维在探讨扩展案例法时所提供的观点相结合,这便是我期望与你分享的研究模型。

现在,让我们来回顾一下目前的情况。我曾对定量社会学提出过批评,因为这种方法(无论它是否有所察觉)深受其与治理术之间历史关联的影响而被塑造。或许,最为善意的理解方式,是将典范(定量)社会科学视为与治理术处于共生状态的存在——"共生"是一个术语,它描述了两种生物共同生存并实现互利的情形(想象一下那些在非洲平原上帮野马清除身上寄生虫的鸟类)。

我希望我已经阐释清楚了这一点:我并不认为量化方法必然就是政府的"同谋"。相反,这种互利共赢的关系能够确保任何一方都不会过度偏离彼此的联系。就定量方法而言,其所需的技术成本会将研究范围限制在一定范畴内,要么是政府愿意以多种形式资助的数据收集项目,要么至少是像福特基金会或洛克菲勒基金会这类大型慈善组织愿意出资支持的研究事项。[43]

相比之下,定性方法较少受到治理术方面问题的困扰,但这并非源于它自身的优势,而是由其历史局限性所致。[44]定性方法往往注重强调优质的写作以及讲述能够引发共鸣的故事的重要性,其最佳的范例也仅能构建出"中程理论"(middle range theories),而且它常常难以凭借出色的写作和引人入胜的故事去构建起任何一种具有累积性的理论体系。此外,正如前文所提到的,定性方法还倾向于忽视权力因素。

但在我看来,对于一位定性社会科学家(布洛维和他的学生除外)而言,除了在某些微观层面,理论构建依旧属于例外情况而非普遍的常规操作。更多时候,研究者所做的事情,就如同我承认自己曾做过的那样:是为了回答某个问题(比如"为什么在加利福尼亚这样一个有诸多低成本且易于获取的避孕产品的地方,堕胎现象却如此广泛呢?"),而非构建某种理论,这其中的部分原因在于,我们是最先向你表明这一点的人,我们所从事的工作是进行发现,而非验证。[45]

所有这些讨论的目的在于让你相信,定性方法和定量方法的发展历史,至少在美国,让像你(以及我)这样有抱负的研究者陷入了两难的困境。

倘若你接受的是基于定量、典范以及验证逻辑的社会科学训练,那就意味着你所能提出的是局限于那些具有相对明确的预设,并且能够提前知晓答案范围的问题。你所探寻的仅仅是某一人群在已设定好的答案选项中的分布情况。例如:"你对总统的表现有多满意?(1)非常满意;(2)很满意;(3)既没有满意也没有不满意;(4)不满意;(5)非常不满意。"

精明的共和党民调专家弗兰克·伦茨(Frank Luntz)也曾谈及我们需要更多新颖的定性方法这一问题。他指出,当分类本身处于变化状态时,问卷调查的方法就难以奏效,任何试图调查态度分布的努力都可能是错误的,因为人们往往自己都不清楚自身的感受。正如他所说:

> 如果……民调是明确的且具有决定性,为什么不同的民调公司在关于堕胎的数据上存在巨大的差异?"支持生命"和"支持选择"究竟是什么意思?民调无法回答这个问题,因为选民自己也无法在 30 秒内将其解释清楚……在今天的后党派政治中,存在着太多层次的灰色地带,有太多"是的,但我的真实想法是……"这样模棱两可的态度,还有太多选民的优先事项无法被明确地置于优先地位……构成舆论的要素已经发生了变化,因此舆论的度量衡也必须做出相应的改变。[46]

伦茨在此谈论的虽是民意调查,但作为一个常常将自身政治生涯的成败押注于对社会世界做出精准预测能力的人,我认为,他所思考的是更为重大的问题。如今,改变的不仅仅是美国人的观点,美国人所处的社会世界同样在发生着变化。在全球化的世界和全球化的经济背景下,许多原本根深蒂固的假设都极易被动摇。

因此,定性研究人员的任务不仅是要弄清楚伦茨所提及的"构成舆论的要素"是怎样变化的,更要深入探究这种变化发生的原因。

更确切地说,在我将在本书剩余部分阐述的类似莎莎舞式的研究模型中,你将不会去评估个人(或团体、机构)在数量已知且边界清晰的选项中的分布情况;相反,你要尝试去识别这些选项本身的特征和构成要素。[47]然而,由于完成研究或接近完成研究之前,你无法知晓这些选项的特征和构成要素,因此你难以以一种全面且具有累积性的方式去构建理论。除非你具备高度的自律性,否则你很可能会发现,自己不过是又一位能讲述故事的定性研究者罢了——或许这个故事带有一定的理论色彩,但它终究只是一个故事,而非构建理论的基石。

在这本书中,我计划从社会学的两个传统——宏观与微观、定量与定性、发现的逻辑与验证的逻辑——中汲取我所需要的内容。我的目标是让我们能够以满怀期待的态度开展定性研究,这种态度建立在我们期望做出理论贡献的基础之上。

因此,请怀揣着这份期望,保持对数据和概念的开放心态,让我们一同踏上社会研究这一激动人心的征程吧。

练习

作为你研究记事本中上一条记录的延续,我希望你在这一部分写下你觉得哪些问题值得你耗费数年宝贵时光去深入研究。这个世界上究竟有哪些事情会令你感到忧虑或者愤慨呢?有哪些未知的事情是你迫切想要了解的呢?最为关键的是,究竟什么样的问题能够激起你浓厚的兴趣,让你在绝大多数日子里都能满怀精力、兴致盎然地从床上起身投入研究呢?

将这些问题统统罗列出来——无须修改,也无须筛选,你只要把它们记录在纸上,看看自己究竟能想到些什么。顺带一提,我所说的问题,并非像"是什么导致了不平等"这类宽泛的议题,而是具体的问题,比如,为什么时至今日非裔美国人的平均财富依旧少于白人呢?

第三章

典范社会科学的颂歌

虽然这是一本关于莎莎舞式的社会科学的书,但我认为典范社会科学仍有诸多值得推崇之处。无论其利弊如何,典范社会科学已然成为大多数社会科学家的"母语文化"。你所从事的工作,乃至你作为一名满怀抱负的莎莎舞式的社会科学家在此所学的"方法",都将对主流文化(dominant culture)中一些最为珍视的假设发起挑战——请注意,这里的主流文化不仅包括你所生活的大社会的主流文化,还包括你未来工作场所的主流职业文化。毫不意外的是,主流文化(上述两种文化皆是如此)中的大多数成员都不会欣然接受这种挑战,尤其是你的专业同行们。我几乎可以肯定,他们中的许多人并未意识到自己所从事的是一项基于不同认识论基础的、独特的学术事业。他们会单纯地认为你在做与他们相同的事情,只不过做得很糟糕罢了。从一开始,你就必须时刻准备好为自己的研究方法进行辩护,而且你必须比他们中的任何人都考虑得更加周全,准备得更加充分。所以,你必须熟知典范社会科学中那些被视为理所当然的假设,并且能够阐明你的工作与他们的工作截然不同,而不只是他们工作的低质量版本。简言之,你必须学会运用两种不同的"语言"。

首先,我为你设定的目标是成为一名能够运用多种方法的研究者。当然,我明白,我们每个人都会凭直觉对某些研究方法产生偏好。根据我多年来的观察,那些被我所倡导的方法吸引的人,大多数都对典范社会科学持排斥态度。这是因为,在典范社会科学周围逐渐形成了一种无形且根深蒂固的文化,而他们深受这种文化的影响。或许是因为典范社会科学所带有的某种"性别"特质,或许是它表现出的"强势"姿态,或许是其研究难度,或许是它内在的认识论假设,我们(尽管从未深入思考过这些方面)就轻易地对其选择了背弃。[1]

其次,这无疑是一种损失。正如你可能已经察觉到的,这个世界上确实存在不少情况(尽管不像典范社会科学家所认为的有那么多),非常适合运用调查问卷和/或典范型研究方法来进行研究。[2]作为一个渴望尽可能深入了解社会世界的人,你不能对那些可能对你有所助益的研究方法不屑一顾。即便你自己不开展调查问卷或典范型研究,当这些方法有助于阐释世界以及你试图解释的问题时,你也必须做好运用它们的准备。

最后,或许这也是最为关键的一点,典范社会科学已经蕴含了特定的规则以及特定的学科规范(如果你愿意这样表述的话)。我认为,无论最终你选择何种研究方法,这些特定规则都能够引领我们开展更优质的社会科学研究。我曾向一位禅宗修行者提及,我有时会躺在床上冥想,他听闻后大吃一惊,瞬间打破了自身的禅定状态,几乎是冲着我吼道:"你要对自己的脊椎负责!"由此可见,在他眼中我的行为态度极其不端正,修习禅宗的人对待修行训练极为认真:他们身着具有中世纪风格的睡衣,坐在历经数个世纪都未曾有丝毫改变的黑色扎福和扎布顿(即枕头和垫子)上,并且以佛陀在开悟之前的姿势摆放自己的双手。[3]我不知道在这些修行方式中,是某一种,还是所有这些方式,都能够帮助他们实现开悟(毕竟我自己也还在探究当中),但我清楚,这样的修行能够使人集中注意力,还能让他们更迅速地静下心来倾听——并且从更多的视角去审视——那个纷繁忙碌、人们自认为至关重要的思维世界。

人们常常耗费大量时间去学习典范社会科学的方法,但我认为,所有这些方法实际上仅包含三种核心实践:抽样(sampling)、操作化(operationalization)和普遍化(generalization)——其余的一切都不过是对这三者的补充说明罢了。[4]

首先,典范社会科学家极为看重抽样这一环节。基于19世纪概率论的相关发现,调查问卷研究者始终坚持认为,观察结果应当从一个样本(sample)中获取,而这个样本是从规模更大的总体中随机抽取出来的。这里所提及的总体,其本身被定义为一种被称作"抽样框架"的事物(它既可以是一份清单,也可以是一套程序)。他们对随机样本的坚信程度极高,以至于当一位典范社会科学家提及"样本"时,他实际上指的就是随机概率样本。[5]在他们看来,非随机的样本不能被称作样本。而我们莎莎舞式的社会科学家不会抽取随机样本,因为我们无法做到——我们并不清楚所抽取样本的人群的诸多参数,所以也不知道该使用何种抽样框架——但这并不意味着我们无须关注抽样问题,我们依旧需要对其加以考量。

其次,由于开展调查问卷研究的成本颇高,研究者必须极为确定问卷中的问题正是他们想要询问的。用典范社会科学的术语来讲,他们必须提前将变量进行可操作化处理,并且要把这项工作做得极为细致、出色。这意味着,问卷中出现的任何概念都经过了明确的定义,而且要确保每个读到(或听到)问题的人在作答时所思考的是同一事物。换句话说,问卷研究者需要十分确定,当他们询问某件事情时,提问者和被提问者对于问题含义的理解大致相同。（在此，请记住弗兰克·伦茨在上一章所提出的观点，即人们对于堕胎的感受往往极为复杂且模糊不清，这也是我在职业生涯中花费大量时间试图阐明的问题。）实际上，量化研究者对于可操作化的焦虑极为严重，以至于问卷研究常常采用经受过时间检验的量表来代表相关概念，因为这些"条目"已得到了"充分的验证"。

这里有一个与可操作化相关的尴尬事例。我曾针对堕胎诊所的病人样本开展过一项问卷调查，作为一名秉持"政治正确"的社会科学家，我在种族列表中填写了"native American"（即美国印第安人后裔）。你可以想象一下，当我样本中的 90% 的人都称自己是"native American"时，我内心有多么惊讶，因为在他们看来，"native"的意思是在美国出生的人。而且我敢保证，我提前对问卷进行了测试。然而，我的测试显然并不成功，因为测试样本与诊所病人样本之间存在着很大差异。

再举一个例子。在我所专注的性行为和生殖行为领域，可操作化是一件尤为棘手的事情。青少年，尤其是年龄较小的青少年，对于"性交"（having sex）的理解可能与你我大不相同。很多青少年，甚至成年人比尔·克林顿，并不认为口交属于性交行为，这是因为青少年所处的社会世界与研究者所接触的社会世界截然不同。[6]研究者想知道的是青少年是否将自己暴露在可能导致怀孕或性传播疾病的活动中，而青少年想的却是"初夜"（virginity）和"初次性行为"（going all the way）这样的概念，这显然与研究者的关注点非常不同。[7]

最后，典范社会科学家关注的是"普遍化"（generalization）这一重要的哲学概念，而这一概念有时被视作与之如影随形的"偏见"（bias）这一"邪恶之翼"的根源所在。普遍化堪称典范社会科学研究中的"大白鲸"。它是精心设计的随机样本选取、精巧的问卷结构与发放方式，以及经过深思熟虑的假设检验等一系列煞费苦心的研究设计所期望达成的最终目标。我在上一章中曾提及，仅需询问一千个潜在选民打算将票投给谁，这一千个潜在选民便能够"代表"全体选民，并且可以据此对一周后的选举结果做出相当准确的预测。简言之，这便是所谓的"可普遍化"（generalizability）。

因为我们莎莎舞式的社会科学家没有来自随机样本的数据，所以严格来讲，我们无法对社会科学研究进行普遍化推导，至少从统计意义上来说是这样的。但这并不意味着我们所研究的案例只能被视作个别案例。事实上，正如我将在后续章节中所论证的那样，如果我们精心地进行抽样，严谨细致地开展可操作化工作，并且在每一个研究环节都紧密关联理论，那么我们的研究成果就不只是个别案例那么简单。尽管无法进行统计性概括（generalize statistically），但我认为我们能够进行逻辑性概括（generalize logically）。

当然,你或许已经凭直觉领悟到了这一点。你之所以会被某个丰富的案例或者有趣的问题所吸引,并不是因为你觉得它是个特殊的例子,即我刚才所说的"个案",而是因为你认为它能够代表更具普遍性的问题。每当这种时候,我总会想起威廉·布莱克那首关于从一粒沙子中窥见世界的诗。[8] 你的案例就如同那一粒沙子,你期望借助它向我阐述某些事情。从本质上来说,你清楚这个案例绝非仅仅是一个关于,比如说,水的私有化的故事,而是涉及新世界的秩序、美国在新帝国角色中的定位,以及全球化所带来的连带效应,等等。(实际上,我对水的私有化问题一无所知,在此提及只是为了说明我们应当学会"提升"对案例的概括层次。)

典范社会科学家之所以能够将他们的研究成果进行普遍化推导,是因为他们认为(或者假设)自己事先就知晓某些关键点。例如,他们明白应该提出怎样的问题(也就是他们将要测试的假设);他们清楚哪些概念(即变量)可能具有重要意义;他们已经成功地将这些概念归纳为"条目",并且这些条目具备被广泛认可的表面效度;而且——这恰恰是抽样的目的所在——他们了解总体的一些重要参数,或者他们拥有某种抽样框架,能够从中进行随机抽样。[9] ("参数"在此处仅指特征,或者说我们在典范社会科学中所提及的变量。)

所有这些情况都表明,你必须在研究规模上尽可能地加以限制。举例来说,倘若你认为变量 A 与变量 B 之间存在因果关联,并且你想要抽取一个样本以检验这一假设。那么你是否觉得这种关系对于男性和女性而言都同样成立呢?对于白人、非裔美国人、拉丁裔以及亚裔美国人等不同种族群体呢?对于异性恋者、同性恋者以及双性恋者呢?对于富人、穷人以及处于两者之间的人群呢?对于年轻人和年长者呢……

问题在于,倘若你无法事先知晓这些问题的答案,那么可能的组合数量就会是所有这些潜在类别或变量的组合结果。比如,要是你设定了 2 种性别,4 个种族/族裔类别,3 种性取向(异性恋、同性恋和双性恋),3 个阶级类别以及 2 类年龄划分,那么就会存在 2×4×3×3×2 种可能的组合,也就是 144 个"单元格",而这甚至还只是以一种简化的视角去看待该问题的情况。[10] 关键在于,你所拥有的潜在类别组合数量越多,所需的样本量也就越大,而样本量往往意味着成本投入(等同于金钱),如此一来,你自然会倾向于舍弃那些与你的特定研究不相关的类别。[11]

对于典范型的研究者来说,这并不是一个多么棘手的问题——他们能够从以往的研究中了解到,性取向、阶级、宗教或其他众多因素,在其特定研究人群中,不太可能与变量 A 和变量 B 之间的关系存在关联(或者说不确定是否有关联),所以他们在进行抽样时,只要确保涵盖主要类别即可。(典范社会科学家几乎一致认为,种族这一变量至关重要,因此调查问卷在抽样时通常会尽可能多地选取有色人种样本,以确保统计

结果具有说服力。)¹²

其他一些或许颇具研究价值的特征——性取向、移民身份、父母婚姻状况为未婚——则直接被排除在研究范围之外。这意味着调查问卷中并未涉及这些特征相关的问题,又或者,这些特征在问卷中出现的频率,与具备这些特征的人群在总人口中所占的比例一样低。这样一来,由于涉及这些类别的人数过少,研究者根本无法对其展开严谨细致的分析。

但鉴于我们此次研究之旅的目的是探索发现,而非验证已有结论,我们不太可能采用随机抽样的方式。我们并不确切知晓自己的研究问题究竟是什么,也不清楚该如何提前对相关变量进行可操作化处理,最为关键的是,我们不知道该舍弃哪些因素。更确切地讲,我们并不了解想要抽取样本的总体的诸多参数,实际上,我们的任务之一便是明确哪些社会特征至关重要,哪些则无关紧要。这表明我们同样重视样本,并且会高度关注抽样相关的问题。尽管我们不想像典范社会科学家那样进行概括,即依据已知误差范围来预测总体在不同类别中的分布状况,但我们确实不希望听到有人抱怨,称我们的一小部分观察结果由于这样或那样的原因完全属于特殊情况。¹³

这不禁让我联想到了"偏见"(bias)这个词。如今,这个词被赋予了一种特殊的贬义色彩。它指的是出于种族或其他特定标准,蓄意且有意识地损害某一群体或另一群体的利益。不久前,我当时年仅六岁的一对双胞胎子女在汽车后座发生了争吵,儿子对女儿说她是个"疯女孩"。女儿和儿子一样都在伯克利的公立学校就读,她顿时对儿子大发雷霆,说道:"巴恩斯小姐(她的一年级老师)说这是性别偏见!"

典范社会科学家谈论偏见时通常所指的是统计意义上的偏见,即那些未被测量的因素最终会系统性地对结果产生影响。我们也可以认为,这两个较新的定义存在相通之处,因为决定测量什么、不测量什么,取决于实施测量的人在"社会学想象力"方面存在的差异,而这种差异往往又是社会环境的产物。换句话说,占主导地位的文化叙事(即"固有成见")塑造了我们对于哪些因素可以忽略、哪些因素应当测量的认知。¹⁴

从这次讨论中我们能够汲取的经验是,偏见和普遍化与抽样和操作化一样,都是你我必须予以重视的方面,而且应当给予其高度关注。我之前曾提到,我们应当从典范社会科学中借鉴其有益之处,而这里所说的有益之处就是前面提及的那些实践,以及人们总体上对普遍化和偏见的重视态度。

这三个实践在我的工作中具体表现为,我时常会思考抽样的问题,时常会思考可操作化的问题,并且从研究工作一开始,我就会思考自己所提出的问题怎样才能推动理论的发展,也就是思考自己该如何进行普遍化的操作。¹⁵

我会在第六章中为你提供具体的指导,告诉你如何进行抽样、如何对变量进行可操作化处理以及如何应对普遍化的问题。但此刻,请允许我先提出一条经验法则。每当我在研究中做出一个决定时,我总会试着思考这样一个问题:我那位最为聪慧、最难应付、最具怀疑精神且最为严苛的同事,会如何评价我这个特定的决定呢?我要怎样做,才能让那些不认同我对世界所做的假设的人认可我的研究是有效的呢?假如我真的是一名女权主义者,同时也是一个心肠柔软的自由主义者,并且还有两个喜爱狗狗且关注环境问题的孩子,那么那些严苛、聪慧又难应付的同事会如何评判我为何选择采访这些人而非另一些人呢?又会如何看待我为何调查这个地区而非那个地区呢?以及我为何只关注人们告诉我的内容,而不考虑"官方"消息来源所说的呢?在所有这些问题当中,都隐含着一种指责,那就是我有意或无意地选择了某个群体、某个主题、某种策略或者某种分析方式,以便能让事情按照我期望的方式呈现出来——换句话说,我对上述的人或事物存在偏见。

请注意:那些不喜欢你的研究,或者对你的研究感到不满的人,会宣称你的研究结果要么是(a)"虚假的",要么是(b)存在偏见。不管是哪种情况,他们的言下之意都是,你选择样本的方式(或者操作变量的方式)对研究结果产生了影响。

这便是一个典型的例子,典范社会科学家会觉得你在做着与他们相同的事情,只是做得很糟糕。你会选取一个案例,对其进行深入透彻的研究,并展示某些社会实践和模式是如何塑造人们行为的。"啊哈!"你的批评者会得意地叫嚷道,"你采用的是一个'便利样本'(convenience sample)。它不具备普遍性!你什么都没能证明!"[16]

好吧,没错。但你本来就没打算按照典范社会科学所期望的那样去证明什么。不过,这并不意味着你就没有取得任何有价值的成果——实际上,情况恰恰相反,典范社会科学旨在估计某个群体在不同类别中的分布情况,而你想要深入分析的则是这些类别本身。

保持镇定。在后续的章节中,我会详细地指导你如何以一种让典范型研究者无可挑剔的方式进行样本选取和抽样操作,以及怎样以人们认可的合理方式对变量进行可操作化处理,进而构建出能够获得人们认同,甚至令他们为之兴奋的理论体系。我们还将一同学习如何处理与偏见和普遍性相关的问题。

不过,在着手进行这些之前,我们得先弄清楚我们所研究的案例到底聚焦于哪些方面。

练习

在这个练习中,请列出你所感兴趣研究的主要特征。

鉴于你的研究兴趣,一位典范社会科学家会怎样设计这一研究问题呢?依据你已从本章中学到的步骤,或者至少已有初步认知的步骤,一名传统的、具备定量思维的社会科学家会如何"设定"这个问题呢?他会运用或收集何种类型的数据呢?他将怎样验证自己的假设呢?他会采取哪些举措来避免偏见的产生,并确保其所收集的数据具有普遍代表性呢?

现在,这就是那个价值 64 000 美元的问题:为什么采用上述研究方法无法回答你想要探究的问题呢?

举例来说:当我开始撰写我的毕业论文时,我的研究问题是"为什么在加利福尼亚州,诸多女性在本州避孕措施成本低廉、易于获取且完全合法的情况下,却依然选择了堕胎呢?"(请记住,这是在 20 世纪 70 年代初加利福尼亚州事实上将堕胎合法化之后,并且是在罗伊诉韦德案事实上使堕胎在美国全国合法化之前的情况。)

为了回答这个问题,我竭力依照典范社会科学的方法来进行研究。我与我在耶鲁大学的导师一同,小心翼翼地梳理出了旧金山湾区每一家非天主教医院的名称(这构成了我的"抽样框架"),并计划随机选取多名有过堕胎经历或生育经历的女性(此处的逻辑是,应该将堕胎的女性与生育的女性进行对比。而我后来才明白,实际情况并非如此)。但我遇到的问题是,堕胎的女性平均怀孕时长不到 3 个月,而生育的女性平均怀孕时长为 9 个月,并且在研究的这个阶段,我期望比较的是怀孕时间几乎相同的女性。

我甚至已经开始起草一份调查问卷了,然而我却意识到,我无法验证有关女性堕胎原因的理论,因为根本就不存在这样的理论。

我做了一名典范社会科学家理应做的所有事情。我设定了一个研究问题,选取了一组随机抽样的堕胎女性,以及一组随机抽样的生育女性,随后我计划从这两组随机样本中收集数据,并对比它们是否存在差异以及存在怎样的差异。

直到我意识到这个案例所蕴含的内容远比我那小小的问卷调查所能获取到的要丰富得多时,我才转而采用定性访谈的方法。在我的这个案例中,典范社会科学方法存在诸多缺陷,原因在于:

◎ 我没有被广泛认可的关于为何有如此多女性选择进行合法堕胎的理论可供检

验,因为这一现象在当时太过新颖。

◎ 我没有任何依据,无论是从理论层面还是从既往的研究成果来看,能认定合适的对照组应是生育的女性;实际上,更有可能的合适对照组是那些成功避免生育的女性,也就是一开始就未怀孕的女性。

◎ 无论是参考先前的研究,还是依据相关理论,我都无从知晓,究竟该采用哪些具有关联性的对比变量来预测为何部分女性选择了堕胎,而另一些处于同样怀孕状态的女性却并未做出这样的选择。

因此,一言以蔽之,这就是为什么典范社会科学不足以解决我的问题的原因。

现在,在这个练习中,请告诉我为什么它不适合你的研究问题。

第四章

这是一个关于什么的案例？

在莎莎舞式的社会科学研究项目中，你迟早（不过最好还是尽早）要面对这种研究里最具挑战性的任务，那便是必须把你的研究兴趣（research interest）转化为研究问题（research question）。几乎每一位曾与我共事过的学生，都会怀揣着他们坚信不疑的所谓"研究问题"来找我，可实际上，那仅仅只是一种研究兴趣罢了。

这无疑会让你心生疑问：究竟什么才算是研究问题呢？依据我的经验来看，一个真正意义上的研究问题具备四个显著特征。第一，一个真正的研究问题会提出（即便是以一种初步的、思路混乱的，有时甚至明显错误的方式）一组概念（你也可以将它们称作"变量"）之间的相互关系。第二，对这种关系（或者若存在多个关系的话，对这些关系）的理解，能够助力我们阐释社会生活中某些重要的现象。第三，一个真正的研究问题能够引出一系列可能的答案，这些答案从经验层面，或者至少从逻辑层面来讲，是可以进行检验的，进而能够确定是否某些答案相较于其他答案与数据结果更为契合。第四，同时也是最后一点，一个优质的研究问题，倘若能够得到恰当的解答，便会推动一个或多个知识层面的对话，而这些对话在对你而言至关重要的学术界的某个领域内已然在进行着。[1]

我有点不好意思告诉你，在我职业生涯的早期，鉴于我的定量社会学背景，我其实和本书前面所描述的导师们很像。我目睹过太多的研究生深受"万条检索诅咒"的困扰，对此我深感同情。更为关键的是，正如你们已经了解的那样，我一直在努力汲取典范社会科学中最为精华的部分，尝试运用抽样、可操作化和普遍化等方法，去构建一种严谨、规范、具有理论建设性以及积累性的定性社会科学研究体系。[2]

所以，为了切实帮助学生，我过去也曾在一开始就询问学生他们所设定的自变量和因变量分别是什么。这种做法延续了一段时间，直到我最终意识到，这样做似乎并不能切实帮助学生明晰他们的研究问题究竟是什么。这时，我借鉴了我在普林斯顿大学的前同事沃尔特·华莱士（Walter Wallace）所使用的术语，开始把这些概念称作"解释要素"（explanans）和"被解释的事物"（explanandum）。³ 这是一个进步，因为它似乎将学生从"自变量"和"因变量"的术语中所包含的一些关于"因果关系"（causality）的固有假设中解放出来了，但仍然没有起到非常大的作用。真正让学生们犯难的是我试图让他们告诉我他们的研究问题是什么。

这里有个小诀窍，可用于快速检验你所拥有的究竟是一个真正的研究问题，还是仍处于研究兴趣的阶段。当你向他人讲述自己的工作时，你们的交谈内容里是否涵盖了一些"被解释的事物"，以及一些"解释要素"呢？（第一部分至关重要，而第二部分目前仅起到"锦上添花"的作用。）更为关键的是，当你大声说出自己感兴趣的内容后，最终能否听到对方提出一个问题呢？

但这些技巧并非完全可靠：即便你有"被解释的事物"，也有"解释要素"，甚至还提出了一个问题，但你可能依然没有一个真正意义上的"研究问题"。我觉得这就是所谓"谬误"（faux）型的研究问题，也就是那些表面上看似是研究问题，然而仔细审视之后就会发现，它们实际上并非真正的研究问题的问题。（"faux"在法语里意为"虚假的"，我在此使用的是它的现代含义，即"精致的冒牌货"。）⁴"谬误"型研究问题可能很危险，因为它们往往具备真正研究问题的所有要素，然而却存在一个关键例外：它们无法让你判定一个答案是否优于另一个答案。

举例来讲，你或许会表示想要研究贫困对儿童发展的影响。尽管你的确拥有了一个"被解释的事物"（儿童发展）以及一个"解释要素"（贫困），但这依旧过于模糊，不足以称得上是一个真正的研究问题。究竟什么是儿童发展？贫困又该如何定义？这两者之间的关联究竟体现在何处？从本质上讲，你缺少对于贫困（事件 A）与儿童发展（事件 B）之间关系的假设。

所以，你可能还缺失了一样东西，那就是你期望为哪方面的学术对话贡献自己的见解，毕竟"贫穷会阻碍儿童发展"并非什么新奇的观点。（而且从操作层面来看，你的问题也存在一些模糊之处——你对贫困的衡量标准是什么？你所关注的儿童发展具体涵盖哪些方面？——关于这些问题，我们稍后会详细探讨。）

这里有一则小故事，或许能博你一笑。曾经有个学生找到我，说她想要研究摇滚乐队中的女性。"好吧，"我说道，"这确实是个不错的研究兴趣点，但你的研究问题是什么呢？你想要解释关于女性和摇滚乐队的哪些具体问题？你打算研究概念 A（女性）和概念 B（摇滚乐队）之间的哪一组关系呢？"那个学生瞪大了眼睛，如同鱼眼一般，随后便消失了两个月。

三个月后，她带着一个新的研究课题回到了我的办公室，这次她要研究的是海洛因贩子。我说,这很可能会涉及研究伦理方面的问题,不过即便克服了这一障碍,我依然需要了解她的研究问题究竟是什么。[5]她又一次从我的办公室里消失了,这次消失了六个月。

最终,她带回了第三个研究课题:职场中性别身份的习得。此时我不禁笑了出来,我对她说,尽管如今你的研究内容已涵盖了性、毒品和摇滚乐(sex, drug, rock and roll),但你依旧没有明确的研究问题呀!(在我不断的叮嘱下,她最终还是想到了一个很不错的研究课题,而且现在她已顺利、开心地就业了。)

为何研究问题如此重要呢?因为倘若没有研究问题,你根本无法开展研究工作。要是你试图在没有研究问题的情况下去做研究,你只会陷入大量的检索工作中,不得不面对"万条检索诅咒",还得承受强烈的挫败感。并且,要是"运气好"的话,你还会面临一个糟糕的研究项目。另一个问题在于,如果没有一个明确的研究问题,你就无法进行理论层面的研究,因为没有问题,你就无从做出解释。而在现代社会科学领域中,解释(更专业正式的表述是分析)相较于单纯的描述,受到的重视程度更高。

让我来明确一下我从最开始就一直强调的一个区别:倘若你是一名典范社会科学家,且已经拥有或者继承了一个关于两个(或多个)事物之间相互关系的模型,而你正准备着手检验你的模型是否优于以往的模型。但如果你是一名莎莎舞式的社会科学家,你很可能仅仅掌握了方程式的一半,也就是一些有待解释的现象(以下简称"B")。无论是你还是其他人,都没有一个完善的模型来阐释为什么 B 会以当前这种方式出现(以我自身的例子来说,即在一个避孕成本极低的州,为何仍有众多女性选择堕胎)。你和其他人同样也没能确切地弄清楚你所解释的具体内容究竟是什么——是一部分女性(以及男性)完全避免了怀孕,而另一部分女性(以及男性)却选择了堕胎?还是说,有些女性(以及男性)一旦怀孕就会选择将孩子生下来,而有些则会选择堕胎呢?这便是我想表达的意思,在这方面,你真正需要的是一个"解释",一个有关社会世界的谜题、悖论或者难题,它在一定程度上打破了我们的预期,并且不存在现成的答案。不过,这并非一项微不足道的成就,倘若你听从我的建议,我们这些想要探索社会世界模型而非检验它们的人,依旧能够成为优秀的社会科学家。

有时我会问我的研究生,社会科学(social science)和新闻学(journalism)之间存在着怎样的区别?我还会和他们分享一个人们有时会提及的尖刻玩笑,那就是有人说社会学家(sociologists)不过是行动迟缓的记者(我或许还会说,实际上他们的写作水平也并非多么出色)。我的学生们几乎总是难以回答这个问题,因为尽管他们在直觉上明白这两者存在差异,但却无法清晰地阐述出其中的区别。就我个人而言,我认为前面的这段话抓住了两者的本质区别。记者会告诉我们"谁"(who)、"什么事情"

(what)、"在哪里"(where)、"什么时候"(when)，但只有社会学家能够告诉我们"为什么"(why)。而且，只有社会学家(sociologists)[或者更宽泛地说，社会科学家(social scientists)]才拥有理论体系（即便其中很多理论是基于直觉的，而非正式的理论）。一套理论体系或者理论能够助力人们检验关于事情为何会如此发生的各种解释版本，并从中挑选出最具说服力的那个版本。[6]然而，即便你熟知世界上的所有理论，可要是没有一个研究问题（或者在研究进程中未能获取一个问题），你根本就无法给出一个针对"为什么"的答案，更别提给出其他能够与之竞争的答案了。这是因为你还没有将关注点缩小到足以从干扰因素（"噪声"）中辨别出关键信息（"为什么"）的程度。坦率地说，倘若你不去主动探寻某些东西，那你肯定是找不到它们的。

在传统社会学领域，研究问题存在的关键问题在于，其背后附带了一整套有关世界、社会生活以及科学的假设，而如今这些假设都处于变革之中。过去，人们会去研读"文献"，发现其中细微的空白之处，接着便着手开展研究，以此来填补这些知识上的空缺。（或者，人们有时会觉得自己是在"拓展"某个论点，又或者是在"完善"它。）这种关于研究该如何进行的线性模式，有时被称作"规范科学"（normal science）。[7]

该模型所基于的假设有以下内容：

◎ 你知道变量是什么。
◎ 你知道如何以一种看起来合乎逻辑，并且已经被该领域的其他人所接受的方式来测量它们。
◎ 你对各变量之间的相互关系有深刻的认知。
◎ 相关文献会引导你将其中部分变量视作自变量（它是引发某种现象的原因，或者至少在时间顺序上先出现）以及因变量（它是相应的结果，或者至少在时间顺序上后出现）。

相比之下，我们这些被某个有趣的案例（一个"被解释的事物"，或者说是一个尚无答案的谜题）所吸引的人，面临着两种潜在的、极具破坏性的困境。一方面，你可能会难以抵制诱惑，试图将自己的研究问题强行纳入追求统一性的典范社会科学框架之中，并且把自己的研究兴趣扭曲成包含一个或多个自变量和因变量的形式。又或者，你可能会想着抛开所有这些束缚，直接深入实地研究，也就是针对你所关注的案例展开研究，并期望在一接触到实际情况时就能清楚自己究竟在探寻什么。但无论选择哪种情况，你都很可能陷入困境。

由于验证的逻辑是建立在严格的操作化基础之上的，我们通常会采用预设量化（quantification）的方法，即假定我们能够将类别拆解为其组成元素，并为每个元素赋予一个数值。(在典范社会科学中,最后这句话应该表述为:"……我们能够将变量拆解为其复合值,并为每个变量赋予一个数值。"这两种表述的含义是一致的。)

这种偏向量化的预设源自于一个假设,即我们能够或应该开展近似于"自然实验"(natural experiment)的研究。当谈及自然科学或"硬"科学时,我们清楚,判断某一事物是否引发了另一事物的方法是,将"原因"(解释要素)作用于"结果"(被解释的事物),然后观察与不施加该原因时相比,出现了哪些变化。

在社会科学领域中,要进行真正意义上的实验难度较大,因此,一直以来我们倾向于构建一些被我们称作"准实验设计"(quasi-experimental design)的方案:我们对一个大型数据库进行统计操作,将具有某种特定属性的人群与不具备该属性的人群进行对比,在此过程中"控制"两组人群之间的其他差异。[8]如果我们的统计结果显示,这两组人群在某一临界点之外存在差异,或者一旦我们对其他变量实施了"控制"后,这两组人群呈现出不同的特征,那么我们便可以得出这样的结论:我们所设定的自变量引发了我们所观察到的结果。

上一章的讨论已体现出准实验设计的弊端,即规范化的设计会忽略(或不加以测量)那些被认为不重要的因素,而这又引发了他们所说的"未观察到的异质性"(unobserved heterogencity)问题。医学领域中激素替代疗法(HRT)的失败便是一个绝佳的例子。[9]多年来,医生告诉绝经后的女性,HRT会保护她们免受一些大大小小的困扰,"热潮"、骨组织流失、阴道干涩,其依据是"哈佛护士健康研究"中12.2万名女性的调查数据。有了这样一个庞大的数据集,流行病学家能够控制他们认为的混杂因素,他们发现采用激素替代疗法的女性有较低的心脏病发作的风险。如此令人信服的数据使得健康的、没有明显更年期问题的女性也开始将激素替代疗法作为一种预防措施来使用。

"地平线上唯一的乌云"是哈佛随后开展的一项研究,这项研究采用了真正的实验设计而非准实验设计,得出了相反的结论。女性健康行动组织(Women's Health Initiative)随机分配部分女性使用激素替代疗法,另一些女性使用安慰剂,结果发现使用激素替代疗法增加了女性患心脏病和其他心血管疾病的风险,而非降低了这些风险。如此一来,医生和媒体便开始呼吁女性停止使用激素替代疗法,或者尽可能少地使用它。这样看来,在之前的实验中,混杂效应实际上并未得到有效控制。"未观察到的异质性"致使医生建议女性服用了至少一种可能会对她们当中一部分人造成伤害的药物。[10]

对激素替代疗法数据的初步研究让我认为,可能存在一个相当显著的选择效应(selection effect)在发挥作用,这意味着采用激素替代疗法的护士总体上很可能比未采用激素替代疗法的护士更具健康意识,其对当前医学关于预防措施的观点了解得更为深入，也更有可能获得更好的医疗护理——这些因素使得第一组护士患心脏病的风险更低，但这与她们采用激素替代疗法并无关联。我提出这个问题，是因为我在较为悲观的时候会想，每一个基于准实验设计的社会科学发现（就如同很多典范社会科学的研究成果一样），其实都可能是一个有待被揭穿的选择效应。

以哈佛护士健康研究（Harvard Nurses' Health Study）为代表的准实验理论检验模式之所以如此盛行且长期未受到质疑，是因为它看上去符合科学方法的标准。请注意，我说的是"看上去"。在第一次接受社会学（sociology）训练时，我们都被教导说，虽然社会学还称不上是一门科学，但倘若一切进展顺利，它或许就会发展成为一门科学。也许，它就是一门托马斯·库恩（Thomas Kuhn）所说的"元科学"。[11]

然而，科学史以及被称作"科学社会研究"（Social Studies of Science）的新兴领域的最新研究成果，对传统认识论提出了质疑，而人们在传统意义上所理解的科学方法（scientific method）恰恰是建立在这种认识论基础之上的。这些学者指出，科学模式至多不过是对实验物理学的一种描述，并且很可能仅仅适用于19世纪的实验物理学。[12] 从托马斯·库恩开始，人们逐渐意识到，现代科学家常常把发现逻辑与验证逻辑相互混淆。更为严重的是，科学哲学家们也已开始对社会科学能否符合传统的客观性和操作性标准提出质疑，原因在于观察者本身是处于社会中的个体，而他们所观察的对象同样是处于社会中的个人和机构。[13] 从这方面来讲，自然科学本身并非如人们传统认知的那样，与社会世界完全割裂开来。

我期望自己已经阐述得足够清楚：有些方面典范社会科学确实做得极为出色，我非常认可运用它去解决那些它所适用的问题。尽管我自己很少进行数据方面的工作，但我必须了解典范社会科学在我以自身方式探索的问题上取得了哪些成果。我强烈建议你也采取同样的做法：在你前往实地进行考察之前，先了解一下典范社会科学针对你所感兴趣的领域持有怎样的观点。

然而，典范社会科学并不能为你提供太多的帮助，至少在一开始是这样。倘若你和我的许多学生一样，被某个有趣的实地场景所吸引，你的直觉告诉你，它会让我们对社会世界有一些新的认识，可你却无法说清楚它究竟为何重要，更糟糕的是，你也无法阐明自己打算如何对其展开研究。无论从个人层面，还是作为一名社会科学家的角度来看，你都清楚这个案例的某些地方令你着迷。你可以想象自己身处玻利维亚、斯里兰卡、纽约或其他地方，在那里，一个引人入胜的社会进程正在上演。但像我这样的人却一直在追问你：你的研究问题是什么？你准备做些什么呢？

如果你和我的许多学生一样，最初的想法便是强行让自己适配典范社会科学的模型，绞尽脑汁，直至想出一些看似是自变量和因变量的内容。由于你们当中的许多人都很聪慧,且文笔不错,像我这样的导师或许无法立刻察觉,你们缺少典范社会科学必备清单里的一些关键元素。事实上,你压根不清楚自己的变量究竟是什么,你在编造因果假设,而且完全不知道进入研究领域后,哪些数据会与你的研究相关。所以我们任由你继续开展工作,却没意识到你的行为就如同一个即将开启为期三周露营之旅的人,可背包里却连一双干净的袜子都没有。

你的情况是,你拥有一个丰富且生动的研究案例,当这个案例需要你运用发现逻辑时,你却在导师们的反复叮嘱下采用了验证逻辑。更为糟糕的是,你开始坚信自己走在一条正确的道路上(毕竟大家似乎都认为这样做是正确的)。于是,你发现自己变得更加愤怒、沮丧,研究也毫无进展,只能眼睁睁地看着自己项目中那些生动有趣的因素逐渐消逝。

与此同时,超信息带来的困扰也开始显现。当你的"双脚因没有干净的袜子而磨出水泡"时,你可能还坐在电脑前不停地"搜索"。比如说,倘若你对水的私有化问题感兴趣,你可能会觉得世界银行与此相关,于是你在谷歌上搜索(Googling)"世界银行",结果得到了 125 万条搜索结果(我刚刚尝试过)。再加上"水"这个关键词,你会得到 376 001 条结果——搜索结果数量的减少勉强算是一个进步,但你依旧无法着手开展研究。要是再加上"私有化"这几个字,搜索结果就会减少到 44 402 条,然而很明显,你仍需要耗费几乎一生的时间去阅读这四万多条结果。这就如同禅宗里的悖论:除非你清楚自己一开始要找寻的是什么,否则你永远都无法确定自己要找的究竟是什么。

顺带一提,搜索的本能其实是一种古老做法的现代形式,以前人们只要在图书馆的书架间浏览一番,就能找到一个研究问题。"谷歌搜索"给人的感觉像是在做研究,但实际上它很容易让你离自己的研究问题越来越远,而非越来越近。

倘若运气不错(而且你与导师的沟通足够少),一旦进入实地研究,你或许就会感到灰心丧气,进而抛弃自己原有的"方法"。倘若没有这种情况,你就会一直勉为其难地将自己塞进旧模式的框架里。无论你是否意识到,你已开启了一场知识探究之旅,此时你必须从典范社会科学所提供的内容中精心挑选出适用的工具,组成自己的"工具箱",并决定哪些工具是你需要保留的。

事实是,你的确需要一个研究问题,而且应当将其列为"待办事项"清单上的首要任务。不过,你应当摒弃那种认为必须提前明确研究问题的固有观念。实际上,研究问题常常在研究接近尾声时才会逐渐清晰地呈现出来(毕竟这是一次探索未知的旅程)。但请你务必时刻牢记自己对它的需求,否则就会陷入万条检索诅咒的困境之中。

接下来,你要做的是让自己摆脱对自变量和因变量的过度依赖,尽管这些概念是开展研究的有效工具,但你要清楚它们源自一种截然不同的研究模式。

上述内容便是开展研究过程中最为棘手的部分。倘若你想稍作休息,通过跳莎莎舞来梳理思路,那就请便吧。

进行我所倡导的这类研究是一个不断迭代的过程(interactive process)。我会为你提供一套研究步骤(顺便提一下,这些步骤实际上是借鉴了典范社会科学中的相关内容),并要求你按照这些步骤展开研究。其中的难点在于,你不仅要像典范社会科学中常见的那样,多次重复执行这些步骤,而且要反复操作,直至得出研究结论为止,并且每一个研究项目都需如此!

那么,让我们回到那个吸引你的研究案例。这个案例究竟有哪些地方让你觉得饶有趣味呢?我有时会让学生们告诉我,是怎样的灵感促使他们关注到了这个问题。我会让他们想象自己在与我的姨妈露希尔交谈,她是一位退休教师,极为聪慧,同时对社会学的专业术语极为反感。为什么一位聪明的非专业人士会对这个问题产生兴趣呢?这个案例中究竟有哪些地方让你感到兴奋呢?简言之,你想要解释的究竟是什么呢?(这便是练习一的目的所在。)

当你深入探索自己的兴趣点时,脑海中浮现出了哪些问题呢?倘若你认真完成了练习二,就会发现自己产生了诸多问题,其中许多问题都与你的兴趣点紧密相关。同样地,练习三也会让你明白,为何你无法真正开展一项成功的典范型研究,这样一来,你至少清楚自己正在进行的是一项生成理论的研究,而非检验理论的研究。

这就是迭代过程的意义所在。一旦你将完成练习后所获得的见解记录下来,并思考如何向我的姨妈露希尔或者生活中类似的人解释这些内容,你就必须明确自己的研究问题在更宏观的研究图景中所处的位置。这个过程看似矛盾,却有助于你进一步明确研究问题的范围,或者将你的研究兴趣转化为一个真正有价值的研究问题。这就不得不提到我之前所说的研究流程的第四步:你的研究问题要如何启发你所在领域的其他学者,或者回应其他相关领域的学者提出的问题呢?

天才社会学家欧文·戈夫曼(Erving Goffman)在1974年推广了"框架分析"这一概念,而这一概念正是认知心理学家后来所说的"图式"(schema)。[14] 我最喜欢的关于图式和框架的故事是,曾经,一些认知心理学家给受试者播放了一段录像,录像里有几个人正在相互抛掷篮球,心理学家要求受试者数清楚篮球在这几个人之间换手的次数。在实验进行过程中,一个身着大猩猩服装的人从画面中爬了过去。随后,研究人员向参与实验的人询问关于那只大猩猩的情况,这些参与者一脸茫然地看着研究人员。"什么大猩猩?"一半的参与者这样问道。他们当时完全沉浸在实验任务当中(也就是说,他们过于专注地运用了自己的图式),以至于根本没有留意到大猩猩的出现,因为从所有实验的目的来看,那只大猩猩均处于框架分析(frame analysis)之外。[15]

在篮球运动员中间徘徊的大猩猩与我们有什么关联呢？"框架"这一概念与研究者将研究兴趣转化为研究问题（也就是我们当前正在探讨的内容）又存在着怎样的联系呢？

答案是，这就涉及第四步——找到我所说的"框架"，它对于把你的研究兴趣聚焦为研究问题有着极大的助力。你对某个实质性的问题怀有兴趣，那是让你深深着迷的事物。由于你处于信息泛滥时代的前沿，无论身处何处你都能随意跨越各种界限，所以你所关注的实质性问题仅仅是众多令你感兴趣的细节中的一部分。

换句话说，我的那些自由撰稿人朋友常常面临着要设置"吊钩"（hook）的难题，也就是要从一个全新的视角去撰写杂志编辑或报纸编辑感兴趣的内容。倘若你对非洲的艾滋病问题感兴趣，关于艾滋病和非洲的文章成千上万。如果你是一名自由撰稿人，你的任务便是想出一些新颖的角度来探讨这个主题。除非你能够想出一些新鲜且具有"吊钩"的内容（也就是我所说的"框架"），否则编辑就会把你的投稿信丢进垃圾桶，因为我们已经听闻过太多关于非洲艾滋病的事情了。[16]

还记得我之前跟你说过，你的问题应当具有重要意义，因为它能让我们了解到一些关于社会世界的情况吗？在第四步中，你得清楚这个"情况"通常可以在哪些标题下进行检索。这并非一个简单易懂或不言而喻的问题——尽管从表面来看的确如此。要是我让你说出你的问题与什么"情况"相关，你很可能会再次强调这个问题最初吸引你的缘由。或者，要是你已经想出了一些自变量和因变量，你很可能会告诉我一句在研究生群体中似乎颇为常见的话："哦，这是一项关于全球化的研究。""这是一项关于社会运动的研究。""这是一项关于在复杂的种族环境中获取身份的研究。"

请注意，这些既不是真正意义上的（a）一个研究问题，也不是（b）一个能够帮助你找到研究问题的框架，而这正是事情变得有些棘手的地方。还记得我曾说过，这个过程中的各个步骤有点像练习瑜伽，你必须反复重复每个步骤。那么，我们就从这里开始。我们知道你有研究兴趣，而且你急切地想要找到一个研究问题，部分原因是我告知你你必须这么做，部分原因是你担心要浏览成千上万条检索结果。

现在，这边是你的研究兴趣，那边是你所有的同行以及其他思考社会世界的人，你的任务就是找到这两者在你思维中的交汇点。你需要将你的研究兴趣"框定"在你所在领域的一个可用框架内，这样做有助于你从研究兴趣过渡到研究问题。

我认为这项任务包含两个不同的层面。一方面，你要确定自己的定位。当你去找工作时，人们会想了解你是怎样的一位学者。当然，你可能是社会学家，或者是政治学家，又或者是法律与社会学领域的学者，但在这些大的学科类别中，存在一套被广泛认可的标准，用于将新晋学者进行分类。你可以是组织社会学家、发展社会学家、专注于公法或国际关系的政治学家,等等。在更微观的层面上,在你深入探究问题的过程中,你将与一群人展开对话:最终你必须向我(以及其他读者)解释,为什么那些在你的领域或相关领域进行过研究的人是错误的,或者说明他们的研究是不完整的。这些学者是你构建自身认知体系时的参考群体。

一旦明确了你自己的身份,接下来你就需要确定你的研究问题的核心所在。如今,很少有研究项目在开展之时就能清晰地界定自身所属的专业学科或学术流派。你的研究项目可能会涉及多个学科分支,但倘若你不想陷入混乱,就需要融入一个与你的学术探索或多或少存在关联的大群体,并且在这个大群体中,还应该有一个或多或少能够与你直接交流的小群体。当然,你并非一定要在一开始就确定自己所属的群体,但从研究项目的初期起,这就是你必须铭记于心的事情,而这也是你探寻真正研究问题的关键点。

你或许已经留意到,我在探讨研究相关内容时运用了诸多隐喻。在尝试向学生们阐释如何在某一学科分支以及知识参考群体中找准自身定位时,我使用过许多不同的隐喻。不过,或许最为恰当的比喻是一场学术人士的鸡尾酒会。你走进一个熙熙攘攘的房间,里面有许多由三四个人,或许是五个人组成的小团体,他们各自围绕着共同的话题交谈着,每个人手中都拿着一杯饮品。作为初来乍到者,你走到吧台前要了一杯酒或者苏打水,随后开始在房间里踱步,期望能找到一些有意思的人与之交谈。然而,周围的人们都沉浸在各自的小团体中热烈交谈,对你而言,仿佛自己在他们眼中并不存在(当然,那些比较友善且参与交谈程度不深的人,有时会向你投来友好的目光,示意欢迎你加入)。那么,在这种情况下,你要怎样才能加入他人的谈话呢?

我们都清楚,想要成功融入他人的谈话,首要的一点就是绝不能突然转换话题。如果一群人正在谈论米开朗琪罗,而你却突然说道:"你们相信有外星人存在吗?"那么,这群人的目光会立刻齐刷刷地聚焦在你身上,每一双眼睛都仿佛在向你传达出不欢迎的信号。[17]这就好比你强行插话,打断了别人的谈话。

善于社交的人都明白,要成功融入正在进行的谈话,秘诀在于优雅地"切入"。而实现优雅"切入"的方法,就是装作你感兴趣的话题与大家已经在谈论的话题存在关联,即便实际上它们并无关系。所以,你可以走到那群正在谈论米开朗琪罗的人旁边,站在那里,礼貌地倾听,然后在谈话的间隙,缓缓说道:"米开朗琪罗太有才华了,他简直就像是来自另一个星球。"人们会低声表示认同,接着说起他那令人惊叹、无所不包的技艺。随后,你轻声问道:"我知道这听起来有些荒谬,不过你们有没有想过,那些才华横溢的艺术家或许真的来自另一个星球呢? 当然,我并不相信有外星人,但除了这种假设,我们又该如何解释这些非凡之人的存在呢?"在更多人纷纷随声附和之后,你便可以说:"我前几天读了一篇非常有意思的关于外星人的文章……"如此一来,你就能够谈论自己想谈的内容了。

若想融入学术人士的对话,你同样可以采用类似的方式。对于我们所说的"稻草人"——典范社会科学而言,融入正在进行的对话通常并非难事。典范社会科学家成长于相当规范的传统学术环境中,他们认真研读学术期刊,对自己感兴趣且擅长的某个细分的社会科学领域了如指掌,清楚自己能够获取哪些数据,以及这些数据可用于解决哪些问题。这就如同贵格会开会时常常会出现长时间的沉默,随后新的发言者会在主题精神的引领下分享他们的想法。

然而,你并非典范社会科学家,你身处的是一场喧闹、竞争激烈,甚至众人都略显微醺的"鸡尾酒会"场景中,这里同时进行着诸多对话,你需要找到自己那个亟待解决的问题最适合的切入点。

近年来,像罗伯特·本福德(Robert Benford)和大卫·斯诺(David Snow)等社会运动理论学家对戈夫曼的"框架分析"概念进行了拓展,他们认为,社会运动理论学家只有提出一个"共鸣框架"(resonant frame),才能够让其他人倾听他们的观点。[18]换句话说,大多数人在行事时都秉持着一套相当不连贯且自相矛盾的观念(就如同共和党民调专家弗兰克·伦茨在前一章中向我们所阐述的那样),而在社会运动中,最终的获胜者将会是那些能够构思出简短有力、鲜明体现特定政治立场,并且能让人们踊跃参与其中的观点的团体。

同样的道理,怎样"框定"你的问题极为关键。倘若你从事的并非典范的、"规范"的科学研究,那么有诸多方法可用于框定你的研究项目。就以我在前几章所举的例子来说吧。尽管你真正感兴趣的或许是工作场所中有关打情骂俏的规则和制度,或许是水的私有化问题,又或者是美国极高的监禁率,但你就如同那个"鸡尾酒会"上的参与者一样,必须巧妙地将这种兴趣融入现场嘉宾正在进行的讨论之中。

你有一个感兴趣的案例,并且希望其他有识之士也能对你的案例产生兴趣,那么你不能仅仅宣称你所感兴趣的内容确实很有趣,你必须在对方和你的案例之间建立起某种关联。你需要牢记的是,并不存在一种绝对正确的方法,能将你的兴趣融入正在进行的讨论中。举例来讲,你对工作中打情骂俏问题的兴趣,可以顺理成章地融入到关于性、性别、工作、组织行为、法律、情感等众多方面的讨论中。也就是说,你究竟是一名专注于研究工作的学者,还是一名研究性别的学者,或是研究组织行为、情感或者法律的学者呢?你又如何知晓该如何框定你的问题呢?答案是不断地尝试与犯错,但做一些前期准备工作能够让你的选择变得更加轻松。[19]

第一件也是最重要的一件事,就是你一定要有一所整洁的、万事俱备的"思想的房子"。[20] 养成阅读所有与社会科学相关文献的习惯，哪怕是那些看似微不足道，却能吸引你目光的内容。与典范社会科学家所传授的观念不同，世间万物皆可为"磨砺思想的素材"。所以，倘若你发现一本关于流行病的佳作，而你脑海中思考的却是工作场合打情骂俏的问题，该如何是好？又或者，当你自认为对性别角色的变化感兴趣时，却恰好读到一本关于热浪的精彩著作，此时你又该作何应对？任何一本探讨社会世界任意方面的优秀书籍，都能让你有所收获。倘若你的本能驱使你去阅读某些内容，请你相信它。

所以，一定要坚持阅读，并且要保持频繁阅读的习惯。你无须担忧所读的内容是否切中要点，或者至少在当下看来似乎并未切中要点。去阅读那些吸引你的内容，去阅读你所处的圈子里其他人感兴趣的东西。这就如同禅宗修行者所说的，在扫地的过程中等待开悟时刻的降临。在阅读的过程中，你务必做好笔记，记录下那些让你感兴趣的内容。

用森林和树木这个古老的比喻来说，你感兴趣的可能是树皮，但你越能够向人们展示你所提及的树皮与他们所关注的树，以及与我们所有人都在某种程度上真正关心的森林（最好是整个林地生态系统）之间存在着紧密的联系，你的表现就会越出色，你的研究受众群体也就会越大。

然而，在你对自己所关注的树皮如此热衷的情况下，你要如何在文章发表之后迅速地将你的研究置于别人正在（或即将）感兴趣的树木和森林的范畴之中呢？这其实就如同融入鸡尾酒会的谈话一样，是一种微妙的社会行为。就像许多与权力相关的社会行为那样，人们强烈期望你对其已经具备直觉性的理解。正如皮埃尔·布迪厄所说，你知道如何进行解码，但不要表现出你已经完成了解码过程，而要表现出你只是自然而然地读懂了它。这种能力正是我们这个专业领域用以区分"有天赋的人"和"没有天赋的人"的一种方式。那些从直觉上就知道如何以别人感兴趣的方式来构建有趣研究问题的人，通常会被认为是极其聪慧的人。

那么，我们这些其他人呢？由于这种知识在布迪厄看来是透明（transparency）的，也就是说，对这种知识的掌握靠的是天赋，而非通过苦苦思索获得，所以我自己也还在摸索这个问题。我不确定自己是否已经完全掌握了其中的门道（这也是尝试与犯错的一部分），但我可以提出一些通用的策略，来帮助你开启这个探索之旅。

让我们先从几个问题入手，以便缩小范围。虽然在这个时候询问你关于论文发表的计划可能看似自相矛盾，但实际上思考这些问题能够帮助你梳理清楚自己的研究问题。你在练习二中想到的那类问题，更多地出现在同行评议期刊上（peer reviewed journals），还是更多地在大学出版社出版的书籍中被讨论呢？或是出现在面向大众读者的书籍当中?每一种情况都代表着不同的研究框架,而且每一种框架都有着不同的成本与收益。

首先,如果你感兴趣的问题大多出现在同行评议期刊上(peer reviewed journals),那你是比较幸运的。无论其利弊如何,这些期刊都是大部分学术体系的黄金标准。尤其是在以硬科学家以及有志成为硬科学家的社会科学家为主导的学术环境中,同行评议期刊具有诸多优势。对于初学者而言,你可以依据这些期刊的声望对它们进行排名——大家对于哪些期刊"更优秀"大致会达成一种共识。其次,同行评审期刊的形式和内容本身就倾向于优先接纳社会科学领域中的"规范科学"或典范式研究,而大多数自然科学家对这种模式都非常适应。最后,一位优秀且勤奋的学者能够在一个审稿周期内提交多篇这样的文章,这也是一种"学术生产模式"[patern of scholarly praductivty,一些更为敏锐的观察家将其称为"腊肠科学"(salani science)]。²²第四,通过"社会学引文索引"(Social Science Citation Index),能够追踪(tracing)同行评审文章的被引用频率。简言之,在同行评审期刊上发表文章这一行为,与机构的官僚体系基于看似客观且"主体间"的标准,对学者进行评价、衡量以及提拔的制度需求之间实现了完美契合,且二者几乎是一拍即合。

那么,为何有人会选择在其他地方发表研究成果呢?原因在于,所有那些让同行评审论文备受一般学术机构以及在认识论方面较为天真的自然科学家和经济学家青睐的因素,对于秉持"莎莎舞式的"研究风格的社会科学家而言,往往并无太大作用。倘若你感兴趣的是构建全新的理论,而非渐进式地对现有理论进行补充完善,又或者你不希望缓慢地融入正在进行的讨论,而是想直截了当地指出人们一直以来所谈论的内容是错误的,那么期刊并非你发表成果的最佳选择。期刊编辑可能会告诉你,你或许拥有一组有趣的数据,但缺乏一个明确的先验理论(也就是预先存在的理论),但实际上他们的意思是不知道该如何为你的研究进行定位。

不过,你无须感到绝望。尽管你在期刊讨论中所处的位置可能不太清晰、明确,但这并不意味着没有适合你的位置。就如同在我们所描述的鸡尾酒会上的所有人一样,你只要让读者相信你对外星人的兴趣与他们对米开朗琪罗的兴趣确实存在关联。虽然对于编辑和审稿人而言,这种联系可能并不明显,但对你来说却是清晰可见的,而且你能够对此给出合理的解释。

啊,这恰恰就是问题的关键所在。

我的建议是:进行一些人类学的实地调查研究。倘若在你感兴趣的研究领域有你喜爱的期刊文章,那么,你可以调查一下这些文章发表在哪些期刊上。仔细研究一下你喜爱的文章是如何构思其研究问题的。通常情况下,在期刊文章中,研究框架会在前一两段中呈现,但人们常常会忽略这部分内容。认真去阅读这些文章,留意那些你喜爱的文章引用了哪些人的观点,以及它们是如何界定研究问题的。阅读那些经常刊登你所喜爱文章的期刊,了解一下该期刊是否存在一些潜在的、可能会阻碍你在该期刊上发表论文的规则。

再次展开实地调查。阅读你期望在其中发表论文,或者至少让你感到好奇的期刊在最近五年内刊登的论文。对该期刊进行人类学／布迪厄式的分析。人们在这些文章中讨论的是什么内容?该期刊的正式规则有哪些?(通常可以在专业期刊的宗旨声明(mission statement of professional journal)中找到相关内容,一般印在期刊封面的内侧,如同所有的宗旨声明一样,你应该以审慎的态度去阅读它。)

更为重要的是,你要知道这本期刊中的文章在讨论的过程中,在内容和方式上有哪些不成文的规定。

例如,我的一个学生对《人口学》期刊(*Demography*)做了如下分析:

> 我查阅了由人口学家的专业协会"美国人口协会"所出版的《人口学》最近 11 期里的 116 篇文章。在《人口学》上发表的文章通常会依赖统计学和人口学的研究方法;有时候,一整篇文章都在围绕着某一种方法展开探讨。尽管有一些文章运用这些方法去探究特定的概念或问题,但大多数采用其他方法(比如人类学方法)以及(或者)提出更具广泛意义问题的人口学研究成果,都是在另一本名为《人口与发展评论》的期刊上发表的。

这里所传达的潜台词其实并不太隐晦,那就是数据分析是《人口学》期刊上所刊载的研究中主要运用的方法。对数据的处理操作是这些文章的核心内容,而且研究的样本均取自大规模的调查问卷。调查问卷是数据的主要来源,不过也存在一些使用行政记录来开展的研究,其方法论涵盖了从直接的人口统计方法到数据分析技术等一系列方法。倘若要在《人口学》上发表文章,或许你需要把对理论意义的探讨放到另一本期刊上去发表。

另一位学生查阅了《理论与社会》(*Theory and Society*),这是一本处于认识论范畴另一端的期刊:

> 这本双月刊是我期望在其上发表文章的刊物——它所刊载的论文和书评十分吸睛,而且排版设计精巧用心。其作者群体中既有知名的学者,也有尚未声名远扬的学者,他们在探讨的话题以及运用的方法论方面,都展现出了一定的广度。通常情况下,该刊物每期刊登两到四篇篇幅在 30 页至 60 页的文章,内容广泛涉及政治、文化、社会以及经济等诸多方面的问题,涵盖

了从布迪厄的惯习理论到同性恋理论、路径依赖与发展、城市贫民区现象以及对理性选择理论的批判等领域。该期刊对待社会科学的态度,在方法论层面呈现出很强的反思性,同时极为严谨,但又不至于陷入僵化的境地。让我感到有些失望的是,在这份期刊上发表论文的学者中,国际学者占比较少,他们大多来自美国——不过考虑到编辑团队大多是美国人,出现这种情况倒也在情理之中。[23]

从这两份分析能够看出,在第一种期刊上发表的文章不会出现在第二种期刊上。由此我们能发现一些显而易见的信息,比如文章的页数通过阅读期刊的宗旨声明或者投稿指南便可得知。我们不太明确的是这两位分析者从其中收获了什么:《人口学》倾向于采用固定的研究方法(实际上,它也在以规范科学的方式力求持续改进研究方法),而《理论与社会》则坚决要求作者认识到社会研究的方法本身就是一种社会产物。这正如我的学生借用布迪厄的一个术语所描述的,该期刊具有"反思性"。

还有一点是,你无法从阅读期刊的宗旨声明中了解到哪些话题可以探讨、哪些不可以探讨的规则,或者更直白地讲,你无法知道该如何"框定"一些在该期刊中尚未讨论过的话题。对于那些与规范科学或典范社会科学相关的期刊而言,引入一个全新的话题尤其具有挑战性。我尤为欣赏的一个例子是我的另一组同事迈克·霍特(Mike Hout)、克莱姆·布鲁克斯(Clem Brooks)和杰夫·曼扎(Jeff Manza)所撰写的一篇题为《美国的民主阶级斗争,1948 至 1992》的文章,这篇文章发表在美国社会学协会的旗舰期刊《美国社会学评论》(*American Sociological Review*)上。[24] 虽然这个实质性的问题极为有趣,它探讨的是在第二次世界大战结束到 20 世纪 90 年代初这段时间里,美国不同阶级对共和党和民主党的忠诚度发生了怎样的变化,这段时间内,关于阶级对投票的影响的文章并不多。事实上,正如作者们所指出的那样,传统的看法是,在影响选民选择的众多因素之中,"阶级的重要性正在下降"。

所以,该文章在很大程度上是以方法论批判的方式呈现的,然后融入了一个关于阶级与政治更大、更有趣的实质性讨论。该文章的作者们认为,阶级似乎并不重要的原因在于,人们根本没有充分测量阶级,也没有利用新的能更好测量阶级的统计技术(在这种情况下采用了多项式逻辑回归分析法)。如此一来,本文在方法论讨论的幌子下,对 21 世纪两大政党的遭遇进行了巧妙而精妙的讨论。

这样做的好处是,你不需要独自完成这项工作。在你的院系中的某个地方有一位老师——可能不止一位,甚至可能有很多位——曾在你所选择的期刊上发表过文章。更妙的是,你的系里可能就有一位你心仪的期刊的编辑。

去和他谈谈我们在这里讨论的具体问题，即什么样的"吊钩"会让你的实质性问题在编辑看来与期刊主旨有所关联并且非常及时。

我必须再次劝你在这里要有所保留。为一份重要期刊来"架构"一篇文章的诀窍本身就是一种社会实践，正如布迪厄告诉我们的那样，这是一种看起来容易但却很难习得的能力。

这是我对此的最后一个建议。穿上你的大衣（你很可能会被雨淋），开始向期刊投稿吧。我甚至告诉我的学生，写一篇不打算投给期刊的课程论文（dissertation）的唯一原因应该是，他们想为自己写一篇"思考文章"。因此，对于你写的每一篇课程论文，你都要考虑好要把它送到哪里去发表，以及你会如何框定它，好让那家期刊对这篇文章感兴趣。

我知道这有可能是那种"在遇到王子之前，你得先亲吻很多青蛙"的情况，但你可以这样看待这种情况：即使在最坏的情况下，也就是你收到了一封来自期刊编辑言辞严厉的拒绝信，你已经（a）认识了新的交流对象，（b）让一些相当聪明的人非常仔细地审阅了你的文章。

虽然听起来令人惊讶，但期刊需要你比你需要他们更多。好的期刊总是缺少好的论文，从理论上讲，敬业的编辑（保佑他们每一个人）会很乐意帮助你学习怎样才能让论文发表。你将得到的是非常棒的专业指导，而且是免费的。

但是，让我们假设，鉴于上述所有原因，你不愿意在期刊上发表文章。你实际上已经对你所在领域的主要期刊进行了人类学调查，但调查结果让你感到心灰意冷。你的兴趣不符合期刊所讲的内容，你也想象不出有什么办法能把你的研究兴趣转换到他们感兴趣的方向上去。那么这样吧：你写一本书。好吧，事实上，无论如何你都要写一本书，因为这本质上就是博士论文——一本接近于一本书初稿的学术专著。正如我们将看到的那样，期刊论文的文献综述相对简单直接，但一本书的文献综述则要复杂得多。不过，知道如何在文献中正在进行的辩论的背景下构思你的研究，对于这两种发表形式中的任何一种的成功都是至关重要的。

下一章我将给你一些如何找出可能与你相关的书和论文的重要建议，但我现在要说的是，如果你认为你会写一本书，你仍然应该做我前面提到的在期刊的语境里应该做的事情。去读那些让你兴奋并且产生兴趣的书。看看他们是如何框定研究问题的。读这些书中引用的关键学者的著作，看看他们是如何框定问题的。总之，抓牢所有你能找到的框架（或"吊钩"）。

练习

　　这也许是全书中最重要的练习。你的研究的"框架",即"吊钩"是什么?你的研究兴趣可以引发什么样的研究问题?我知道,即使在讨论了这么多之后,你可能仍然很难理解我所说的研究问题到底是什么,但你不用担心——我们还有几个练习可以帮助你理清思路。

　　在这个练习中,请你在制定自己的研究问题的同时,写下一份清单,列出期刊上对接近你的研究兴趣的问题的所有"框定"方式。这些框架对你有用吗?你能用其中的一个框架"融入"期刊吗?

　　反过来说,如果你就是对期刊不感冒,那么你喜欢且受到启发的书是如何"框定"它们的问题的呢?(记住,你在书中的文章的自由度远比在期刊中要大得多)。

　　要系统化:去挖掘,并以最简洁的语言说出你喜欢的作品中到底有哪些框架。

　　那么,说了这么多,你的框架是什么呢?

第五章

回顾文献

　　曾经，除了传统的社会科学领域，相关的研究范畴和信息来源较为有限，信息稀缺且昂贵，做文献回顾就像在公园里漫步一般轻松。你的导师告诉你所在领域的主要著作有哪些，你的任务是掌握那些重要的经典研究和新兴的研究成果。然后去搜集用于进行理论检验（theory testing）的数据，在完成大部分数据分析之后，再回过头来查阅相关文献，这么做只是为了确保没有漏掉这期间发表的最新研究。

　　由于传统社会科学有其自身的规则，你并不需要引用所有的内容——只须引用你所在的子领域的典范性研究即可。也就是说，你的贡献基于一系列先前的贡献，并且学界（至少在该领域那些举足轻重的人物之中）早已就哪些人应该是你所引用的先前贡献的"作者"达成了高度共识。

　　但是我们莎莎舞式的社会科学学者没有这样的好运气。你那篇融入期刊主题并微妙地改变学术对话的论文，或者你那本开创新的研究领域或方向的书，很可能涵盖了不止一个领域。最糟糕的是，在研究初始，你并不知道你面对的是哪些领域，因此不能以"回顾文献"的方式寻找自己的定位。更重要的是，现如今文献资料浩如烟海，如果把所有的文献——所有与你感兴趣的那个宏大而丰富的案例相关的文献——回顾一遍，你将一直坐在电脑前，直到蜘蛛开始在你的耳朵周围结网。

　　因此，对于我们这些莎莎舞式的社会科学家来说，"文献回顾"不是一次完成的，而是多次。我们在研究伊始进行文献回顾，试图弄清楚如何"框定"我们的研究；在进展过程中，我们也会多次回顾文献，从而使研究框架和研究问题变得清晰；研究快结束的时候，我们还会进行最后一次回顾，看看是否错过了什么。

　　这听起来令人生畏，是吗？让我教你一些关于如何进行第一次文献回顾的技巧吧，这次文献回顾可以帮助你构建研究框架，或者，用莎莎舞式的社会科学研究的语言来说，将你的案例研究植入一个或多个你所在领域（可能是几个领域）的学术对话，将这个模型稍加修补,直到研究收尾阶段,都将对你的研究大有裨益。

眼下,由于信息搜集和存储方式的变化,从别人已完成的工作中寻找"框架"比以往任何时候都要艰难。作为一个在急剧变化和全球化的世界中"跳莎莎舞"的社会科学家,在你急需一个框架的时候,那些发表于期刊上的典范社会科学研究及其框架,对你的帮助已经越来越小。

以前,信息(感兴趣的学术信息)是通过凝聚了人类智慧的社会实践来加工和存储的,那是一种美德。

20世纪初的那些年与现在非常相似,信息急剧膨胀,大量学术机构以现代大学的形式出现,就像当时崭新的芝加哥大学的兴起以及社会学在该校的发展。事实证明,随着新的高等教育机构和新学科的兴起,芝加哥所经历的新高等教育机构和新学科兴起的情况正在全国各地发生。因此,20世纪初的学者们也面临着信息过剩的挑战,就像今天的我们一样。

面对早期的超信息,出现了两种不同形式的、新的、并行的社会实践。从作为现代政府诞生地的华盛顿特区到马萨诸塞州,知识界需要以前所未有的规模存储和检索信息。[1]华盛顿特区和马萨诸塞州这两个地方同时尝试的"图式"就是,想象信息是一群陆地,它们之间有清晰的边界和大量水域作为分隔。

随着这种图式的发展,人们通过对系统机制的学习,将每条知识(例如,每本书)分配到系统中的特定位置。这种分类被认为是互斥且详尽的,每本书位于并且只能位于一个类目中。

你可能已经猜到我说的是图书馆内部的图书分类系统,也就是人们熟知的国会图书馆主题标目(Library of Congress Subject Heading List,LCSH)或杜威十进制系统(Dewey Decimal System,DDS;这里说的不是那位芝加哥大学的教授、进步教育的先锋且是简·亚当斯朋友的约翰·杜威)。[2]尽管细节不同,但LCSH和DDS都是根据主题将书进行归类。因此,当你知道某一本书所涉及的主题,你只需要定位这本书的标目,就可以找出围绕这类知识探究的所有学术对话。

这是一个非常惹人爱的系统,我甚至愿意用你喜欢的高档餐厅的一顿午餐下注来打赌,在你的一生中,至少有一次在使用这个系统的时候直觉地接受了它的固有假设。我不太确定下面这一点,因此就不用午餐做赌注了。我几乎可以肯定,你仍然在无意识地使用这些系统和它们的基本假设来做研究,而这个系统已经不再像以前那样具有影响力了。

举个例子来说,因为每一条信息(也就是一本书)都被假定是关于某件事的,而且是只关于那件事的,所以它在图书馆中被放在与它背景大致相似的信息项目的旁边。

现在请坦白,你们中有多少人去过图书馆"浏览书架"?如果你有过这样的经历,就证明了我的观点,印证了我提到的那些习以为常的做法,也突出了这一系统最大的特点。

首先,你认为内容相似的书籍是摆放在一起的。假设你在某个大学的图书馆中,对"婚姻"类图书感兴趣,你可以径直走到 HQ 536("美国—婚姻")书架的位置,开始挑选相关书籍。这还不是全部。每本书都有两个内置的便捷查找工具——目录和索引,因此,你可以快速确定某本书是否与你的兴趣相关。更妙的是,你可以从书架取下这本书开始浏览,查看它是否包含与你兴趣相关的、但你之前没有想到过的项目或问题。

其次,这个系统还有许多奇妙的功能,不过相较于假设同类主题的资料紧挨着陈列这一点,这些功能没有那么好找。例如,这个系统是分层的,这意味着相对狭窄的主题位于较广的主题之下。事实上,如果不像图书管理员那样接受过上述两种系统的培训,你也知道有一套卷宗可供你查阅,它允许你使用一个描述你感兴趣领域的术语(如果你愿意,也可以称其为"框架"),也就是一个 LCSH。每个 LCSH 都被精确地定位在比其范围更广(Broader Than, BT)和更窄(Narrower Than, NT)的领域之间,可以指引你找到自己感兴趣的内容。

如果这听起来很怀旧,那是因为各种各样的原因,这种分类系统已经在很大程度上被取代。首先,越来越多的信息不是来自书本,而是以其他形式出现:文章、国会听证会、政府工作报告、国际统计数据、网页,而且这个清单还在不断变长。其次,这个系统假设知识就像国家一样,以漂亮、干净的边界与其他知识领域清晰地隔开。正如托马斯·曼(Thomas Mann)所说,以及我在整本书中一直在强调的那样,知识存在的方式已经改变。[3] 托马斯·曼选择了已故黑人女性小说家芭芭拉·克里斯蒂安(Barbara Christian)撰写的一本精彩的著作来证明他的观点。[4] 这是一本关于非裔美国人的书吗?还是关于女性、小说家甚至文学批评的书?我对此给出的简短答案是:是的。

今天,我们没有一个智能系统能彻底筛选和编码所有可用的信息,相反,我们有大量的信息在那里,但没有人给它们贴上标签。(总之,这就是"全文"数据库的问题——所有的信息都在那里,但是除非你能记住其中那些罕见的词或一些专有名词,否则很难找到特定的文章。)整个查找过程就像置身于世界上最好最有趣的标签销售会,垃圾和宝藏都混在一起,你却没有路线图。

一直以来,我给出的建议都是去文献中寻找"框架"。但文献一团糟,你的案例也是如此,那我们要从何开始呢?

经过多年的试错,我想我找到了答案,也有了一套配合答案的技巧。它涉及我所说的"凌乱的雏菊"(bedraggled daisy)。深吸一口气,带着你生动的案例研究坐下来,拿出一张干净的纸和一支笔。

想要参透"凌乱的雏菊"的禅意,你必须了解一些有关维恩图(Venn Diagram)的知识。维恩图是两个或多个"组合"的事物集合的视觉表现。让我们回到芭芭拉·克里斯蒂安的书,书中涉及三个"组合"概念:黑人、女性、小说家。想一想这个问题:"黑人"中包括男人、女人、小说家和非小说家;同样,"女性"包括黑人和非黑人、小说家和非小说家;"小说家"可以是白人或黑人、男性或女性。用维恩图来表示,克里斯蒂安的图书主题如图5-1所示。

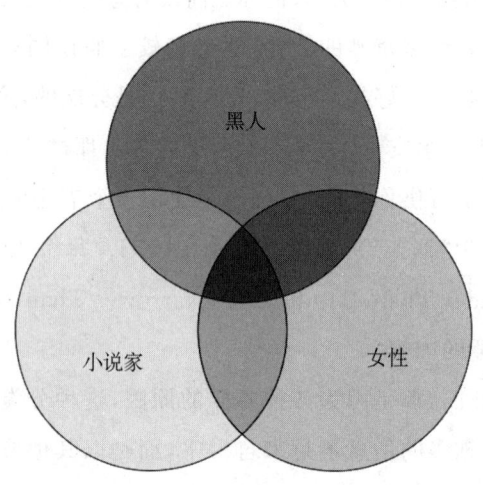

图5-1 克里斯蒂安图书主题维恩图

但是克里斯蒂安的书真正要讲的是这三个组合的交集,即同时是黑人、女性和小说家的人。从维恩图上看,就是三个圆相交的部分。

要想把这个办法应用到为你的研究寻找框架,你需要写下你的案例研究涉及的所有内容。以"工作场所打情骂俏"为例,这项研究可能涉及以下内容:

◎ 性;
◎ 性取向;
◎ 性别;
◎ 工作;
◎ 组织;
◎ 情绪;
◎ 性骚扰;
◎ 法律。

然后,我们将这些领域放到一个维恩图中。与克里斯蒂安可爱而整洁的例子不同,你(们)的例子可能更像是一朵凌乱的雏菊。像克里斯蒂安一样,我们只看这几组的交集,也就是同时涉及性、性取向、性别、工作、组织、情感、性骚扰和法律的那些文献。嗯,你猜怎么着?这可能就是符号逻辑中所谓的"空集"(null set)——里面什么都没有,至少在撰写这篇文章的时候还没有。当然是这样了!因为你是这个领域的开拓者。但是,肯定会有两个或两个以上的雏菊花瓣重叠的领域:也许是性与性别、性与工作,或者是性与组织、性与法律(图 5-2)。

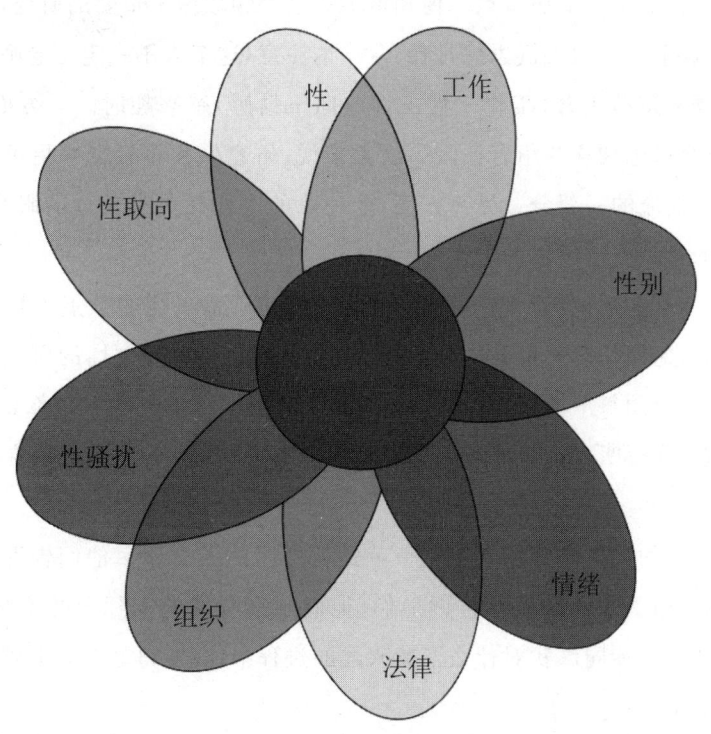

图 5-2　工作场所打情骂俏维恩图

雏菊的作用在于帮你找到那些与你的研究相近却又不完全相同的、有趣的知识型对话发生之处。现在,你需要去评估那些文献中的对话,将你的框架和与其最相近的,也是最具启发性的框架联系起来。举个例子:"迄今为止,大多数研究都集中在法律如何将性骚扰概念化,但它隐含着这样的假设:(a)性骚扰只存在于异性之间;(b)性骚扰是变相的性别支配。本研究将表明……"

遗憾的是,由于智能分类系统不再有效,你不能简单地通过在电脑中输入"性与性别和工作"来获得你需要的信息。这时你需要更聪明地工作,而不是更卖力地工作。这里有一些关于在求助于电脑之前,如何开始你的研究的诀窍。

第一，找到一个"节点"（nodal point）人物。你的生活中总有这样的人，他知道谁因为要出远门做田野调查需要出售一套便宜的公寓，谁有可靠的二手车要卖，谁想要处理掉一个完美的沙发。这样的人就是一个"节点"，他可以把社交网络的许多条线连在一起。

现在，你需要在学术领域找到一个这样的人，他就相当于一个智识上的"节点"（intellectual nodel point）。你可以这样问自己：你所在的院系（或相近的院系）中，有谁了解"涵盖两片或更多（越多越好）雏菊花瓣重叠的领域"，比如性与工作？或者性与组织？这个人就是一个知识节点。他知道谁在这个领域做了重要的研究，谁是该领域的"大人物"，这个领域的关键思想是什么。（请注意，这个人不一定是老师。特别是当你对非常规雏菊花瓣组合（工作＋性＋性取向＋情感）感兴趣时。一方面，与老师相比，研究生更容易想到这些组合。因为通常来说，研究生和年轻老师更可能成为引起你兴趣的时代潮流的一部分。另一方面，老一辈的人往往更有长远的眼光，能够帮助你在更广泛的背景下定位你的工作。）

所以，去和这些对你"雏菊的两片或更多片花瓣"感兴趣的节点人物交流。尽早地、经常性地与他们交谈。但是，拥有一个非常聪明和具有开创性的研究项目的一个缺点是，与你交谈的每个人都会太快地认为他们理解了你的想法。（"你真正要研究的是……"）但是，你要听取这个节点人物给你的所有建议，然后抛弃那些在学术上并不吸引你的东西。

我了解自己的案例研究的方法之一就是与聪明的人交谈。他们告诉我："你真正想说的是……"而更多的时候我告诉他们，他们刚刚所说的实际上并不是我想说的。但在告诉我的朋友和同事我对什么不感兴趣的过程中，我变得越来越能够清晰地表达自己感兴趣的东西。

第二，要与图书管理员交朋友。在我看来，为了推进研究，这是你能做的最聪明的一件事情。但是越来越多的人不愿意这样做了，我觉得是既成偏见在作祟。当我还是一个年轻的学者时，向图书管理员寻求帮助被认为是可耻的。你不是研究人员吗？而且研究者不是做研究的吗？你和图书管理员混在一起干什么？是想要作弊吗？

图书管理员和儿科医生一样，是世界上最伟大的人类之一。我在伯克利的一位同事称他们为"民主的斗牛"，当政府越来越多地试图向我们隐瞒一些事情，图书管理员是为数不多的具有反击精神的人。[5]他们和你一样，甚至比你更喜欢追逐的快感。更重要的是，他们是现在的信息检索和存储（information retrieval and storage）专家。实际上，在我工作的大学里，图书馆学院现在已经是计算机信息专业的一部分。

如果说，三十年前，学者避开图书管理员是愚蠢的，那现在这么做简直就是自杀。

信息已经成为一种商品——它被以各种方式进行交换、出售和整理,除了专业的参考图书管理员(reference librarian),几乎没有人能跟得上信息迭代更新的步伐。你的工作是分析信息;而图书管理员的工作是在第一时间帮你找到需要的信息。因此,一旦你决定开始和你的节点人物对话,考虑一下图书管理员吧。

如今的信息就像是罗马帝国灭亡后的欧洲,完全处于混乱之中:每个小公国都铸造了自己的钱币,通过了自己的法律,说着自己的语言,并且有自己的仪式。想象一下,作为一名商人,你从一个镇到另一个镇销售你的商品,而每个城镇都在不同王子(或公主)及其制定的经商政策的控制之下。

信息同样如此。它被许多不同的"商贩"运送、整合、出售,由不可计数的摊贩进行售卖,即使你愿意,也无法为如此多的小商贩命名。更重要的是,其中一些信息以"全文"的形式出现,另一些有自己惯用的主题标题(通常被称为"分类词库"),而且它们都有自己的规则。以"截词"为例,如果你要搜索"青春期怀孕"(adolescent pregnancy),你想将"adolescent""adolescence""adolescents""pregnant""pregnancy""pregnancies"这些词都包含在内,大多数系统将会进行"截断",即使用某种形式的"adolescen＊"和"pregnan＊",这将包括所有六个术语。这有时被称为"通配符"惯例,它使你能够查看带有星号前字母的所有短语,从而搜索出你感兴趣的所有术语。在我经常使用的系统中,数据截断有时用一个星号(＊)表示,有时是一个感叹号(!),有时是一个波浪号(～)。你不能只是把你的习惯从一个系统带到另一个系统。只有图书管理员才能教你使用各种系统的技巧,并指导你使用你最需要的系统。

我经常说,你应该像追求自己未来(或现在)的配偶一样对待你的图书管理员,我并不是在开玩笑。他们和其他任何人一样超负荷工作,更何况他们是民主的斗牛。所以你要经常跟他们说"谢谢",给他们写感谢信,给他们带些咖啡、饼干和巧克力。当他们帮了你很多忙的时候,你可以给图书馆的负责人写信说这位图书管理员是多么有创新能力、创造力并且乐于助人。你还可以在你的书或文章的"致谢"部分对他们表示感谢。每一个由莎莎舞式的社会科学家撰写的优秀研究项目背后,都有一个伟大的参考图书管理员,甚至是一个图书管理员方阵。在阅读下面的建议时,请你记住这一点。

第三,找到一篇"综述文章"。 现在,你至少已经缩小了与研究相关的问题的范围,并且给自己找到了一个很好的参考图书管理员。现在,你可以开始查找我称之为"合成品"的文章了。你已经有了一个简短的列表,所以去看看是否有人已经写过涵盖了你的"雏菊花瓣上至少两片花瓣重叠的领域"的相关文章。

我是年度综述文章(Annual Review)的忠实粉丝。[6] 顾名思义,这是一些类似期刊文章的作品,但是它们不是单纯地给读者带来新的信息,而是对重要的、有争议的或新兴领域的文献进行评点。我们在后面谈到你自己的文献回顾时将看到,它们不仅仅是对现存文献的列举。年度综述文章具有很高的理论价值,它向你展示了某个领域的研究图景,或者勾勒出由一个新兴思想开拓的新前沿领域。如果你有幸找到一篇年度综述文章,它涵盖了你的"雏菊上两片或多片花瓣重叠的领域",或者涉及相近的主题,可以确信,如果你阅读了文章中所有的引用文献,你就掌握了这一领域的关键文献。你可能还会得到一些该领域我们不知道(但应该知道)的独到的见解,这些见解无疑会让你的研究变得更好。

这里还有一个多年来一直被我忽略的小窍门。每个社会科学学科都有一些专门针对该学科的百科全书和词典,此外,还有许多社会科学的百科全书(encyclopedias of social sciences)。我喜欢在书架上放上几本这样的平装词典,因为我曾惊讶地发现,当我使用某个社会科学概念时,我以为我知道它的意思,然而当我将其应用于具体研究进行操作化时,我才发现自己并不理解它。另外,通过使用这些词典和百科全书,对理论或经验领域的文献进行有效回顾,可以让你"更聪明地工作,而不是更卖力地工作"。当然,这些工具只是一个起点,但是至少让你拥有了路线图,并且知道该如何、在何处填补内容之后会做得更好,这就是这些资源的作用。

你不需要买下所有可能有用的词典和百科全书。离你最近的研究型大学的参考资料区会有一个架子,你在一本百科全书中找不到的东西,很可能会在另一本中找到。更妙的是,由于你是一名跨越边界型的学者,你会发现,在与你的研究领域相关的词典和百科全书附近,存放着其他社会科学(政治学、政策研究、人类学)的百科全书和词典。所以如果你愿意,你可以根据需要进行"对比"。顺便说一句,任何一本好的词典或百科全书都会在每个条目后面附加一个参考书目,说明里面引用的是经典作品。举例来说,如果你想知道安东尼·吉登斯(Anthony Giddens)的"结构化理论"(该理论认为社会结构与个人相互对等且相互构成)最初是在哪里发表的,也可以在这里找到。[7]

因为这些书里的条目简短,我不得不承认,仅阅读一本词典或百科全书是令人沮丧的。但是当我读到第三本、第四本的时候,我会发现每一本书呈现概念或人物的角度都略有不同,我觉得我至少知道该从哪里开始构建自己的路线图了。

第四,找到关键的期刊论文、文章或书籍。 还记得我之前告诉你,期刊文章必须以最经济的方式回顾文献,以便引用最受认可那一部分吗?充分利用这个事实来发挥你的优势。如果你的节点人物、参考图书管理员或你的百科全书和词典将你引向了某篇文章或某本书,请阅读它。如果有一篇"年度回顾"类的文章对你很有帮助,就去读读它引用的所有文献,并且——更聪明地工作——把那些被反复引用的文献搜集起来。

这些你所在领域的领先期刊文章（journal article）将告诉你两件事：首先，如果你仔细阅读"导言"部分，你会知道你关心的领域中那些已发表文章是如何架构问题的，比如它们采用了什么框架、它们是如何阐释问题的，以及你会如何将自己的研究主题融入这些文章所涉及的学术对话中。其次，由于典范社会科学的隐性准则，这些文章中的文献回顾将告诉你，在那个特定的领域，哪些文献被认为是本领域的精华。一旦读完这些文章并理解其框架后，你会有很大的收获。

相比之下，书籍（books）由于不那么遵循"规范科学"的学术写作模式，文献回顾显得松散，但整体而言，它们更多时候会更注重理论性。[8]这里的理论性，不仅指书中涉及的实质性材料，更指文献本身的理论性。

仅以最近出现在我办公桌上的一本书为例——吉恩·伯恩斯（Gene Burns）的《道德否决权：美国避孕、堕胎问题的框架构建与文化多元主义》，这本书讲述了天主教在历史上以及目前在诸如节育、堕胎等敏感话题中所扮演的角色。[9]（顾名思义，伯恩斯认为教会是通过行使"道德否决权"来表达对这些问题的看法的。）对我们来说，这里的要点是，如果你恰好对社会运动感兴趣，伯恩斯仅用几页纸的篇幅就对社会运动理论进行了精彩、精妙又有效的回顾。这就好比聆听社会运动研究领域最优秀的教授的讲座一样，你只需要阅读那几页纸就好了！事实上你可能不同意他对社会运动中"文献"的思考方式，但当你读完他书中的这部分之后，你收获的是对这些文献路线图的理解，你可以在其中安插自己的地标，甚至可以根据需要重新绘制地图。

伯恩斯并不是特例。很多（希望是大多数）真正热爱自己所写的东西的作者，都会对他们认为重要的材料进行精妙而广泛的概述。如果你四处打听，你会发现许多能够教给你特定领域知识的宝藏书籍。像伯恩斯的书一样，在这方面做得出色的书，通常在其他方面也非常出色。因此，如果你所在领域的"大作"与你的研究问题相关，其中可能就有这类简明精要的文献回顾。

与期刊文章不同，像伯恩斯这样的书为你提供的是文献的理论路线图。可见，书籍，尤其是学位论文，可以带来"从山顶俯视"某一领域的绝佳视野。（如果你还不知道这一点，那么查找你所在领域是否有学位论文的一个好地方是大学缩微胶卷出版公司（University Microfilms，UM）——现为电子学位论文数据库（Digital Dissertations-ProQuest）。在这里，你可以查找与你的"雏菊花瓣重叠部分"相匹配的资料。）[10]

第五，用你的发现去追踪目标人物。比方说，某人——一个节点人物、一个朋友、你的教授——碰巧将你引向了一本书或一篇文章，它在学术上打动了你。你心想，天呀，如果我能写出这样的书或文章就好了！这个人是否明白你的来意呢？这可是在智识上与你志同道合的人（intellectual kindred spirlt）啊，你甚至愿意花一整天时间来研读他的作品。

如果这种幸运意外发生了,有几种方法可以确保你的兴奋不停滞于此。首先,你可以尝试通过写信或发送电子邮件的方式联系这本书或这篇文章的作者。当然,你先不要抱太大希望。如今,大多数老师和研究人员都在超负荷工作,忙得不可开交。以前我会认真回答别人对我的研究提出的问题,并与准同事进行远距离精彩对话,现在我很少这么做了。我需要尽我所能指导我的研究生、供养我的家、跟进最新文献、做自己的研究,并努力在学院和大学里做一位好公民。所以我必须放弃一些事情,与其他学者进行电子邮件交流就是其中之一。

当然,并不是每个人都有我这么多优先事项,据说有些人有妻子来帮忙值"第二轮班"。[11]

此外,考虑到"雏菊上特定花瓣的交集"可能是非常冷门的领域,你和另一个人可能是地球上仅有的两个对工作场所打情骂俏、水资源私有化或其他特定事项感兴趣的人。正如你阅读他的作品时满怀激动之情,他可能也乐于收到你的消息。所以,不妨试一试吧。

就算这样行不通,你仍然可以把这本关键书籍或文章当作"芝麻开门"般的咒语,从而通往其他类似作品可能藏身的地方。如果这个精彩的作品是一本书,那么有一个深受人们喜爱但又不堪重负的知识组织系统可以帮助你,那就是杜威十进制系统或国会图书馆主题标目(在这个例子的其余部分,我将假定你用的是国会图书馆主题标目,因为这在研究型大学中比较常见)。

还记得我之前说过,虽然几乎每个人都使用过国会图书馆主题标目,但几乎没有人能用好它吗?这里有个例子正好说明了我的意思。当你发现一本切中你的研究要点的书时,该书中藏着一个隐蔽的代码(好吧,其实也不是多么隐蔽,但大多数情况下可能被读者忽略了),可以将你引向存放其他类似书籍的地方(大多数情况下,这意味着"数字化存储")。

再回到我们之前的讨论,曾经人类利用智能系统将信息按逻辑有序分类,事实证明,对于书籍来说,直到今天人们仍旧在这样做!

如果拿出一本你非常感兴趣的书,并查询该书的"完整记录",你会发现(通常以超链接的形式)适用于该书的所有国会图书馆主题标目。现在,你可以做以下两件事情之一:首先,你可以使用这些术语来完善自己的"雏菊",确保至少就现存书籍而言,你使用的是最合适的术语。其次,更好的是,你可以挨个点击所有看起来与你的研究相关的主题标目。

回到工作场所打情骂俏的例子。当我输入一本看起来很合适的书的书名,并单击"长记录"时,我发现了一个我没有的新的国会图书馆主题标目:"工作场所的性"(sex in the workplace)。点击这个新的主题标目,系统又给了我四个藏于加州大学伯克利分校图书馆的书籍的书目信息。然后我做了一件我一直推荐给每一个会上网的人去做的事情:[12] 我把同样的主题标目放到计算机图书馆中心(Online Computer Library Center, OCLC)和 WorldCat(一个研究型大学图书馆联盟)中,又得到了另外 353 本书的书目。如果开启冒险模式,我会直接进入国会图书馆,根据国会的法令,该图书馆拥有在美国出版的所有图书,此外还有很多其他资料。

期刊文章的搜索要稍微复杂一点,但大致可以用同样的方式进行。因为期刊文章建立在规范科学的模型上,你会发现,如果你找到的关键文章的确是该领域的重要文章,那么它会在随后发表的文章中被一再引用。这些后来发表的文章可能会以某种方式阐述它们引用的核心文章中的内容和问题,这恰好也是你所感兴趣的。

事实上,只要一篇文章不是本月才发表的,你就可以追踪到它被谁引用过。使用 ISI Web of Knowledge,你可以进入以前被称为(在一些数字领域现在仍然如此)社会科学引文索引(SSCI)的系统,输入文章作者的名字、所在期刊的名称,便会得到所有引用过这篇论文的文章列表。这些文章理论上与你感兴趣的内容都有关。此外,至少在我查阅过的图书馆中,只要点击文章链接,就可以浏览其中一些甚至大多数文章的全文。

同样,当我访问大多数研究型图书馆都订阅的名为 JStor(www.jstor.org)的电子期刊数据库时,文章右侧的窗口会通过"谷歌学术"(Google Scholar)显示所有引用了我正在阅读文章的其他文章。一旦你找到了通往"文献森林"的路,接下来的工作就会变得越来越容易,你可以沿着这些蛛丝马迹继续深入探索。[就像《汉塞尔和格莱特》(Hansel and Gretel)那样],找到几乎所有对你的"雏菊花瓣中间重合那一小部分"感兴趣的人。

而且,如果你做好记录(见下一个提示),不久之后,你就会清楚地知道你感兴趣的领域中被引用最多的"专家"是谁。

第六,做好记录。 这应该是显而易见的,但是你会惊讶于我花了多长时间才发觉这一点,我的研究生也深深受益于此。多年以来,尤其是在信息泛滥的当下,我从没有很好地记录我在哪里搜索过什么内容。当然,我记下了最终查询到的结果,但没有记下当初查找的内容,以及我在哪里找到了满意的结果。

这种做法大错特错。某些复杂的搜索,我进行了至少三遍,甚至四遍,没有人有这么多时间可以浪费。我的一位同事告诉我一个很棒的网站,是 UCLA 的一个图书管理员设计的。(我是不是告诉过你,图书管理员是这个星球上最可爱的人?)这是一个非常实用、界面友好的做研究的指南,叫作"Bruin/该学校员工对自己的称呼/Success with Less Stress"。[13]除了关于知识产权的优质资料,以及如何谨慎地使用网络上找到的各种信息之外,该网站还提倡用户创建一个搜索日志(search log),以提醒自己曾经搜索过什么、如何搜索、在哪里搜索,以及什么内容有效、什么内容无效。你需要写下数据库、你输入的搜索关键词、搜索是否成功,以及关于下一步该怎么做的想法。明天开始这样做吧,我保证,你会感谢我的。(我在附录四中提供了一个搜索日志的示例。)

第七,"哈佛读书法"(暂称"Havarding"),另一种读书法。我的一位挚友去了哈佛大学读书,入学第一周,他就发现,老师给毫无心理准备的学生们布置了远超正常阅读量的任务(可能现在仍是这样)。他们中的大多数人花了大约一个星期的时间就明白了读完这些书是不可能的(其余的人则感到难以承受),那些聪明的学生学会了如何更聪明地工作,而不是更卖力地工作。

后来我跟这位挚友结婚了,然后发现了我所说的"哈佛读书法"。你无法想象我在学会"哈佛读书法"之前,面对四英尺高的书堆,知道自己永远也读不完时,觉得自己有多么失败。多数时候,面对这么大的一堆书,我就会先去打个盹。

从现在开始,除非你先把它"哈佛化"(Havarded),否则绝对、绝对不要随便开始读一本书。如果和学会"哈佛读书法"之前的我一样去读书,你会很痛苦。你在书上画线,在页边空白处做笔记,在电脑或手写本上写笔记。而且你的阅读速度非常非常慢。以前,我经常花一下午的时间才能读十页书,当然,这是在我不打瞌睡的前提下。

这太不合理了!很少有哪本书值得我们投入这么多精力,可能也包括这本书。

即使是相对较少的几本文笔优秀并且切中要害的书,也常常很难阅读,因为对于一位在某个领域沉浸多年的作者而言,要想知道普通读者需要什么,需要巨大的想象力的飞跃。这时,作者可能已经知道了关于这个主题的所有知识,可悲的是,大多数学术作者似乎完全无法完成这种想象力的飞跃。(知道了这些之后,你就不会在自己的书中犯同样的错误!)

所以,我告诉你一个窍门,每当你开始阅读一本书(包括这本书),重复下面这句话:"如果我看不懂,那是作者的错。"如果你也像我一样,当你读到一本密密麻麻、文笔奇差的书,你就会责备自己,尤其是当它是一本你的同事们推崇至极的书时。这样的书在它最基本的任务上失败了,即帮助你理解它的主题。(平心而论,在一个超信息的全球化世界里,我怀疑几乎没有一个作者能真正与所有可能的读者建立联系。但令我震惊的是,大多数学术作者几乎不会去尝试与除了几个同行之外的任何其他读者建立联系。)

基于这些原因,你需要将一本书"哈佛化"。在前面的步骤中,你已经知道你要研究的问题是什么,也从"雏菊图"中知道了与你的研究相近的领域是什么。你通过搜索找到了一本特别的书,除非这本书与你的研究问题完全契合,否则不要在它上面花太多时间。这里的"完全契合"指的是:它有一个至少在你研究的某个部分用得上的理论框架,或者它有一些可以直接为你所用的经验数据。

那么,如何确定这本书中是否有与你的研究相关的理论或数据呢?答案是你可以把它"哈佛化":查看目录和索引,把你的视线像激光一样集中在那些最接近你研究兴趣的主题上,浏览导言和结论,浏览那些看起来相关的章节。只有在这本书的这些内容看起来恰好是你需要的内容时,你才回过头重新仔细阅读这本书;但就目前而言,你只有 20 分钟的时间从它身上获取一切对你学习有用的东西,然后把它抛诸脑后。要让一本书自己来赢得你宝贵的时间。

顺便说一句,有时候一本书被捧得很高,但你想不明白为什么。可能的情况是,它解决了其所在领域的一个关键的理论问题,或者推动了实践的发展。但是一个新人很难弄清楚这些事情。

那该怎么办呢?我的建议是,在 JStor 的搜索框中输入书名,并将搜索范围限定为书评(book reviews)——如果可以找到的话,我建议你读四到五篇书评。一篇好的书评不仅会介绍这本书的内容,通常还会告诉你这本书为什么重要(或不重要)。但是,学者和其他人一样,对事情的看法可能会有偏颇,因此要阅读三到四篇,最好是六到七篇书评。到最后,你就了解了这本书在文献中的地位,这时候你就可以回去读它。

回到书中之后,如果你愿意,仍然可以将这本备受推崇的书"哈佛化"。但可以利用它来阐明你的想法与作者的想法有何不同,以及是否有什么数据与作者的思想相矛盾。

趁着我们在讨论"哈佛读书法",我想推荐一个很好的资源。阅读是学术界的一项重要实践,但是正如本节已经明确指出的那样,"阅读"一本书可能意味着很多事情。我建议你立刻出去,给自己买一本莫提默·艾德勒(Mortimer Adler)和查尔斯·范多伦(Charles Van Doren)的《如何阅读一本书》(*How to Read a Book*),这本书最早出版于 1940 年。[14]艾德勒和范多伦提出了一些很棒的技巧。其中一个令我长期受益的是,在书后或其他地方的空白页上编写自己的索引,将那些吸引你的想法或数据记录下来,以便你在需要时可以再次找到它们。有多少次,你想要知道作者在哪一部分论述了某件事情,你非常需要它,但你却在索引中怎么都找不到它?一旦你学会编写自己的索引,就不会再发生这种情况。

第八,善待你的读者。现在让我们把时间跳到未来几个月。你已经仔细地完善了你雏菊中心的那块整洁的区域;你已经更清楚地了解了其他人在解决类似的问题时使用的各种框架;你正在愉快地与那些对类似问题感兴趣的人进行对话;你还发现了许多振奋人心的相关书籍和文章。你已经把这些书籍和文章"哈佛化",之后你只认真细致地阅读了其中极少的几本书。

恭喜你!但是请记住,这只是你要做的许多次文献回顾中的第一次。随着项目的推进以及数据的搜集,你很有可能需要对研究框架做出调整。[赫胥黎(T.H.Huxley)曾谈及"事实扼杀理论的悲剧",框架面临着同样的问题。一旦进入该领域并搜集到一些事实数据,你可能会修改你的框架。]

但我们假设,只是为了争论,你还没有修改太多。你已经出去搜集了数据,现在正在愉快地写你的书。(还记得吗?无论别人怎么想、怎么说,你想写的是一本书。)

你迟早都需要提供正式的文献回顾,一个写下来的综述。(实际上,在博士论文中,传统的做法是用一整章的篇幅来进行文献回顾。我并不完全同意这种做法,但我确实认为,你需要在某个地方展示一下你的研究如何推进了研究的现状。)我马上要说的似乎是显而易见的,但你会惊讶于我有多少个非常聪明的学生在撰写这部分时遇到了障碍。

就是这个问题:你不必把所有与你的问题相关的书和论文都包括在内。你只需要做吉恩·伯恩斯所做的工作即可,即以一种聪明的、批判的方式为读者提供现有文献的路线图,并且向我们展示,无论现有的文献是多么详尽、多么有智慧、多么广泛,它们都没有真正回答你的书将为我们回答的问题。

我发现,我还想在那些非典范型研究的文献回顾中看到一些其他的内容。整本书我都在强调,我们的案例研究能展现某种更广泛的社会现象,所以我真的很想尽早在你的书中看到那个更广泛的现象是什么。我想知道它有多少、有多大和有多频繁地发生。我想从一开始就知道我为什么要关心这件事情。回到工作场所打情骂俏的例子。我们知道有多少这样的事情在发生吗?(可能我们并不知道,因为这是一个全新的事物。)但是,是否有数据,无论多么不完整,能够使我对现象的规模有所了解?有多少人从事着男女共事的工作?(是的,我知道,即使一个工作的性别比例为99:1,仍然可能会存在调情现象。)性骚扰现象又如何呢?我们如何划分打情骂俏和性骚扰的界限?这样的情况又有多少?

第九,在文献回顾中,我希望知道我为什么应该关心你的研究问题。如果你的特殊研究阐明了一些普遍的问题,请清晰地阐述,告诉我,为什么作为一个对工作场所打情骂俏可能没有任何特殊兴趣的社会科学家,我应该了解你所阐述的事情。我知道,你的书中标题为"导言"的第一部分已经告诉过我这些事情了,你的研究问题通过了"那又如何"的测试,这些都为我"激活"了你的研究。但在文献回顾部分,请重申这些事情。

就是这样！如果你完成了所有这些步骤，也许不止一次，你就完成了你的文献回顾。

练习

你已经猜到了，本章的练习是为自己"画一朵雏菊"。我知道我在本章前面就让你做这个了，但我打赌你没有做。这可能是你第一次做这件事。把你认为你的研究涵盖的所有主题作为雏菊的花瓣，然后关注那些重叠的部分，看看是否有人正在写或已经发表过相关内容。（我想当然地认为，你的雏菊的中心区域可能不会有很多其他人在写，但我不一定是对的。）

如果你真的想在你的书里有一个好的开端，那就给这朵雏菊贴上像雏菊 1.0 版这样的标签。然后随着你工作的进行，更新你的雏菊，你将拥有雏菊 2.0、雏菊 3.0 等。这样一来，你的"文献回顾"部分的写作就会变得很轻松。

第六章

抽样、操作化和普遍化

现在你有了一个案例,或者有了一种美妙又令人烦恼的研究兴趣。通过恰当地运用前几章的训练和练习,你已经把它变成了一个类似于研究问题的东西。你已经对如何依据你感兴趣的知识性对话(以及你希望从事的子学科)来架构你的研究有了一些基本的想法,并且熟悉了相关文献。

下一步是获取数据。但是,你如何确定需要哪些数据?你又如何知道从哪里获得这些数据?(接下来的两章我们将具体讨论数据收集方法的相关问题。)为了完成研究项目的这部分内容,我们必须回到从典范社会科学中借鉴的做法——抽样、可操作化和普遍化——并详细地讨论它们。

抽样

我在这里重复一下,因为这一点非常重要:当典范社会科学家说到"样本"这个词的时候,他们指的是"系统性的随机概率样本",即从一个总体中抽取样本时,保证这个样本中的每一个元素在统计意义上有同等的被选中机会。顺便说一句,许多典范社会科学家其实并不会进行抽样,他们会对随机抽样所得的数据进行二次分析。

有句老话说,人们永远不要太仔细地观察法律和香肠是如何制成的。本着同样的精神,我们对随机样本进行仔细观察后会发现它们也并不是我们理想中的样子。由于全国性的随机概率调查费用昂贵,所以许多社会科学家使用联邦政府(federal government)或大型机构[例如,国家民意研究中心(NORC)]的调查结果,这些组织有能力也有动力年复一年地进行此类研究。联邦政府是一系列社会研究工作的主力军,例如当前人口调查(CPS)、全国家庭和住户调查(NSFH)、全国家庭成长调查(NSFG)、青少年风险行为监测调查(YRBSS)以及收入与计划参与调查(SIPP),等等。然而,需要注意的是,如此一来,你就会被限制在这些机构想问的内容上。我经常提到的一个例子是NORC自1972年以来持续对公众态度进行的一项调查——一般社会调查(General Social Survey)。在NORC的大部分调查中,种族的编码类别只有三种:白人、黑人和"其他"。对于我那些生活在加州这个多种族环境中的学生来说,把种族限制在这三个数值上的做法,让他们清楚地看到了这项调查的局限性。

这一切意味着,作为一名以案例为导向的研究者,当你谈论"样本"时,这些人很可能会向你投来怀疑的眼光。他们理所当然地认为,你指的是随机样本——尽管那根本不是你心中所想,并且因为你们都在使用"样本"这个词,所以你们都认为彼此谈论的是同一件事。因此,尽管我们将在本书接下来的几页中谈论"样本",但你应该记住,虽然我对这个词的使用有充分的理论认识和历史支持,但在典范社会科学家面前,你必须非常谨慎地使用这个词(并做充分的解释)。

那我们要如何进行抽样呢?事实上,从更宽泛的意义上来说,我们每个人每天都在进行抽样。你不必坐着看完整部电影就知道它很糟糕,你不必上完一整节的健美操(或莎莎舞!)课,就可以知道自己喜欢它,并且我敢打赌,我们每一个人都在一盒巧克力中的某一块上咬过一小口,想用这种办法找出里面有樱桃的那块。

因此,我们也需要抽样,因为我们不可能收集所有可能阐明我们研究问题的信息。虽然我们无法像典范社会科学那样进行抽样,也不想像啃巧克力那样漫不经心地抽样。我们确实必须进行抽样,而且做得越用心越好。

我们首先应该知道为什么要进行抽样。很显然,主要原因是我们每个人的时间和精力是有限的,现实生活中的噪声很多,信号却不多。过量的信息随时冲击着我们,我们必须决定要关注哪一类事实和人。因此,无论是否乐意,我们都必须进行抽样。

回想一下,典范社会科学家的抽样利用了19世纪末概率学和统计学(statistics)的杰出成果。他们进行抽样是为了将结论普遍化。如果他们的样本中有6%属性为X,他们就可以预测,在一定误差范围内,总体(即从中抽取随机样本的群体)中有6%属性为X。因此,在进行随机取样之后,典范社会科学家可以借助一个被称为参数统计(parametric statistics)的庞大而优雅的数字体系来估计X在总体中出现的频率。

冒着赘述的风险,我想提醒大家,典范型的研究者想知道的是某些已知类别的总体分布情况,这可以根据样本进行估计,并且误差是已知的。但是,我们这些莎莎舞式的社会科学研究者希望发现的是相关类别,而不是已知类别的总体分布情况。之所以进行这类研究,是因为我们有一个典范社会科学无法回答,或者不能很好地回答的问题。

如果你能再听我唠叨几句的话,这里有一个关于两种抽样方式的差异的比喻:几年前,我训练我的金毛犬进行犬类搜救行动(K-9 SAR)。K-9 搜救犬有两种截然不同的类型,其实这两种类型很好地比喻了实地研究者和调查问卷研究者对抽样的不同思考方式。[1]在野外搜寻和营救中,地形被仔细地划分成网格,搜救犬和搜救人员组成的团队一起搜索网格的每个部分,并汇报他们是否发现了失踪者留下的气味或物品。但是,在地震搜救中(这是我和我的狗接受的训练),将地形分成网格是没有意义的。如果地震后有人被埋在废墟中,那么你不用多想就可以知道,你应该搜寻的地方需要具备三个条件:(a)建筑物;(b)处于倒塌状态;(c)地震发生的时候里面可能有人。

显然,正如我的故事所表明的那样,两种抽样(或者说"搜索")方式各自适用于不同的情况。当我们想知道已知类别的总体分布情况时(也就是说,当我们试图回答那些最适合用调查问卷研究来解决的问题时),我们确实需要绘制网格并系统地进行搜索,这就是随机样本的用武之地。

但是在某些情况下,我们可能预先知道,我们所要研究的对象并非均等地分布于各个部分,或者,就像经常会发生的那样,我们实际上已经发现了一些东西,只是我们并不知道自己发现的是什么。无论哪种情况,我们要处理的就是我所说的"数据切头"(data outcropping)。我经常告诉我的学生,如果你要寻找古老的化石,那么在广阔的地面进行全面调查可能毫无意义。相反,你最好在别人已经发现了你要找的化石种类的环境中寻找它们。例如,与其对印第安纳州进行航测,不如去肯尼亚的奥杜威峡谷或者蒙古的戈壁沙漠。

那么,既然我们要寻找"数据切头",我们要去哪里找呢?这个问题的答案与我们进行抽样的最初原因有关。简言之,我认为我们抽样的出发点与典范型研究者是一致的,都是为了讲述一个更大的故事。(用更正式的术语来说,我们希望能够从我们的特定研究中梳理出一些社会生活的普遍性问题。)因此,我们的任务是找到一个或多个能够合理地代表我们正在调查的更大现象的案例。请注意:不是代表更大的人群,而是代表更大的现象。

两种不同的莎莎舞式的研究衍生出了两种不同的抽样方式。第一种方法,可能也是到目前为止这本书中最常见的一种方法,就是你有一个鲜活的案例,你深知它会告诉我们一些有关社会秩序的重要信息,但你现在还无从着手。在这种案例研究中,你其实早已完成了第一阶段的抽样。你选取了你的案例,并且想立即开始研究。你的确应该立即开始。但这么做并不能免除你抽样的麻烦。当你继续在实地工作时,你会发现这是一个关于一些重要社会过程的理论案例。(在这一点上,我会提醒我的学生他们最初想到该案例时面对的问题,即这是一个什么样的案例。)[2]

当你继续进行调查工作时,你可能会发现类似迈克尔·布洛维的"赞比亚化"(Zambianization)的情况,在这个案例中,政治压力(确切地说,一个新近独立国家的黑人民族主义)迫使该国的铜矿开始聘请非洲经理和董事。但与此同时,政府希望保持矿场的利润,再加上基于种族的固有做法,这意味着,这一系列过程在将一些工人提升到权力和权威地位的同时,剥夺了这些如今被非洲人占据的职位原有的权力和权威。[3]这就是我的法律同事里瓦·西格尔(Reva Siegel)所说的"以变革求生存"(persistence through transformation)——当一个系统被破坏时,它将倾向于以重建先前的权力格局的方式进行自我重构。[4]

如果你想要确保自己找到了想要的东西,那你可能要以正式或非正式的方式抽取另一个案例以确保你的调查涵盖了所有关键变量。[这是巴尼·格拉泽和安塞尔姆·斯特劳斯称之为"理论抽样"(theoretical sampling)的另一种情况。]考虑到二人的研究工作侧重微观层面,他们所说的理论抽样通常是指可以扩展对特定理论过程的理解的事件或人,但我认为,为了保持我们对"提高普遍化层次"的承诺,你可能需要考虑另一种"以变革求生存"的案例,并在其中看看你的理论见解是否成立。

当我们讨论历史和比较方法的话题时,这个问题会再次出现。但目前,我想说的是,我们正在考虑进行的所有工作本质上都是比较性的,我们的抽样也证明了这一点。出于所有实际目的,你可以用以下三种方式中的任何一种来进行比较。

首先,你可以将自己在案例中的发现与传统观点进行比较。例如,你可以看看罗伯特·米歇尔斯(Robert Michels)的预测,即组织,即使是激进组织,也倾向于成为寡头,它们更愿意满足组织的需求,而不是追求它们为之而存在的社会目标。然而,你发现这里有一个似乎与米歇尔斯所谓的寡头铁律不符的组织(例如,工会)。因此,你的比较对象是米歇尔斯所预言的"铁律"。而你的任务便是找出你所研究的案例与该"铁律"存在哪些不同之处。(如果你想做这件事的话,可以看一看西摩·马丁·利普塞特(Seymour Martin Lipset)的经典之作《工会民主》(*Union Democracy*)或者金·沃斯(Kim Voss)和瑞秋·谢尔曼(Rachel Sherman)的最新著作《打破寡头统治的铁律》(*Breaking the Iron of Oligarchy*)。][5]无论哪种方式,植根于社会学经典著作的传统观点(conventional wisdom)都可以成为你的比较对象。

其次,我刚才提到你可能需要抽取另一个案例,这并非打马虎眼,我的意思其实很明确。我有时把为了进行比较而进行抽样的第二种方法叫作"隐性对照组"(tacit control group),它是一个能让你在某些方面检验自己对理论理解的案例。

在我的第一本书(这是我博士论文的修订版)中,我提出了一种算法,解释了为什么以前采取避孕措施的人后来不再避孕了——即使她们并不想怀孕。我的样本是一群在旧金山湾地区寻求堕胎的女性,当时堕胎在加州是合法的,但在全美范围内并非如此。我得出的结论是,从理论上讲,这些女性当时不想生育,至少在她们寻求堕胎的时候是如此。(实际上,她们中的许多人的确想生孩子,只是这种"想"被后续发生的事情改变了。)

如果我的理论解释了围绕"避孕风险承担"的决策,即不使用以前用过的避孕措施来防止怀孕,那么我认为,其他那些意外怀孕的女性可能也符合我的理论。我想,那些住在未婚妈妈(她们以前被这样称呼)之家的女性,并不是自愿怀孕的。(在那个糟糕的年代,未婚母亲仍然要承受相当多的羞耻感和耻辱感;实际上,许多住在未婚妈妈之家的年轻母亲,是因为她们发现怀孕后被家人赶出了家门。)我采访了许多这样的女性,果然,我在堕胎女性研究中发现的变量,同样可以被用来解释未婚妈妈所做的一系列决策。虽然这些访谈从未出现在我的论文或随后出版的书中,但我对自己的结论更有信心了,我认为这两个群体中都存在一套社会性的、理性的冒险行为。

最后,第三种进行比较的方法是做正式的、理论上的比较。如果你回到你的研究问题上,它会逐渐发展并具有更多形式化的理论属性,那么你会发现,你已经开始讨论类似于 A 与 B 相关联,且 A 有助于 B 发生的情况,其中 A 和 B 是某一现象的具体实例。(你注意我在这里避开了"原因"和"导致"这两个复杂的认识论问题吗?)

但是,由于你在做一个理论上的案例,并且使用的是理论上的抽样,你需要再一次将研究提升到那个更高层次的普遍性。无论你在讨论关于 A 和 B 的什么问题,你都需要找到另外一组 A 和 B,并根据现有的情况探讨新一组的 A 和 B 之间是否存在你认为应该有的关系。

这就涉及你可以做研究的第二种方式,你可能有一个社会学上有趣的(最好也是重要的)问题,而你的任务是找到一个范例,让你仔细研究这个问题是如何得到发挥的。(关于这方面的更多内容,请参见附录一"没有案例怎么办?")例如,长期存在着关于工人阶级的孩子如何重复工人阶级生活方式的问题,更正式的说法是"阶层再生产"(class reproduction)问题。安妮特·拉罗(Annette Lareau)通过与学校里的孩子们共同生活来研究这个问题,这些孩子涵盖了黑人、白人、男性、女性,以及来自工人阶级和中产阶级的群体。她的简短回答是,中产阶级的父母(无论是黑人还是白人)在孩子的日常生活中灌输了一套"实践",这些实践与学校文化有着很好的交集;工人阶级的父母向孩子灌输其他的想法,导致他们的孩子对学校这个"上升的阶梯"感到疏远并产生敌对情绪。[6]

拉罗是如何"抽样"的呢?她选择了两所学校,一所位于富裕的郊区,一所位于内城区,并选择了那些允许她(和她的团队)对学生及其家庭进行观察,甚至允许研究人员去学生家里过夜的学生作为样本。

围绕她的抽样方式可能会有很多争论,包括只选择愿意让研究人员连续几天进行观察的学生是否会导致选择偏差。但是拉罗的被解释项(阶层再生产)和解释因素(父母的做法)与父母是否允许观察没有明显的关系,因此,尽管这是那些事后批评者喜欢提出的问题,但我认为,批评者有责任证明(这毕竟是我们现在讨论的事情)选择效应会如何改变理论案例。

拉罗选择了一个直观上可以普遍化的环境,因为我们假定(无论是否正确)公立小学是相当多样化的。的确,我们没有看到上层阶级那些读私立学校的孩子,也没有看到教会学校里的孩子,更没有看到越来越多以各种各样的方式在家学习的孩子。[7]尽管如此,拉罗所选择的情境在既有条件下是最为多样化的,并且潜在的批评者需要证明,如果拉罗在塔尔萨或托莱多进行研究,或者将其他群体的父母和孩子包括在内,研究结果会有什么不同(不仅仅是有所扩展)。

那你呢?如果你有一个非常重要的研究问题,而不只是一个鲜活的案例,你必须选择一个研究这个问题的场所,你该怎么办?让我们回到工作场所打情骂俏的案例。在成千上万的工作场所中有数以百万计的员工——你会如何选择?或者说,你想怎样研究家长如何为孩子择校。根据最新统计,美国大约有 5 500 万在校学生,这些学生分布在公立、私立和教会学校,更不用说所有正在接受家庭教育的孩子了。你该从哪里开始呢?

以下是一些我发现有助于选择"数据切头"的准则,这些准则将帮助你思考我刚才提出的各种问题。

首先——这听起来可能很明显——你需要一个场所,在这个场所中,你试图解释的变量是变化的。你可能有了这样的直觉,但是如果你想研究水的私有化,那么你可能需要找到一个将水私有化的社区,理想情况下,你需要再找到一个没有将水私有化的社区。同样,如果你想研究父母如何为子女选择学校,那你就不能只采访那些在教会学校上学的孩子的父母,因为他们是早已做出特定选择的那一批人。虽然你可能想采访他们为什么做出了这个选择而不是其他选择,但这并不完全是你一开始要研究的问题。(你想知道的是各类学校学生的父母是如何做出为子女选择学校的决定的,而不仅是教会学校学生的父母是如何做出这个选择的。)[8]

第二条准则被那些高大上的文学家称为"提喻法"(synecdoche),也就是以部分代表整体。[9]换句话说,拿工作场所打情骂俏的案例来说,我们谈论的可能是硅谷某处高科技工作场所中的 64 个人,但我们希望这些人能(至少在想象中)代表更多工作场所与我们所研究的场所有所相似的人。[10]

　　这条准则基于我所认为的一种道德义务。如果我们要展示自己的研究是有意义的，而不只是关于 64 个在硅谷工作或在玻利维亚某个小镇生活的特定人群的情况，那我们就有责任确保，或尽可能地确保，在我们的认知范围内，我们的研究对象能够合理地代表更多的人。虽然我们永远无法从统计学上证明他们的代表性（representativeness），但我们可以像拉罗一样，在逻辑上展示他们在哪些方面与其他地方的人相似（或不相似），以及这种相似性具有重要性的理论依据。

　　接下来就到了第三条准则：让理论告诉你如何抽样。这一条有点棘手，但我已经承认，我个人并不是宏大理论的崇拜者。所以你的任务（这又回到了研究问题的框架问题，你完成那一章的练习了吗？）是让你在写框架练习时考虑到的一系列理论来驱动你前进。在工作场所打情骂俏的案例中，假设你仔细阅读文献（顺便说一句，几乎没有关于这方面的文献），你会发现一个共识，那就是高科技公司更加"扁平化"，等级更少，并且至少在加利福尼亚州，这些公司比其他公司在组织上更宽松。[11]此外，优秀的高科技人才很稀缺，所以我们可以预料到，为了防止稀缺且有价值的员工另谋他路，除非有可能导致诉讼或降低工作效率，高科技公司的管理层对待这种事或许很宽容。[12]好吧，你自己想一想，如果说地球上有哪个地方可能足够开放，足以忍受相当多的工作调情，那么高科技公司可能就是那个地方。

　　现在请记住，你研究的对象不是流水线工人、矿工这类职业，也不是像服务生这样的服务性职业。事实上，更明确地说，你也没有宣称对除了你所研究的职员之外的任何高科技公司职员得出了具有统计学意义的研究结果。但是，如果你合理且勤奋地确保与各个公司的人员广泛交谈，并不断地与更多的人交谈，直到再也无法获取新的知识，那你就可以提出一个合乎逻辑的主张，即除非出现不可预见的复杂情况，你对这 64 个高科技工作场所的人如何思考、推理和决定调情的分析，很可能是其他研究者探索在宽松组织环境中工作的专业人士对职场调情问题看法的很好起点。

　　让我暂且岔开话题来提醒你一件事情。每当你在研究中发现一些非常非常精彩的东西时，人们会有这样两种反应：

　　如果他们喜欢它——或至少没有被它冒犯——他们会说："我知道这个事情！"好吧，他们现在确实知道了，但是很有可能在你说出口之前他们并不知道。莎莎舞式的研究的任务之一是探索人们在特定情境下所持有的深层意义结构，以及这些意义结构是如何映射到外部现实中的。很多时候，当我们展示出曾经看起来很奇怪或难以理解的行为的深层逻辑时，旁观者常常会频频点头说："这很明显。"但是在你向他们展示之前，这并不明显！你只需要忍受这种批评，并通过你优雅的文献回顾告诉他们，事实上在你的文章或书问世之前,没有人知道这一点。

如果他们不喜欢你的发现,被你的发现惹恼了,或者在原则上对莎莎舞式的研究感到不快,认为它除了说明局部问题之外毫无用处,他们就会宣布你的结果要么是(a)"虚假的",要么是(b)"有偏见的"。无论哪种情况,他们的意思是,你选择样本的方式影响了结果。这是我们必须不惜一切代价避免的事情。

面对潜在的针对性明显或带有偏见的批评,我们在选择样本时必须做两项不同的工作,并且,这两项工作是相互关联的,因为它们在原则上就是如此。首先,我们必须找到我们正在寻找的东西的"富矿"。我们有了一些初步的研究对象或情境,它或许是——再提一次——玻利维亚的一个正在实行水私有化的村庄,或硅谷的公司员工。但这些只是研究兴趣,而不是研究问题。那么我们要解释关于这个初步的研究对象或情境的什么问题呢?

大概我们被一个案例或一个问题所吸引,是因为我们自己内心的"猜想理论家"在一个环境中发现了一些不对劲的地方。

就我自己而言,我之所以写我的博士论文,是因为我曾经在四周的时间里作为计划生育联合会(Planned Parenthood)的一名志愿者,遇到了三名做过人工流产后很快再次来到诊所的女性。她们有理由相信自己又怀孕了。当时我对堕胎(abortion)几乎一无所知,对人工流产的了解也不多,但我明白,当不是一个,也不是两个,而是三名女性在做完一次人工流产后不久就发现自己再次意外怀孕时,事情就有些不对劲了。

无论你对堕胎的态度是什么,你都不得不承认,这个手术价格昂贵,对身体具有破坏性,最起码也是会让人不舒服的。那么,为什么理智的人会在短时间内接二连三地冒这样的风险呢?

当然,我有一个另类的假设,那就是这些女性可能存在一些特殊情况。但问题是,她们有三个人。我告诉我的学生,如果有一个人做了一件完全出乎意料(或至少在你看来完全出乎意料)的事情,这个人是怪胎;但如果有两个人这样做,那么一个是怪胎,另一个是怪胎的朋友;如果有三个人这样做,那就是社会现象了。[13]

于是就有了我的案例(也许是现象)——三名女性在刚做完一次人工流产后又冒着风险做一次人工流产,而我从诊所的记录中知道,她们每个人离开诊所时手里都牢牢地握着一张避孕药的处方。

因此,我的试探性问题变成了:为什么有些人知道如何避孕,却还要冒怀孕的风险?我对文献的考察清楚地表明,学者们认为,意外怀孕的原因要么是无知(人口统计学家和社会学家的观点),要么是神经官能症(心理学家和临床医生的观点)。我知道这些女性并不是人们通常意义上认为的对避孕无知,因为在第一次堕胎后离开诊所之前,她们获得了一次避孕咨询,同时拿到了一张避孕药的处方。

我想这些女性可能有神经质倾向(我的另一种假设),但这样的人实在太多了,而且不只是出现在我的志愿者办公室里。如果我们快速查看加利福尼亚州的堕胎统计数据就会发现,自1967年法律放开以来,该州的堕胎数量每年都成倍增长,直到1972年以每年约10万例的数量趋于稳定。这也有太多神经质的人了吧![14]

面对这样的问题,我该如何进行抽样?什么样的环境既具有直观的说服力,又可以广泛代表寻求堕胎的更大人群?

我很幸运。那时,人工流产在当时仍受到医学界相当严格的管控,可以进行人工流产的场所数量有限。于是我选择了最大的一家堕胎诊所——恰好就是美国计划生育联合会所属的诊所,而我已经在那里有过一些工作经验。

但是在开始进行访谈之前,我先查阅了诊所的记录。我研读了上一年的600份病历,并查看了寻求堕胎服务的女性使用避孕药和避孕工具的模式。结果显示,其中60%的女性属于我之前已经见过的那种类型,即在成功使用避孕措施一段时间后再次怀孕。我只把那些在过去成功地使用某种避孕方式来防止怀孕,但在怀孕的那个月里没有使用任何避孕方式的人编为"以前的使用者"(我假设做志愿者时遇到的三位女性有获取避孕信息的途径,这一点也得到了她们的证实,因为她们在第一次流产后接受过避孕咨询)。

那么我将如何抽样呢?从本书前面的章节中你已经知道,我先是尝试了传统的典范型抽样方式,然后又放弃了。最终,我去了那家计划生育联合会的诊所,开始做访谈。[15]

从那之后,我的抽样非常直接:我采访了所有过去有成功避孕记录并愿意与我交谈的人(幸运的是,她们都乐意与我交谈,我不必担心样本选择的问题)。

操作化

除了抽样问题,作为研究者的社会科学家还必须考虑如何将我们的概念,或者传统上称的"变量",进行"操作化"。

这比看起来要难得多。正如欧洲哲学家几百年来一直告诉我们的(并且福柯以一种切中当今很多社会科学家要害的方式进行了表述),我们只能通过我们使用的术语为中介来了解事物(尼采称之为"语言的监狱")。但是语言和术语本身是易变且不可预测的,因为它们跟随不断变化的社会实践,而且它们很可能正在跟随一种受到挑战的实践。

我认为，我们这一代女权主义学者之所以对所谓的"文化转向"（the cultural turn）如此关注，原因之一是我们以非常真实的方式看到了福柯所说的语言的力量（power of language）。当我们成年时，基于性别的歧视被认为是完全自然的。例如，我于20世纪60年代末在耶鲁大学读研究生时，人们认为在学校发生的事都是绝对合理的，比如：对女性的录取设置配额限制；除了每周三个早晨允许教职工的妻子使用体育馆外，其他时间不允许女性进入体育馆；在一个不允许女性进入的场所——莫里（Mory's）里面处理学校事务。男性抓摸女研究生和女性教职人员，甚至与她们发生不正当关系被视作理所当然，而这些行为简直是"资深和杰出的男性教职工"的福利。[16]

在我入学后的短短一两年内，女性运动像飓风一样吹过了耶鲁大学。所有这些做法——对女性的录取设置配额限制、拒绝女研究生使用男研究生可以随时使用的体育馆、让想要进入"莫里"从事大学业务的女性从后门进入——既有了名字，也遭到了道德上的抨击：它们被称为性别歧视。随后，得益于凯瑟琳·麦金农（Catharine MacKinnon）的工作，对女研究生及女性教职人员进行抓摸、与女研究生及女性教职人员发生不正当关系的行为也有了名称——性骚扰，并且女性可以就此提起诉讼。[17]

可见，将事物进行操作化处理（也就是定义或命名）是非常重要的，相较于典范型的研究者，这对于我们这些从事案例研究的人来说更为重要。

有时我会通过反问的方式来向我的学生说明这一点，我会问他们，美国有多少性侵案？好吧，这要看你去问谁。几年前，联邦调查局的《统一犯罪报告》（Uniform Crime Report）显示，总共有10.256万起性侵案。同年，司法统计局报告的数字略高一些，即13万起强奸案。[18]性侵统计数据的批评者克里斯蒂娜·霍夫·索默斯（Christina Hoff Sommers）还补充了更多的数字：同期哈里斯民意调查显示，遭受强奸或性侵的受害者估计达38万人，近乎前三者的三倍；致力于犯罪受害者权益支持的全美受害者中心则称，1990年暴力强奸案预估达68.3万起。[19]

当然，男性也会被性侵，但是传统的犯罪概念假设的是一个女性受害者和一个男性施害者。最近，一些倡导团体开始更广泛地讨论"强制性行为"（coercive sexuality），以形成中立的性别立场，并将更广泛的性行为包括在内。这完全符合我的观点。

性侵以及性侵案的数量是女权主义（feminism）者及其批评者之间的小规模"文化战争"的核心。女权主义者强调，性侵在美国社会是如此普遍，以至于被视为理所当然，即使受害者本身也常常不承认性侵，而且报案率极低。女权主义观点的批评者则强调性侵是一种令人发指的罪行而且总体来看相当罕见，性侵案是所有犯罪中被报案最多的。

在过去的20年里，克里斯蒂娜·霍夫·索默斯、卡米尔·帕格里亚（Camille

Paglia)、凯蒂·罗伊夫(Katie Roiphe)和希瑟·麦克唐纳(Heather MacDonald)等人对女权理论家苏珊·埃斯特里奇(Susan Estrich)所说的"真正的"性侵进行了反驳,他们辩称,新的性侵宣传引发了一种受害者心态,导致女性将实际上不是性侵的情况想象成了性侵。我在加州大学伯克利分校的同事尼尔·吉尔伯特(Neil Gilbert)以更为冷静审慎的方式表达了相同的观点。[20]

这里发生了什么?性侵到底是相对普遍还是相对罕见的?为什么这些"专家"无法给出一个所有人都认可的统计数字呢?

我对此的简短回答是,很多事情都在发生。诸如联邦调查局的《统一犯罪报告》等数据仅包括了当地警方登记在册的、被判定为有充分根据的举报案件,而司法统计局和一些其他数据报告则进行了家庭调查,包括了从未向警方报告过或未得到警方认真对待的性侵案。[21]但是,这里的关键正是可操作化的核心内容——衡量性侵案的多少完全取决于你对性侵的定义。性侵本身正在经历政治上的"话语转变",尘埃落定之前,即使亲历者也很难说清楚。

简单来说,传统的性侵观源于这样一种观念,即女性是男性拥有的性财产(sexual property),女性结婚之前属于父亲,结婚之后属于丈夫。我们每天都在生活中看到这种观点的残余,尽管我们可能并没有意识到它的存在:父亲在结婚仪式上"送出"新娘;女性往往从跟随父姓到跟随夫姓。因此,在女权主义出现之前,性侵是一种二元对立的概念:女性要么被性侵了,要么没有被性侵,她的贞操(或童贞)要么受到了损害,要么没有受到损害。如果她被性侵,那是一种令人发指的罪行——虽然这被认为是侵犯男性财产的罪行——而且施暴者通常会被判处死刑。

但是有一个问题:虽然那时人们(记住,在我所谈论的那个时期的大部分时间里,女性没有法律地位)都认为,侵犯女性的贞操是一种严重的罪行,但他们也认为,女性有足够的主动性或计谋引诱男性进行非法性行为。作为一种"性财产",女性不像一袋金币被小心地藏在一个秘密的地方,而更像一头牛,有时会游荡到他人的田地里去,以至于说不清她究竟是被偷了还是自己走丢了。

因此,在早些年间,对于性侵案来说,要么必须要有目击者,要么至少要对造成的伤害予以佐证,又或者女性必须尽最大可能进行抵抗,哪怕冒着生命危险,这些情况都是很正常的。这个问题中最核心的是,在许多司法管辖区中,只有"以前品性贞洁"的女性可能成为性侵受害者。如果一个女人曾经自愿发生过性行为(如果是妓女,则是卖出),那么,根据性侵的定义,她不可能被认定为受害者。因此,如果一个女人穿着暴露,或者在被性侵之前跟那个男人一起喝酒或吸毒,那么许多人(包括早期的许多法律机构成员)都认为她是咎由自取(即使在今天,这个假设仍以惊人的频率出现)。

例如,直到最近,加利福尼亚州奥克兰市的警察还是常规性地把妓女或吸毒者提出的性侵投诉视为"毫无根据"。[22] 直到近 20 年来,警察、地方检察官和一般公众都拒绝认真地对待我们现在所说的"约会性侵"(date rape),因为在约会的情境下,双方彼此相识。如果这对男女还有过一同喝酒或吸毒的行为,那么关于性侵的指控就更易受到质疑。

但是,女权主义者开始挑战这些陈规,同时挑战了性侵原来的定义。女权主义者不再将性侵视为盗窃男人性财产的行为,而是开始逐个对案例进行研究,提出一种新的模型,将性侵定义为对女性性自主权的犯罪——除非涉事女性积极主动,否则性行为就是性侵。

这种对性侵的新模型变得如此普遍,被广泛接受,以至于直到最近我们才意识到这是一场怎样的革命。在女权主义者看来,妓女、吸毒者、已经发生过性关系的恋人、已婚妇女,以及曾经在幽暗的巷子里热情地亲吻男友的少女,都不会自动失去拒绝性的权利。

在"作为财产的性"模式中,女性断然丧失了拒绝性的权利,因为每一种行为都导向了关于她们性"清白"的问题,但是在"作为自主权的性"模式中,她们没有丧失拒绝的权利,因为问题的关键不是女性是否失去了贞操,而是她们是否愿意发生性关系。

女权主义者直觉性地认为,在深层结构中,传统的性侵法律是建立在这样的假设之上的:女性的性确实是属于别人的,性侵所造成的伤害实际上是对另一名男性的伤害。女性在挑战与性侵相关的法律时,她们在本质上挑战的是小规模父权制的核心观念,即只有男人之间的犯罪才是值得关注的。[23]

随着时间推移,性侵定义的关注重点从对男性性财产的侵犯,逐渐转变为对女性自主选择与谁在何时发生性行为的权利的关注。[24]

这个稍显冗长,不过我认为很有必要的故事,是为了说明,今天我们谈论什么是性侵时,无论是否意识到,我们实际上在谈论什么是女人、什么是性,以及什么是女性的性自主权。但我们大多数人甚至不知道这就是我们在做的事情。[25]

这是一个典型的例子,说明了我在前面的章节中所说的,社会类别的边界在后现代时期正在发生变化。虽然这是一个比较极端的案例,因为性侵的边界既高度政治化,又充满争议,但这一节的重点是,由于边界正在发生变化,所以你必须非常认真地对待可操作化(定义)的问题。

让我们回到本节开始的地方。什么是性侵?性侵案有多少?答案仍然是一样的——取决于你去问谁——但至少现在你对其中的利害关系有了一些感觉。联邦调查局和它获取数据的执法机构都是政府部门,因此它们往往比文化的其他部分改变得更慢。它们仍然倾向于沿用并在一定程度上修改性侵的旧定义。它们最容易辨认出苏珊·埃斯特里奇所说的"真正的性侵"——一个陌生人跳出灌木丛,对一个女人进行暴力和残忍的性侵,特别是在施暴者和受害者是不同种族的情况下。因为它们借鉴的是财产模型的性侵，所以它们假设，很少有女性愿意与一个不相识的（不同种族的）男人发生暴力的性行为。

但是，一旦你开始关注性自主的模型（sexual autonomy model），事情就变得复杂多了。当(a)我们的同意模型是基于男性的同意方式；(b)我们有几代的女性在旧的性行为实践下长大；(c)我们希望朝着未来迈进的同时不失对传统的尊重时，我们应该设立什么样的关于同意的标准？

此外，如果我们真正保护的不是男性的性财产，而是女性的性自主权，那么合乎逻辑的结论是，我们也必须开始关心男性的性自主权。旧的性模式假设男人一直想要性，但是，一旦问题变成性自主权的问题，法律至少可以承认男性的性自主权也会受到侵犯。（因此就出现了一些对男性的性经历中隐秘的那一部分——即男性被性侵——的关注。尽管对我们来说，作为一个对男女有着相当固定假设的文化群体，很难想象一个女人性侵一个男人，但是我们也逐渐认识到，男人可以而且确实性侵了其他男人。）

所以，回到操作化的问题上，我觉得，如今你不能仅仅依靠官方的统计数据，甚至不能依靠个人讲述的经验。（请注意，现在我把男性和女性都包括在内了，我们谈论的是性自主权。）既然我们已经同意，女权主义者所做的是把性侵变成一个连续体（continuum），从概念上讲，我们每个人现在都在这个连续体的不同位置上画出了"明线"（birght line）。而且，不管我们知道与否，我们如何以及在哪里画出那条明线，取决于我们对性别、自主权和性行为的深层的、无意识的认知。

举例来说，如果一个女人喝到酩酊大醉，和约会对象发生了性关系，她是否被性侵了？书面上的法律对此非常明确：在大多数司法管辖区中，无法做出理性判断的人（发育迟缓、昏迷、麻醉、醉酒或被下药的人）如果与他人发生了性关系，就可以被认定是性侵。但是大多数非专业人士认为，吸毒或大量饮酒暗示了某种倾向，因此，这种迷醉状态下的性行为，与从灌木丛中跳出的实施性暴力的陌生人似乎并不属于同一类别。

哪种观点是"正确的"呢？我不确定。我个人认为，我们所有人都应站在积极、肯定和有意义的同意这一边，没有取得对方同意的性行为就是性侵。不过，无论我的个人价值观是什么，我不能假定你对性侵的定义和我相同。作为研究人员，我完全可以（并且确实必须）告诉你我认为什么是强奸或性侵——不管你如何称呼它，而且必须自觉地将这一类别可操作化，我意识到并非所有人都认可我的可操作化的方式。

让我们先来看看玛丽·科斯（Mary Koss）的案例，她在 1985 年开展的一项由《女士》杂志赞助的大学生调查引发了当前的许多争议。基于全国大学中的 3 000 名女性随机样本，科斯发现，女性在大学的四年中被性侵（或面临性侵未遂）的概率是四分之一。科斯是这样将性侵的概念操作化的：

(a)你是否曾经因为一位男性给了你酒或毒品而在不情愿的情况下与他发生过性交？(b)你是否曾经因为一位男性威胁你或对你施加某种程度的武力(扭住你的手臂、按住你等)而在不情愿的情况下与他发生过性交？(c)你是否曾经因为一位男性威胁或对你施加某种程度的武力(扭住你的手臂、按住你等)而与他发生过性行为(肛交、口交或用阴茎以外的物体插入体内)？[26]

现在人们可以(并且已经)对这样对性侵的操作化方式争论不休。如果一个人不想与给她酒或毒品的人发生性关系，这意味着什么？如果是女性提供的酒或毒品，又怎么样？如果问卷问题是"你有没有在违背自己的意愿的情况下进行性交"，情况又会是怎样？但是这里最主要的一点是，科斯对我们很坦诚，她告诉我们她是如何定义性侵的(也就是说，如果一个人对这些问题中的一个或多个给出肯定回答，那么她就被性侵了)。她甚至更进一步，向我们展示了她的定义与被访者对性侵的理解有多大的差别：科斯认为，被采访的大学女性中有15%被性侵，另外12%是性侵未遂的受害者。

到这里，事情就变得有趣了，在科斯认为被性侵的人中，只有约四分之一(27%)的人同意她们是被性侵了。其中一半认为发生的事情是"沟通不当"，14%的人说这是犯罪但不是性侵，11%的人说她们根本不觉得自己是受害者。[27]

关于这个讨论的最后一点是，如今没人能假定存在一个被所有人认可的性侵定义。实际上，有许多行为可能被当事人或其他人认定为性侵。而且，当事人对这些行为的评估，可能与客观观察者的评估相符，也可能不相符。此外，我们知道，人们评估某种行为的方式在很大程度上取决于他们看待事物的角度。

爱德华·劳曼(Edward Laumann)和他的同事开展了美国自阿尔弗雷德·金赛(Alfred Kinsey)的研究以来的首个全国性性行为研究，他们问人们是否曾"被迫做一些自己不想做的性行为"。然后，他们继续问人们是否曾强迫别人做一些对方不想做的性行为，其中涵盖了男性和女性对同性或异性实施的此类行为。如果被采访的人给出了肯定的回答，研究人员就会给他们一份需要其自行填写的问卷，让他们私下填写。劳曼和他的同事们发现，2.8%的受访男性曾经强迫女性做一些她不想做的事；1.5%的女性同样曾强迫男性。只有1.3%的男性报告说受到了异性的性胁迫，但却有21.6%的女性报告说受到了异性的性胁迫。

当你阅读这些数字时，有一点会让你眼前一亮，那就是男性与女性的经历存在巨大的差别。每五位女性中就有一个报告说她曾经被男性强迫去做她不想做的性方面的事情，但每一百位男性中只有三个承认曾经强迫女性做一些性方面的事情。对此只有两种可能的结论：要么是一百个男人中的这三个男人胁迫过许多不同的女性，要么很多男性浑然不觉自己与女性做的事情在对方看来是一种胁迫。

为了更清楚地说明这一点，劳曼及其同事发现，被胁迫发生性行为的女性中，几乎有一半人在事发时与实施胁迫的人"相爱"；约五分之一（22%）的女性与伴侣很熟悉；大约同样数量的女性与那位伴侣是熟识。每十位女性就有一位说施暴者是她们的配偶，只有约二十分之一（4%）的人说对方是陌生人。[29]

因此，这些数据支持了两种观点。根据劳曼及其同事的说法，遭到陌生人袭击的性侵行为（埃斯特里奇的"真正的性侵"）是比较罕见的，仅发生在4%的人身上。（这个问题问的是人们是否"曾经"被强迫过，所以这是一个累积的数字。）不过，从这些数据中我能看出，有证据表明，男性的性需求往往凌驾于他们女性伴侣的意愿之上，而男性通常认为的说服，往往被女性视为强迫。

回到可操作化的问题上。倘若你想研究性侵，该如何将这个概念进行操作化呢？假设你是一位具有探索性、灵活性研究风格（类似莎莎舞的灵动多变）的社会科学家，你可能会先采访一些人，了解他们对性侵的认知。那么，关于性侵，人们脑海中究竟有着怎样的心理地图呢？用更专业的表述，就像运用扎根理论和认知科学进行研究的学者所说的那样，构成性侵的要素到底是什么呢？不过，在开展这项工作之前，你或许需要先对性侵形成自己的定义。这个定义能为你提供一个框架，以便审视其他人定义中所蕴含的固有要素，同时也能让你敏锐地察觉那些自己习以为常的观点。

因此，只是为了练习，你认为构成性侵的要素（elements）是什么？我想我们都同意，陌生人从树丛中跳出来，与一个不认识的人发生具有暴力性且往往是伤害性的性行为，肯定符合条件。因此，性侵要素是：陌生人、出乎意料、暴力／攻击／强制、未经同意。请注意，我们已经进入了模糊地带。我将"暴力／攻击／强制"归为一类，但现在我必须考虑，伤害本身是这个类别的一个要素，还是一个单独的要素。同样，我也在寻找一种不存在的东西，即同意。因为我的模型是女性性自主的模型，所以我会把很大的权重放在"同意"这一要素。即使一个多年的情人——或者一位丈夫——违背对方的意愿强迫其与自己发生性行为，在我眼中，这仍然是性侵。（但是，由于我认为性侵是一个连续体，它的界限并不十分清晰，所以我开始考虑增加或减少界定它的因素——你可以认为，我对一级、二级和三级性侵有一个隐含的区分。）

如何衡量"强制"呢？同样，这是一个连续体，从暴力和可能致命的身体力量到心理压力。由于我的定义关注的是女性（以及男性，在这个问题上）性自主权，我会认为，人们对于抵抗那些程度相对温和的性侵行为负有合理的责任。提倡者和执法者对于人们是否应该抵抗暴力的、"真正的"性侵存在争议，但在我看来，无论男女，都有道德义务不为了让自己的情人停止唠叨而向她／他屈服。

你可能同意，也可能不同意我对性侵的要素的列举和评价。更重要的是，我要采访的人可能不同意（最终也不会同意）我列出的要素。但关键是，我已经仔细考虑了我的性侵概念的构成要素，从而尽早地将我的概念操作化。我的经验是，当我开始进行实地调查，我肯定会反复修改对这个概念的界定。实际上，我的研究任务就是征询和分析其他人对性侵这样有争议性的问题的看法。但我一开始就知道这个概念不是不言自明的，我自己也想在访谈中检验我以为存在的某些元素。构成性侵是否必须包含"强制"这一要素呢？什么是"强制"？如何确定自己遭受了"强制"呢？当人们彼此认识时，性侵与单纯的令人讨厌和咄咄逼人的性行为有什么区别？我也对界定性侵包含的要素存在更多可能性持开放态度。我所采访的人或许会提出一些我未曾想到的类别，每个类别都有其独特的要素。就如同玛丽·科斯调查中的女性那样，有些人可能会觉得某种行为属于犯罪，但并非性侵；又或者认为某种行为是错误的，但不构成犯罪。我的工作就是通过细致的访谈，探寻人们将一种行为归为性侵类别，而将另一种行为归为其他类别（如错误但不是性侵、是沟通不当等）的原因。接着，我还得弄明白人们为何以及如何对同一行为产生不同的看法。倘若我足够幸运，依据访谈内容以及我收集到的数据（在访谈结束时，我会让受访者填写一份有关社会统计信息的表格），我便可以着手探究，在不同人群使用不同类别和要素方面是否存在系统性的模式，男性和女性对这些类别和要素的评估是否存在差异，或者他们对于哪种行为应归属于哪一类型是否持有不同的观点。

总之，在我进行第一次访谈之前，我就已经开始分析和思考了。对变量进行操作化是我们展开分析和思考最重要的途径。

普遍化

这是一个颇为棘手的问题。在这部分内容中，我坚信自己的观点具有合理性，但我必须拿出切实的依据来证明这一点。我们已在之前关于抽样的讨论中有所暗示，而现在我希望能将其明确阐述出来。典范型研究者所做的一切，皆是为了将研究发现推广至更广泛的人群。在典范社会科学领域，可依循以下步骤开展研究：首先，基于所在领域的现有研究，提出一个有待检验的假设；接着，对变量进行可操作化处理，并抽取（随机）样本；然后，将"研究工具"分发给目标研究对象，收集并清理数据；最后，对数据进行分析，通常会采用某种线性模型，很可能是线性回归模型或与之类似的模型。（在实际情况中，大多数人会跳过中间步骤，直接从第一步跳到最后一步，对来自大型、昂贵的国家数据库的数据进行分析。)完成上述所有操作后,典范型研究者便能将研究结果从样本推广至更广泛的人群,通常指其他美国人,而且是那些会讲英语、接听了电话并同意接受访谈的美国人。

莎莎舞式的社会科学家也想将研究结果普遍化,但是他们做不到像典范型研究者那样的普遍化,因为他们没有必要的统计学依据,即随机抽样。

还记得本书前面提到的威廉·布雷克和他在一粒沙子中看到的世界吗?像布雷克一样,他们要非常非常仔细地研究一粒沙子,然后说明它是如何反映整个世界的。

当然,要记住我们从事的工作与典范型研究者不同。他们用的是验证的逻辑,而我们用的是发现的逻辑。另一种说法是,他们在做理论检验,而我们在做理论生成(theory generating)。

前面谈到抽样时,我提出我们要以这样的方式进行抽样(选择我们要研究的事物):从逻辑上来说(即便不是从统计学角度),我们能够将研究结果推广到更大的一些群体。让我们回到拉罗关于社会阶层如何在学校得到再生产的书中:没有任何逻辑上的理由认为,她所研究的两所学校不是全国各地公立学校的典型,或者她所研究的家庭与美国的其他家庭有某种不同。当然,她不能根据她的案例研究,声称这些家庭在统计学上代表了美国所有家庭,但是从逻辑上讲,这些孩子和教师似乎很典型。

你需要以同样的方式选择你的案例。要能预料到人们会对你提出什么样的批评。我的许多案例研究都是在加州进行的,而且大多数人都不认为加州的样本具有代表性,所以我总是在加州以外的地方做一些观察或访谈,以保证自己(和其他人)并没有只采访奇葩。

但是,我们还可以用另一种方法来追求样本的普遍化,即"提高普遍化层次"。我的意思是,你的案例研究在最高抽象层次上告诉了我们什么?以拉罗的书为例,我会认为它说明了一个普遍性的命题,即学校偏向于中产阶级父母向孩子灌输的行为和行动,因为诸如学校等中产阶级机构与中产阶级家庭之间存在着皮埃尔·布迪厄所说的"惯习"的互补性。实际上,在广义层面,这项研究表明阶级是如何在看似不经意的情况下,以貌似合法的方式进行自我再生产的。而在最广义的层面,它是关于中产阶级父母的惯性与学校的惯性之间的对等性如何使某些孩子(大多数是中产阶级)看起来"天赋异禀",而另一些孩子(大多数是工人阶级)则看起来"不务正业"或成了捣蛋鬼的。[30]

我鼓励你追求的就是这种程度的普遍性。一旦你知道在最抽象层面(abstraction)你的研究是关于什么的,就可以开始考虑其他研究是如何在同一抽象层面上思考问题的。

以拉罗的研究为例,你是否研究或与人探讨过,在当代社会,阶级是如何通过微妙的文化尺度来衡量什么是"聪明"、"才华横溢"或"值得",从而在无形中进行自我复制的。[31]

当你把你的研究提高到这个抽象层面时,你正在做两件事。首先,你把其他学者的重要理论见解引入自己的研究中来,你先前可能认为这些学者与你并不相关,因为他们对你所关注的特定实质性领域不感兴趣。其次,你拓宽了你的书的读者范围,使其远远超出了那些对你的实质性领域感兴趣的人。

让我们最后一次回到拉罗的书,我对公立学校其实并不是那么感兴趣。我感兴趣的是现代社会中的合法性之谜。正如马克斯·韦伯一百多年前所写的那样,在一个运转良好("合法")的社会中,每个人都必须有理由相信,处于社会顶层的人是当之无愧地到达那里的。所以,尽管我对教育社会学本身没有太大兴趣,我还是读了拉罗的书,因为它对学校如何倾向于复制现有秩序并使之持续合法化提出了新的见解。

提高案例研究普遍化层次(bumping up a level of generality)的重要性。我们再怎么强调这个建议都不为过。它不仅可以使你的书更丰富,而且会让你成为在广义领域中,同事们既想要阅读你的作品,更重要的是,还想要雇用(或晋升)的人。我们每个人都有自己感兴趣的小领域,都有自己在所属的小领域("圈子")中观察事物的方式。

如果你是一名典范型社会科学家,你可以很容易地向圈内其他研究者阐述你的研究,他们也会知道如何准确地评估你的贡献。但是,如果你是一位莎莎舞式的社会科学家,你就得证明你对水的私有化、工作场所打情骂俏或监禁率上升的研究(a)不是特例,也就是一个个案;(b)是真正能启发社会科学和行为科学的某个重大问题。

因此,就像抽样一样,我们要从理论上进行普遍化,将我们的研究发现与其他有关研究(例如,社会再生产)结合起来,以了解我们的发现如何阐明、反驳、扩展或丰富了现有理论。

练习

在这个练习中,我希望你能描述一下你将如何抽样以及如何将变量进行操作化处理,记住我关于普遍化的建议。

首先,你将从哪里取样?你的"隐性对照组"是什么样的,也就是在收集该案例相关数据时,你需要关注哪些对象?你应该还记得,我们使用"隐性对照组"来确保我们所宣称的研究群体特有的东西不仅仅存在于我们的案例中。例如,当我研究人们如何成为堕胎反对者或支持者时,我的"隐性对照组"就是动物权利组织。在今天,这看起来很奇怪,但是在 20 世纪 80 年代初,动物权利运动(当时的参与者被称为"反活体解剖学家")并没有什么进展。这使我可以在脑海中理清哪些是堕胎权运动的特殊内容,哪些是社会运动的共通之处。

其次,如果你没有案例,那你是否能找到一个"有限样本"(bounded sample),比如一个教室或工厂,其中似乎存在着大量你正在研究的现象呢?如果你能想到这样的群体,你将如何反驳那些认为你的研究发现只是抽样方式的产物的观点?

最后,即使在研究的早期阶段,你也需要开始考虑你的变量("要素")可能是什么。

请牢记,在理论生成的研究中,通常一开始不会存在先验的变量。然而,思考一下你的研究,我们(尤其是你)要如何判断某个事物何时处于你想研究的范围之内,何时又不在呢?

对于许多人来说,在研究的早期阶段,简要地记录下研究不会包含哪些内容可能会更容易。这是你必须反复进行的练习之一,因此,请将其视为你的第一次迭代。

第七章

深入核心细节

你现在可能已经很清楚了,我对于如何展开你和我感兴趣的研究有深刻的见解。我想花一点时间谈谈莎莎舞式的社会科学研究的整体概况,然后在接下来的章节中,我将带你了解"莎莎舞式的方法"的复杂性:莎莎舞式的参与式观察、民族志、莎莎舞式的访谈、莎莎舞式的焦点小组、莎莎舞式的文本分析,等等。(在这里我要声明一下,我将向你介绍的每种方法都无法从一本优秀的教科书中获取。有很多资料介绍了参与式观察、访谈、文本分析等方法的基础知识,详见本书附录三。)

然后,在第九章中,我将谈一谈莎莎舞与历史比较法。我把这些方法放在本书接近结尾的地方单独讨论,有两重考虑。首先,我认为大多数有关历史和比较方法的讨论已经非常接近我在这里提出的"莎莎舞式的建议"的原则。其次,也是最重要的,我认为如果你很好地使用了莎莎舞式的方法,实际上就说明你总是在使用比较和历史的方法,不管你是否意识到了。最后,在第十章中,我将向你展示莎莎舞式的社会科学家是如何分析通过这些方法收集到的数据的。

让我们从这种社会科学研究的大难题开始:直到最后,你才会真正知道它是关于什么的。在你花费大量时间收集和研究比你想象中更多的"树皮"之前,你不会知道——尽管你可能会有一些很好的直觉——你的案例将阐明"森林生态"的哪一部分。但到最后,当你把你所在的"那片森林里所有的树皮"都收集完之后,你突然发现,因为这个研究,你对"森林"的这部分(比如,社会世界)了解得更多了。此时,你已经筋疲力尽了,一想到要回去再做任何工作,即把你的"树皮"与"整个生态环境"联系起来的必要工作,你就不太高兴。但是,如果你不回去建立联系,那么莎莎舞式的社会科学就无法形成累积性知识(也就是说无法创造出更好、更准确的社会生活图景)。我们有可能像华康德警告的那样,只是在讲一个好故事。

让我们再次将自己与我们一直称作典范型研究者的朋友进行比较,他们在某种程度上也代表了另一个自我。他们有一套由顶级期刊定义的明确的、少量的研究问题,而对这些定义明确的问题进行扩展研究是非常困难的,尽管什么是该领域的进步对所有或大多数相关人员来说都是显而易见的。[1]此外,他们对于应该引用的典范文献清单已经达成共识。这是因为典范型研究者倾向于采用"规范科学"研究模式,在该模式下,积累是关键所在。他们认为自身研究建立在已被证明的数据基础之上,所以在确定这些已被证明的数据具体内容时,存在着强大的达成共识的压力。

当一个典范型研究者坐下来工作时,他通常有一套界限分明的问题,以及一套同样界限分明的理论和以往的研究结果可供借鉴。就像经济学家所说的,他的工作是在现有的研究框架和成果基础上,努力在边缘领域寻求突破,做出自己的贡献。

但是,你拥有的是一个独特且珍贵的案例,或者说,你以跳莎莎舞(从理论层面出发且具有明确的目的性)的方式进行了取样。你开始分析你的案例(你所选择或被选择的案例)是某一类更大的社会现象的一个例子。

让我们回到之前提到的两个口诀:这是一个关于什么的案例?你打算如何进一步提升其普遍性的层次?

这里的关键是,你的案例归属于哪个更大的类别,这并非一目了然,从这个意义上讲,它具有一定的任意性。请注意,是任意性,而非随机性,这便是莎莎舞式的社会科学艰巨工作的起始之处。任何一个引起你兴趣的案例必然包含极为广泛的元素,作为社会科学家,你几乎总能发现权力、分层、文化和制度等元素的存在。此处的挑战在于确定你案例中的元素所涉及的更大类别。

认知科学家埃莉诺·罗施(Eleanor Rosch)指出,类别(如"狗")具有要素("毛发、四肢、鼻子、尾巴、犬吠声"),所以用罗施的话来说,我们的任务是:(1)明确类别中的元素;(2)界定类别;(3)探究这些类别是如何融入其他社会科学家之前所进行的更大范围的对话之中的。[2]

这里的诀窍是,你必须几乎同时进行这些工作。我刚才说过,我们这类工作的问题是,我们终于在最后发现了我们的研究是关于什么的,这时我们已经被折腾得精疲力竭,想休息一下——但现在艰苦的工作才真正开始。用罗施的话来说,最坏的情况是,你在实地调研耗时(数月或数年?)结束时,终于弄清了你的要素是什么(这是一个不同版本的万条检索诅咒)。但现在你面临的是,需要把关于你发现的相关元素的对话编织成一个更大的关于类别的社会科学对话。这就回到了我们之前看到的问题:这个案例是关于什么的?(你那妙趣横生的、精彩的案例阐明了哪个或哪些类别?)

正如你从前几章中所知道的那样,通往心理健康和职业成功的道路,是从工作的第一天开始就为此考虑。当你前往拉丁美洲或一个人们疯狂地互相打情骂俏的工作场所时，你需要经常思考这个问题，即你的研究阐明了社会生活的哪个类别（或理论）。

我希望你已经对此有所准备。毕竟，我关于如何进行文献回顾以及如何考虑抽样、可操作化和普遍化的讨论（虽然当时你可能不知道），是让你从一开始就考虑大局（莎莎舞式的）的做法。

实际上，我会走得更远。如果你看一下从第一章开始的研究笔记，你就会看到我们一直在积累（accumulation）的东西。在之前的每一个练习中，我都要求你（从不同的角度）去思考引发你兴趣的这个问题的主要元素是什么。当你前往拉丁美洲、工作场所，或者去采访时，我希望你会一直把"这个案例是关于什么的？"这个问题记在心里。（为了给你打气，我提醒你，其实从练习一开始，你就一直在围绕着这个问题转，并且在不断靠近它。）

你需要牢记的一点是，对相关类别的概念不是完完整整地从宙斯的脑子里蹦出来的。还记得我们之前谈到融入进行中的学术对话吗？好吧，这就是你开始练手的地方。你的第一个任务，是弄清楚眼前有哪些可用的类别可能与你的探究有关。为了确定这一点，你需要弄清是哪些要素在起作用。例如，在水的私有化案例中，我能想到的是，你至少会对全球化、发展（也许是过去所谓的"依赖性发展"）、跨国组织的作用、治理、权力和权威感兴趣。（回想一下，这个案例的最初表述中，推动水的私有化的是世界银行。）同样，工作场所打情骂俏的案例在我看来至少涉及性别、性、私人领域和公共领域之间的界限，以及机构组织如何在现代经济中运作。

因为我对你的领域几乎一无所知，所以就像上面所举的例子一样，我只能提出最基本的要素清单。当然，你对该领域非常感兴趣，并且可能已经进行了一段时间的相关研究，你会列出更长的清单。现在，有了你的要素清单，你的任务就是以开放的心态去阅读文献，以找出谁对你列出的要素提出了有趣的观点——尽管这些观点可能与你的特定研究问题没有直接关系。

我这里说的"以开放的心态"是认真的。如果你用在研究生院学到的那种方式来读书，那你就会错失良机。这是来自我个人的惨痛经验，我自己花了太多时间阅读错误的内容而忽略了正确的内容，因为我认为某个地方会有一份用户指南，只是我还没有找到。更糟糕的是，我花了很多年的时间，禁止自己读那些内心想读的东西，只因为它们与我的研究"不相关"。

让我明确一点：正如我之前警告过你的那样，这只是你许多次"文献回顾"中的第一次。实际上，你可能在为你的案例研究做准备的时候已经做过一次了。

这是莎莎舞式的社会科学的各个部分融合在一起的地方。我尝试教给你一种新的方法（如何通过列出你要探究的要素的清单，在普遍化层面上进行开放式阅读），同时摒弃旧的做法（以机械的方式阅读所有你的导师或谷歌告诉你可能相关的内容），并将它们置于历史、社会,是的,还有政治的语境中。

同时,我要求你提高普遍化的层次。换句话说,我要求你从更广泛的层面上评估案例中的要素。一旦确定你的案例是关于要素 A、要素 B 和要素 C 的,你就可以回答"这个案例是关于什么的"这个问题了。然后,你可以去读那些聪明人写的书和文章,这些书和文章与你的案例本身无关,但对其他情况下的要素 A、要素 B 和要素 C 很有启发,而且更好的是,对它们之间的相互关系有启发。记住,所有社会科学家都在做的一件事就是寻找模式识别(pattern recognition)。因此,一项关于墨西哥瓦哈卡州或孟加拉国学校教室中的性别研究(如果性别和组织是你的要素)或车间里的毒品检测、预防和管理研究(如果管理和组织行为是你的要素)可能对工作场所打情骂俏的研究非常有启发性,尽管它们都与你的特定研究没有关系,至少在细节层面是如此。

这种新的实践(当然,你要抵制旧实践的影响)需要付出比你想象中多得多的努力。我曾经带我的第一只狗,一只杜宾犬,在圣迭戈的一个公园里跑步,却发现公园里正在进行马拉松比赛。我和我的狗与马拉松选手一同跑了一段时间,但由于杜宾犬有着完全不应得的坏名声,我们分散了一些跑步者的注意力。因此,为了不影响他们,Sam(我的杜宾犬)和我换到了道路的另一侧,朝相反的方向跑。我觉得这是一个很好的关于研究生甚至助理教授的隐喻。你初来乍到,如此害怕相信自己的判断,以至于你像 Sam 一样,会被诱惑去跟大部队跑。不要这样。

这并非仅凭一腔蛮勇就能做好的事情。在专注于你的案例的每一刻,你都应当思考:"我要如何让我的案例变得引人入胜,并且令其他社会科学家信服呢?"简言之,参照上述内容,你要向他们展示,你的案例以一种他们难以想象的方式阐释了他们所关注的类别中的要素。

这便将我们带回到了莎莎舞,我这次说的是真正的舞蹈。你或许还记得,我之前曾劝你去跳莎莎舞,或者从事其他体育活动,最好是你不熟悉且能让你大汗淋漓的运动,原因就在于此。离开学术的"安全区"(即便手中始终握着"地图")会让人感到焦虑。焦虑并非你的良友,它会像我的狗的本能驱使着它那样,告诉你跟随大部队前行。当然,有时候焦虑是一个真实的警示信号,它在提醒你已经迷失了方向,或者至少你忽略了某些与你的研究相关的深层次内容。但通常情况下,这仅仅表明你在为即将尝试的新鲜、不同寻常的事情而担忧,因为这是前人未曾涉足的领域。[3]

你要如何区分真实的信号("小心!有问题!")和虚假的信号("以前没有人这样做过")呢?去跳莎莎舞吧,或者去跑步、打一场酣畅淋漓的篮球接力赛。当你回到家后,很可能会凭直觉意识到,这究竟是真正的焦虑,意味着你需要对研究进行修正,还是虚假的焦虑,仅仅表明你正在开拓新的学术领域。

我建议你尝试一些研究之外未曾做过的新鲜运动,比如跳莎莎舞(游泳、跑步、举重也可以),原因在于,当你做一件新的事情时,你所有的神经元都会忙于思考在这个新领域中你的手和脚该如何摆放。我坚信,让这些神经元忙碌起来,能够在大脑中开辟出空间,助力大脑在更深层次建立联系。这又让我们回到了我不断向你们强调的另一个莎莎舞式的社会科学研究的原则:在未来,越来越多的研究贡献将体现在把一个类别的深刻见解引入另一个类别中。为了与我们目前所使用的语言保持一致,可以说,你需要达到一定程度的放松,放下想要掌控全局的想法,你才能意识到,尽管表面上看似缺乏相似性,但类别 A 中的要素与类别 B 中的要素在本质上是相似的,所以类别 B 中的见解可以用来理解类别 A 中所发生的事情。一旦你认识到这些要素是相似的——你现在已经知晓了这一点——就意味着你的研究在普遍化层次上提升了一步。

因此,即便我可能正在研究鸡,而你可能正在研究非洲鬣狗,只要我们上升到同一个层次,即你我都认识到鸡和鬣狗均属于动物,我就能有效地查阅你的研究,看看其中是否与我的研究存在关联。当然,这也意味着我必须以莎莎舞式的心态来阅读你的作品,摒弃那些专门针对鬣狗的具体描述,而将重点放在你对动物的种类、进化、生态关系等方面所提出的观点上。

因此,以下是为"跳莎莎舞"做准备的一些关键步骤,你也可以把它当成 PowerPoint 演示文稿。请记住,这些步骤是反复进行的,或者,正如我喜欢说的,它们好比你认知上的瑜伽,你会发现自己在研究完成之前要按顺序循环多次。

说说你的案例,也就是那个"那又如何"的问题

用传统的社会科学术语来说,这叫"动员项目"。用莎莎舞式的术语来说,我想让你告诉我,为什么我这个忙碌的社会科学家会对你的案例或问题产生任何兴趣。我知道你想研究女性毒贩的情况,或是关于最近反对平权行动的现象,又或是全女校和全男校相关的议题,我承认我对此有一定的兴趣,但是正如 T 恤衫上印着的文字:"书那么多,时间那么少。"我为什么要从繁忙的生活中抽出几个小时或几天来读你刚准备写的书?我知道,你还不知道所有的细节,因为你还处于写作的早期阶段。但一开始,我就需要知道我为什么要关心你的研究。[4]

明确你的案例

你的案例源自哪里呢？为什么你选择了这个例子，而不是其他的例子呢？我们会在后续关于抽样的步骤中再次探讨这个问题。不过目前，请尽可能详细地向我说明，你的案例发生在何处、具体内容是什么、发生的时间，以及它为何重要。在理想状况下，我甚至应该亲自去考察那些令你着迷的事物——即便你决定前往大溪地的海滩享受阳光。当你进一步细化你的案例时，请告诉我它的边界所在。我要如何判断，哪些属于你案例的范畴，哪些又不在你案例范围之内呢？

明确你认为具有理论意义的案例要素

这或许是莎莎舞式的社会科学研究中最为艰难的一步。恰恰在这一步，你从单纯的研究兴趣过渡到明确的研究问题，诸多关键环节都依赖于此。在此，你得向我阐明，你的案例究竟有哪些特质，使其能够归属于社会科学研究范畴，而非像新闻学调查等其他类别。

我明白，世界银行将原本属于公共资源的水进行私有化处理，这一举措扰乱了第三世界的当地社区，着实令人遗憾。诚然，你的愤怒或许足以成为发起抗议运动或进行揭露的缘由，但它并非开展社会科学探究的必要前提。不过，鉴于我对你的信任，我敢断言，倘若你在这个案例上投入了足够多的时间，你必定会发现其中存在一些亟待深入解释的要素。用典范社会科学家的话来讲，你此刻正在梳理相关变量，并开始思索它们之间的内在联系。

这便引出了莎莎舞式的社会科学研究的另一个关键原则，即构建你的研究，以便你能有出人意料的发现。以水的私有化案例来说，倘若你先明确理论上相关的要素，再去了解其他智者对这些要素在其他情境下的布局有何见解，极有可能会出现令你自己都感到意外的进展。或许你会证明，水的私有化尽管会给当地相关人群带来痛苦，但却是迈向新经济发展水平的必要起始步骤，能够为当地居民带来一定程度作为人的尊严与舒适。我并不清楚这是否属实，毕竟你才是这方面的行家，我的意思是，若你能抛开最初的愤怒或关切情绪，明确要素并将其提升到新的普遍化层次，那么你看待事情的视角很可能与最初着手研究时大不相同。当然，你也可能看法依旧，但你会对自己为何秉持现有观点有更为笃定的理解,而且能够针对一些经验假设给出别样的解释。

解释这个案例是关于什么的,也就是,提高一个普遍化层次

现在,你已列出了你认为具有理论意义的案例要素,并且开始探讨变量之间的关系。你已经向我说明了,你的要素在实际情境中是什么样的(比如"打情骂俏"),以及在更普遍化的层面上的定义(如"公共场所的私人行为""工作环境中与工作无关的行为",或者"在一个被正式定义为情感中立的场所,例如,具有韦伯所描述的官僚理性特征的场所,发生的激烈的情感互动")。

将要素操作化

这又回到了我们从典范社会科学那里学到的关于"操作化"的内容。我需要了解的是你的要素(elements)的边界(boundaries),以及如何确定哪些内容包含其中、哪些未被包含,这涵盖实地层面以及更普遍化的层面。确切地说,什么是打情骂俏呢?如果这种行为仅发生在某人的脑海中,从未有任何可见的、行为层面的表现,那它还算不算打情骂俏呢?同样地,什么是水的私有化呢?如果有人提出了水私有化的方案但被社区拒绝了,这还算不算水的私有化情况呢?在更普遍化的层面上,如果你的研究是关于性别的研究,那么你会考虑到性别的哪些具体方面呢?

如果你还没有案例,请决定如何抽样

回到你在第六章所做的练习,你已经知道我们要进行一种格拉泽和斯特劳斯所说的理论抽样。然而,具体而言,我们该做些什么?又该如何去做呢?简言之,由于我们现在已经明确我们的要素是什么、与什么相关,并且正在探索要素之间的关系,我们需要找到一个这类要素大量存在的地方。根据理论,这样的地方可能会有我们所需要的东西。

回想一下我们之前对"数据切头"的讨论,你最有可能在哪些地方找到大量数据呢?什么样的地方一看便知能够发现你想要的数据?是否存在与你感兴趣的现象存在"自然联系"的案例?再次回到我们的老话题——水的私有化问题上,是否存在一个相对典型

的场所正在发生水的私有化现象,即一种可以"无处不在"同时又"随处可见"的环境呢?

实际上,真正的社会学家通常会选择最为方便的研究场所,但他们只有在充分做好功课之后才会这么做。还记得那些可能会对你的研究发现表示厌烦,你那些"最聪明"却又最讨人厌的反对者吗?提前演练一下那个人可能会对你所选环境说出的那些尖酸、贬低且充满敌意的话语。想象一下,在某个公共场合,"聪明又刻薄先生/女士"指责你选择这个环境仅仅是因为它恰好能够证明你的观点,此刻,想象一下你要如何进行反驳。("好吧,实际上,我在选择这个场所时仔细思考过这个问题。我观察了玻利维亚所有实施水私有化的社区,只选取了一个或几个社区,并在此说明选择这些社区并非个例,不会导致研究结果偏颇的所有理论依据。")现在,参考这个提前构思好的理论辩护中的要点来选择你的研究对象。

准备收集数据

现在,通过练习我们一直在探讨的莎莎舞式的研究方法,你已经清楚自己研究中的要素是什么,以及你的案例所涉及的内容有哪些。此刻,是时候着手去收集一些数据了。我们先了解一下获取数据所需的步骤,在下一章中,我们将探讨实际的数据收集(data collection)方法。

倘若你一直认真完成前几章的练习,那么对于你的要素(典范型研究将其称为"变量")之间哪些关系值得探究,你便会有一定的认识。请记住,你是在探索关系,而非验证关系,不过你仍需以一种虚怀若谷的心态,去考量其他关系同样有可能很好地解释你所观察到的数据模式的可能性。

你要谨记,接下来我所讲的内容是对真正的社会科学家工作的精简呈现。在现实生活中,无论是莎莎舞式的还是典范社会科学家,都会犯错。我们会踩错节拍,会踩到同伴的脚,有时甚至会摔个屁股蹲儿。我在此阐述的是一种较为"理想"的方式,你实践得越多,就会越契合这种方式。然而,在深入探讨运用传统方法——民族志、访谈、焦点小组、档案数据等——的具体细节之前,让我们先回顾一下我们所做之事的整体情况。也就是说,我不会传授你任何能从相关方法书籍中获取的关于如何开展民族志研究、如何进行访谈、如何组织焦点小组访谈的知识。(倘若你手头没有关于各类方法的优质教科书,可查看附录三,我在那里挑选了一些我认为参考价值较大的书籍。)

此时,你已选择了一种凭直觉让你感觉舒适的研究方法(对我而言是访谈),并且进入了你心仪的研究实地(但要记住,务必确保你凭直觉选定的方法与你的研究问题相适配。你肯定不希望提出一个适合参与式观察的研究问题,却通过访谈来收集数据。)你或许正在拉丁美洲各地研究水资源政策,或许在人们频繁打情骂俏的工作场所进行观察,又或许(在此处填写你自己的其他案例)。你会运用自己偏爱的方法(访谈、参与式观察,或者其他你喜欢的方式开展研究),一段时间过后,你会感到愉悦且有成就感,因为每天结束时,你都会收获一堆录音带(或其他类似资料)、满满数页的参与式观察笔记,或是一沓沓整理有序的关于你所选定的历史问题的文字材料,你会觉得自己工作完成得相当出色。

随后,你遭遇了阻碍。在收集数据的兴奋感退去之后,你发现所有访谈和观察材料似乎对你的研究并无助益,此时,你该如何应对?

现在,让我们回溯前面的步骤,尝试回想你的要素是什么?这些要素汇总起来属于哪种类别?这个案例究竟是关于什么的?这便是你摆脱当前困境所需采取的步骤。(倘若你属于那种行事谨慎、需要在前往实地之前就明确自己要找寻什么的类型,那么这些就是你去之前应采取的步骤。请再次牢记,"实地"既可以是你家附近的图书馆,也可以是遥远的异国的田野。)

你已经了解了什么

至此,你已完成本书前几章所要求的工作;你已界定了自己感兴趣的研究问题,并且明确了潜在的读者群体;你已深入思考过抽样问题,选定了一个具备丰富"数据切头"的研究场所;你要么已经身处研究现场,要么已计划好启程前往。

此刻,你该着手写作了。你应当将写作视为在整个探索过程中需要时断时续进行的一项任务,而不只是在研究结束时才去做的事情。

故而,在第一步,请撰写一份简短的备忘录,向我阐述这个案例的核心内容是什么、要素有哪些,以及它将如何阐释更为广泛的社会现象。更进一步,请向我讲述一个与你的数据相关的故事,但这个故事必须是由理论所驱动的。[5](提示一下:到目前为止,你所做的所有练习理应能让你轻松完成此项任务。)你的故事里发生了什么?故事中的哪些元素彼此关联?换言之,你的故事中有哪些可变部分?它们是如何变化的?

这个练习的精妙之处在于,倘若你方法得当(这意味着你持之以恒,直至取得我接下来所描述的成果),你会发现自己的故事开始在眼前逐步成型。当你反复尝试将故事讲述给一位聪慧且挑剔的听众时,你会发现,自己开始从他们的视角重新审视这个故事。是什么让你觉得 A 与 B 存在联系?是什么让你推测当 C 出现时,D 通常会随之而来？实际上，我想知道你将如何阐明这是一个关于现象 X 的案例。

一旦你完成了备忘录的第一稿或前几稿，你就会开始看到新形成的论点框架，这便引出了接下来的问题。

你还需要了解什么

这一步实际上包含两个步骤。第一步最为简单，在你进行文献回顾的时候，这一步的大部分内容其实已经完成了，也就是弄清楚那些比你我都更聪慧的学者对这个领域持有怎样的观点。所以，当你在回答"这个案例是关于什么的？"这一问题时，如果你已经得出结论，认为这是由"母性政治"所导致的利润向上再分配的情况，或者是其他任何你能给出的答案，那么，在你的研究领域以及与之相近的领域中，其他的智者正在做些什么呢？

我将这称为"开罐器反应"（can-opened response）。我不太钟情于宏大的理论，但与此同时，我又坚定地投身其中。在研究生院学习理论曾是我做过的最枯燥的事情之一，因为我的研究生院并不鼓励学生去思索那些经典文本对于我们而言具有怎样的意义——我们的任务仅仅是去揣测教授传授给我们的典范理论的含义。

那么，像我这样讨厌理论的人，为何又会对理论如此痴迷呢？因为我需要"开罐器"。我掌握着优质的数据，我想要知道我所在领域的智者是如何理解这个世界的组织方式的，以及他们所构建的"地图"是否有助于我理解自己的数据。只有当理论能够与我所关注的现实问题建立起联系时，我才会喜爱理论。

接下来就到了这一步的第二部分：需要哪些证据，才能让那些原本并不倾向于认同你的人，觉得你针对此事的论点是令人信服的呢？你声称你的案例研究是围绕着现象 X 展开的。假定我是你最尖刻、最聪慧、最难对付的对手，无论你提出何种观点，我都倾向于反驳你。为了战胜我，你需要展示哪些数据呢？

这实际上比你想象的要复杂得多。你不仅需要说服我这是一个关于现象 X 的案例，还需要阐述现象 X 是否与某些更为宏大的理论的预测相契合。

我们以我早期的一本书为例。在《堕胎与母性政治》（*Abortion and the Politics of Motherhood*）中，我指出合法堕胎打破了性别与女性角色（尤其是母亲角色）之间的传统联系。正如苏珊·莫勒·奥金（Susan Moller Okin）所言，我认为从历史角度来看，女性一直被视作母亲或潜在的母亲。[6] 然而，一旦堕胎合法化，母亲身份便成为一种自愿选择，进而失去了其必然性——它转变为一种个人抉择，而非女性的既定命运。

因此，我认为关于堕胎的争论实际上是一场围绕母性及其在女性生活中作用的斗争。[7]

我需要依据怎样的证据来提出这一观点呢？就我的案例而言，这实际上较为容易，因为我所采访的人也是如此表述的，并且我能够证实，至少在一个州，女性活动家正在为母性的象征意义而抗争。但我并不确定，如果没有阅读奥金的著作或者其他女权主义理论家有关母性、性别和国家的研究成果，我是否还能从访谈中得出这些结论。

我考察了哪些相反的证据呢？首先，我研究了在罗伊诉韦德案之前的几年里，上流社会的职业人权运动是如何开展的。我确定这场运动主要由职业人士（包括一些职业女性）构成，正因如此，这场运动并非十分激进，因为它不能因疏远其他职业人士而丧失其社会地位。

我还表明，在罗伊诉韦德案之后关注这一问题的女性活动家，与此前的职业人士对该问题的看法大相径庭。最终，我发现这些职业人士此前都居住在同一个州（加利福尼亚州），该州在罗伊诉韦德案之前事实上已将堕胎合法化。不过，直到最高法院将这一象征性问题纳入政治和社会议程，并宣布"根据《宪法第十四修正案》，未出生的胎儿不是一个人"之后，女性才真正被动员起来。[8]

从哪里获取数据

研究进行到这里，你至少已经进行过一次"抽样"了。现在，你认为你已经知道发生了什么（但请记住，这只是许多"发生了什么"的版本中的第一个版本），并且你知道为了说服他人你需要获取哪些数据，你的下一个任务是思考在哪里能够获得很多这样的证据。

例如，如果你已经决定，南美洲的水私有化问题是关于将曾经的公共资产私有化的案例，即现代版的"公地封闭"（closing of the commons），那么你的案例要如何阐释、问题化或复杂化现有的关于18世纪公地关闭的理论？

在我的案例中，在我看来，参与堕胎辩论较多的人们可能对堕胎有很多想法和意见，因此这些活动家的观点似乎是很自然的"数据切头"。〔实际上，我一开始并没有认为职业人士（主要是男性）和活动家（主要是女性）对堕胎的看法会有所不同，我是在访谈过程中逐渐发现的。〕

进入实地

到这里,你已经站在数据收集的"前门"。你知道自己已经了解了哪些内容,至少在大体上是清楚的。你知道自己需要哪些数据,并且已经确定了一个能够为你提供丰富数据的场所,可能是档案库、某种行为场景、特定地点或相关人员。现在你需要迈进这道门。这比看上去要难得多,这也是一位尽职的教授应该告知学生的事情。但根据我的经验,在大多数情况下,教授们不会与学生一道讨论这个问题。

在几乎所有的定性研究方法中——或许历史和比较研究方法除外——为了收集数据,我们都需要进入实地。它的正式名称是"获得入场许可",就如同许多定性研究方法一样,它似乎大多是人们从实践经验中习得的——如果不是通过反复试错的方式的话。[9] 迈克尔·布洛维对此有过精准的描述:"进入现场通常是入侵的局外人与抵制的局内人之间的一场长期、诡秘的权力斗争。"[10]

如果你打算做访谈,你必须找到访谈对象,并说服他们与你交谈;如果你做的是参与式观察,你通常需要一些"守门人"允许你在你的实地附近逗留。即使你采用的是历史和比较的方法,你往往也需要说服守门人,帮助你找到你需要的档案或数据记录,并且在找到之后允许你使用它们。

根据我自己的经验,获得入场许可比以前更难了。人们变得更加世故(我的受访者经常告诉我,他们已经在网上查过我的资料),他们对于让一名社会科学家把他们的现实生活写成文字更加警惕。尤其是边缘化群体(未成年母亲、罪犯、妓女、无家可归的人),他们理所当然地厌烦被当作社会研究的"对象"而不是"主体",他们对再一次被置于社会科学的显微镜下并不那么兴奋。甚至连调查问卷研究也变得越来越困难。在我刚做研究时,80%以上的回复率是很正常的,如果这个比例太低,其他社会科学家就开始担心"无应答偏差"。如今,80%的回复率是大多数调查研究人员想都不敢想的,30%到40%的回复率变得更为常见。[11]

获得入场权许可一门艺术,也是一种技能。由于这件事比以往任何时候都更难做,所以我要给你一些非常重要的建议:记住你妈妈教给你的东西,并记住黄金法则。

换句话说,没有人关心你想从数据中获取什么,因此你的任务是弄清楚别人参与你的研究能得到什么。一些研究者很容易做到这一点,他们拥有充足的资金,能够负担给所有研究对象发放参与奖励金,所以他们不必担心与参与对象建立合作关系的问题。[不过,采用这种方式也有一个需要注意的地方:在一定程度上,过高的参与奖励将会给你带来来自研究伦理委员会（Committee for the Protection of Human Subjects）的麻烦,太多的奖励可能会让研究带有胁迫性,人们会因为非常渴望得到报酬而不愿意拒绝你。]

但是,如果你没有足够的资金来解决这个问题,那么想一想上幼儿园时你妈妈教给你的东西,即考虑别人的感受。[更正式地说,就是乔治·赫伯特·米德所说的"扮演对方的角色"（taking the Role of the other）。]具体来说,在你开始收集第一批数据之前,你需要坐下来,问问自己,一个忙碌且疲惫不堪的人有什么理由给你一两个小时（或更长）的宝贵时间。

这些注意事项同样适用于进入某个机构进行参与式观察或访谈。很多（如果不是大多数的话）机构天生就不欢迎研究人员——不管他们给出的理由是什么。从机构的角度来看,接待研究人员意味着要付出成本,却没有收益。我们占用了他们的时间和空间且有可能发现机构不希望被人看到的尴尬情况。就像人一样,没有任何组织一直是理想化的,组织也会寻求捷径。但是,你愿意让别人检查你的衣橱和厨房抽屉,看看它们有多干净吗？本质上,当你要求一个机构允许你进入并四处探访时,你就是在提出这样的要求。

你可能很想以一种简单的方式融入一个组织,比如在那儿找一份工作,或者做志愿工作、临时工。但请不要这么做。研究伦理委员会秉持的准则以及良好的行为规范都明确指出,在未事先获得个人许可的情况下,绝对不可以对相关人员展开研究。[12]（回到衣橱和抽屉的隐喻,试想一下,如果你在聚会期间走进自己的房间,发现有一位客人正在你的袜子和内衣抽屉里翻找,你会作何感受？这种被背叛的感觉,应该能让你体会到,当你以欺骗的方式去研究组织或个人时,他们内心的感受。）

但这并不是说你就不能像组织那样走捷径。比如,当我的学生跟我说他们想在公立学校进行观察或访谈时,我通常会建议他们预留出两年的时间来争取获得入场许可。公立学校对于研究人员而言是极具吸引力的研究场所（就像我之前提到的,它们将所有孩子集中在一个相当多样化的"有限样本"中,这也是与学生家长取得联系的绝佳途径）,然而,相较于一般机构,公立学校更不愿意接纳研究人员。学校员工工作繁忙、资源有限,而且他们确实非常担心你会以一种意想不到的方式"揭露"他们的问题。

不过,正如我们的社会学同事马克·格兰诺维特（Mark Granovetter）所指出的那样,人与人之间看似"弱联结"（weakties）的关系,实际上相当牢固。[13]我曾告诉过你,你不能偷偷摸摸地进入某个地方,而且获得进入许可非常耗时。然而,这并不意味着你不能利用你所掌握的弱联结来推动这个流程。以公立学校为例,你肯定认识某个曾上过公立学校的人,或者子女在公立学校就读的人,或者公立学校的老师,又或者公立学校老师的朋友,抑或是公立学校老师的配偶……我想你明白我的意思了。你可以向这个人解释你善意的目的,请他帮你进行沟通并为你作担保。

而且,我知道善良的你,绝不会自私地仅仅为了获取入场权就去某个组织当志愿者。但是,许多社会科学家都曾在他们所关注的组织里做过志愿者,他们在那里待了一段时间(并成为其中一员)之后,再回到那里开展研究。如果你足够细心,就会记得,我的博士论文便是这样完成的。我当时选择做志愿者,只是因为我有时间,并且觉得当地的计划生育(Planned Parenthood)组织在从事一项重要的工作。不知不觉中,我完成了一篇博士论文并出版了一本书,这两件事都源于那个相当不成熟的想法,那时我只是想在漫长的夏天里找点事做。

那么,当你一只脚迈进这道门之后,接下来该怎么做呢?你要如何找到第一个能带你找到你迫切想要的"滚雪球样本"的人呢?

我认为,有时候我们对自己想要了解的社会现象过于兴奋,以至于犯了一个太具人性的通病:以为别人都和我们一样在乎。所以,现在就发挥你的想象力,思考一下对你的研究对象而言,什么可能是有趣的,或者(如果你足够幸运的话)是有用的。(这就是我所说的进行实地研究的"吊钩"之一。)

在脑海中演练如何告诉你所选组织的员工或第一位受访者,为什么从他的角度来看你的研究具有吸引力。考虑一下如何让他(或某个组织)相信,他的参与对成功完成研究至关重要。

你需要在"口袋"里(比喻的说法)准备好两样东西。首先,用通俗易懂的语言撰写一份简短的研究摘要(research summary,最多两页)。以书面形式呈现我刚刚指导你梳理出的一系列想法,即快速说明为什么从被研究者的角度来看这项研究很有趣。解释清楚为什么你非常需要他们而非其他人或其他组织,以及他们的参与将如何有助于增进我们对世界的理解。

没有人不喜欢听奉承话,所以,在这份摘要中,可以包含一部分你对这个人或机构为何对你的研究如此重要的敏锐洞察。草稿完成后,让你的妈妈、你在学术界之外的朋友或者其他非专业人士读一读,并请他们坦诚地告诉你,这份摘要是否听起来晦涩难懂、自命不凡或者充斥着行话(所有这些"毛病"都是研究生院教给我们的)。

另一样需要"装在口袋里"(比喻的说法)的东西是,想好你将如何回报那些同意参与研究的人的善意。当然,一种常见的做法是在研究结束后,向他们提供研究报告摘要;对于机构而言,则是向所有可能希望了解研究成果的人介绍你的研究发现。然而,你并非总能做到这一点,即便能够提供研究结果,也可能是几年之后的事了。所以,用克洛德·列维-斯特劳斯的话来说,你必须思考是否还有其他方式来维系你与研究对象之间的互惠（reciprocity）关系。[14]

既然参与者为了配合你的研究或多或少做出了牺牲，那么你该如何回报他们呢？不妨大胆设想一下：你是否可以做一些归档工作，或者跑跑腿，或者做些其他事情来帮助组织？如果你要采访一些人，能否在采访过程中明确表达你对他们所做贡献的感激之情？你有没有可以与他们分享的资源呢？（以我自己为例，在我采访那些进行了非计划人工流产的女性时，我获得了一家流产诊所的准入机会。这家诊所会给 Rh 阴性的女性注射一针免疫球蛋白，这种针剂可以保护她们在未来怀孕时免受因 Rh 阴性女性怀孕而激发的抗体的影响。虽然注射费用昂贵，但对女性是免费的。所以，我回馈受访者的方式是让她们向诊所献血，以降低她们的注射成本。）

为了进一步深入探讨互惠和换位思考的问题，你可以找一个人在你实际开展研究时观察你。让别人观察你进行参与式观察的过程，邀请一位朋友依据你的讨论提纲主持一次（模拟的）焦点小组活动，或者按照你的访谈提纲对你进行访谈。你不要仅仅通过思考去理解对方的角色，而是要切实地去感受。如果你在听别人采访你时感到无聊，那么你很可能也会让别人觉得乏味。

为了让你能真切地体会到这个问题，我想告诉你我是怎么做的。在我的第一本书中，我采访了那些曾经成功避孕，后来却又意外怀孕的人（从操作层面来讲，就是寻找那些打算进行人工流产的人）。因此，我研究的是"避孕风险行为"，我的任务是：(a)说服人工流产诊所的负责人，让我能够查阅诊所的临床记录；(b)说服一些女性同意接受我的采访。事实证明，我所采用的"切入点"在直观上很有说服力。加利福尼亚州在罗伊诉韦德案宣判五年前，就已基本实现了堕胎合法化。由于当时避孕产品的普及程度极高，几乎所有相关人员都对有这么多女性选择堕胎感到惊讶。所以我的问题是："为什么在一个避孕产品如此普及且价格低廉的地方，还会有这么多人需要堕胎呢？"这个问题几乎引起了所有与我交谈过的临床医生的兴趣。在和那些女性交谈时，我换了一种表达方式："我感兴趣的是，女性在不想怀孕的情况下是怎么怀孕的。"这个问题同样引起了她们的兴趣，因为她们在发现自己怀孕时同样感到意外。

当我开始撰写第二本书时，我所关注的问题同样对被采访者具有吸引力："为什么有些人反对堕胎（pro-life），而另一些看似相似的人却支持堕胎（pro-choice）?"持两种不同观点的受访者都对这个问题感兴趣，因为双方都认为"事实"支持了自己的立场，他们无法理解其他人为何能从相同的事实中得出不同的结论。[15]

另外，你还应当准备好回答一些问题，甚至包括一些涉及你个人隐私的问题，比如你在自己的研究问题上持怎样的立场、你为何对这个主题感兴趣。我觉得这是公平合理的——你对受访者进行观察、询问、采访，或者以某种方式与受访者进行了互动，因此你也理应回答受访者提出的一些问题。另外一个需要你先考虑好这些问题,然后再去进行采访或观察的原因是,如果你在被问到这些问题时毫无准备,说话就会含糊不清、吞吞吐吐,这样一来,人们就会对你失去信任。倘若连你自己都不清楚为什么要做这件事,他们又凭什么对你坦诚相待呢?

这就引出了另一个关键问题——如果你对别人撒谎,别人也会对你撒谎。我的姐姐是一位经验丰富的调查记者,几年前,她曾试图进入一家地方收容所进行采访。当时她由于长时间的紧张工作而疲惫不堪,于是跳过了我在此描述的那个烦琐的过程,也就是先说服看门人(在这个情境中是收容所的经营者)允许自己进入,接着再说服那些她想要观察的人(这里指的是无家可归的妇女和儿童),让他们同意与自己交谈。她在深夜穿着破旧的衣服来到收容所,提出入住的请求。她被收容所接纳了,然而,收容所里的人一看她的模样,就觉得她十分可疑,一整晚都没人愿意跟她搭话。第二天早上她给我打电话时,颇为遗憾地承认:"如果你对她们撒谎,她们就会对你撒谎。"在这个例子中,她们甚至一个字都不愿意说。我认为,在这种情况下,更好的做法是说服那些无家可归的妇女,让她们明白你想做的并非仅仅是撰写一个关于她们多么可怜、她们是如何沦落到这般境地,或者"像你这样的女孩怎么会流落到这种地方"之类的故事。换句话说,正如我那些秉持后现代主义观点的学生所说,要说服她们,首先你得确定自己无意将她们"他者化"。

但是,这并不意味着你总是得说出真相、说出全部真相,并且只说真相。实际上,你应该做到其中的两点——你必须说出真相,并且只说真相。至于是否要说出全部真相,这就有点复杂了。我个人的看法是,你可以不告诉人们这项研究具体是关于什么的,也无须提及我们在本书中到目前为止谈到的其他所有内容。比如,在我对堕胎活动家的研究中,"为什么有人反对堕胎,而另一些看似相似的人却支持堕胎"这个问题就足够有趣,能让人们愿意和我一同探究。我对受访者说,我研究这个问题,是因为我不明白人们为何在面对相同的事实时会得出不同的结论。我所说的完全是真实的。我最终得出的结论——关于堕胎的争论实则是关于母性的争论——并非我一开始就笃定的观点,而且要是我一开始就这么提问,只会把人吓跑。所以,我没有透露全部的真相,或者说,我不会把自己所有的想法以及正在研究的其他材料都分享出来。

所以,现在我们至少大致清楚了要寻找什么、怎样进入实地,以及如何识别出我们想要的东西。接下来,就让我们去收集一些数据吧。

练习

  我们一直在探讨要素以及"这是一个关于什么的案例?"这一问题。我明白我们仍处于研究的起始阶段,但截至目前,至少就那些你觉得饶有趣味的方面而言,你想到了哪些要素呢?

  同样地,在之前的练习中,你的案例几乎可以围绕任何现象展开,然而在你进行这些练习的过程中,你的简短备忘录里还记录了哪些内容呢?

  当你着手写作时(请记住,与典范型研究有所不同,从本书第一章开始我们就一直在进行写作),你如今能够看到(或感知到)怎样的故事情节呢?

  最后还有一点,要留意自己的身体状态和情绪变化。当焦虑再度露头时,试着练习分辨有用的焦虑(如"小心!存在问题!")和无谓的焦虑(如"以前从未有人这样做过")。在你遇到前一种情况时,深呼吸,正视这些问题,然后制定一个解决方案;而遇到后一种情况时,你不妨去跳莎莎舞放松一下。

第八章

实地调查(和其他)方法

到目前为止,我们已经探讨了数据收集过程中涉及的历史、政治及权力关系。现在,是时候正式开启数据收集的冒险之旅了,这确实是一次充满挑战的冒险。在这一章里,我打算:(a)向你展示如何以跳莎莎舞式的方法运用传统的研究方法;(b)与你分享一些我在经历诸多艰辛后才领悟到的,且从未在任何书籍中读到过的经验。

参与式观察

首先,我将探讨参与式观察(participant observation)或民族志(ethnography)。从理论层面来讲(我这里指的是纯粹的理论),这类研究方法的涵盖范围十分广泛,小到站在围栏另一侧的人行道上,观察孩子们在学校操场玩耍的情形[珍妮特·利弗(Janet Lever)正是通过这种方式完成了她关于性别与游戏的经典研究],大到如同人类学家通常所做的那样,真正迁居到一个遥远的地方,在那里停留数月甚至数年之久。[1]

正如这些例子所呈现的那样,我把这类方法视为一个连续统一体,从特定且受限的观察,即回答某个具体问题(比如:"如果存在差异的话,小男孩和小女孩在学校操场上的玩耍方式有何不同?"),逐步延伸到对整体生活方式的理解。人类学(anthropology)处于这个连续统一体的一端,因为社会学家很少有勇气将整个社会当作研究对象。[2]

我曾半开玩笑地跟我的学生说,如果你晚上能够回家,那么你所进行的就是参与式观察;要是回不了家,那就是在做民族志研究了。当你身处不同的文化环境中时,日常生活会变得充满问题与挑战。你无法像往常一样用自己熟悉的咖啡杯在清晨喝咖啡,无法阅读本地报纸上的漫画,或许也吃不到每天在家中享用的早餐。如此一来,你这一天的生活便从一开始就不那么顺遂了。[3]

当你生活在不同的文化当中,你会时常走神,感到些许茫然,那些原本简单的日常事务也变成了需要解开的谜题。这就如同生活在一种意识状态发生改变的情境下,它让我们意识到,我们的日常生活在很大程度上是由习惯以及未被留意的行为所构成的。所以,无论你在这种情形下观察到了什么,都会受到你自身作为一个观察者的新意识的影响,因为你正在观察并记录那些别人觉得理所当然的事物。从定义来讲,你就是一个观察者。

因此,生活在一个你作为观察者的社会中,这处于连续体的一端。无论你对这个文化适应得多么良好,总会存在一些时刻,让你意识到自己并非出生于这个环境,你总是难以察觉某些细微之处。

民族志研究存在这样一种风险,尤其是在研究初期,那就是一切事物都如同观察这个"磨盘"上的磨料一般,会被纳入观察范围。你会被来自视觉、听觉和嗅觉等方面的大量数据所淹没。你或许会倾向于关注那些充满异国情调、稀奇古怪的事物,因而不得不强迫自己去留意那些日常生活中司空见惯、被视作理所当然的事情。简言之,你必须摆脱被海量数据淹没的状态,才能够使观察变得系统有序。

在这个连续统一体的另一端,是你在一个自己极为熟悉,甚至可能太过熟悉的地方进行观察,而此时你是一个深度参与者。许多社会学家最初便是在某个地方谋得一份工作,从开出租车到担任律师助理等,然后才决定深入开展研究的。[4]

这时,情况与民族志研究的情形完全相反。由于你对所处环境极为熟悉,所以会忽视那些在外来观察者眼中显得颇为奇怪的事情。("没错,我们录取了相当多的学生进入精英大学,原因要么是他们球打得很棒,要么是他们的父亲曾在这所学校就读。")你对其中的游戏规则了解得如此透彻,这些规则已深深融入你的潜意识,以至于你从未察觉到这些规则的存在。[5]

甚至(尤其是)当你选择研究自己文化中那些我们知之甚少的方面时——就如同我们大多数人所做的那样——我认为你最终会面临在连续统一体两端都会碰到的问题。一方面,你往往会着重强调那些怪异的、不寻常的事物,同时认真记录那些平常琐碎的事情,但另一方面,你却很难察觉到这两者之间的关联。之所以出现这种情况,有着深刻的社会学根源。社会生活的基本规则之一,便是群体倾向于将那些处于边缘位置的人和观察他们的人,转变为该群体中符合规范、遵纪守法且遵循准则的成员。所以,无论对你还是对其他人而言,都存在一股强大的力量,促使你成为"他们中的一员"。然而,成为群体一员需要付出的代价是,你会自然而然地对那些本应去研究的事物视而不见。

重要的是，你得记住，这个问题，即那种不惜一切代价渴望被人喜爱的深层需求，并非你个人所独有的问题，而是一种社会现象。这种现象在很大程度上是无意识的，正因如此，它的影响力更为强大。当你成为某个群体的一员时，就意味着你会把群体成员认为理所当然的事情也视为理所当然，并且会逐渐适应那些曾经让你觉得十分奇怪的模式和行为方式。

说到实际应用，我教授观察法已有多年，但在内心深处，我并不完全清楚为何有人会采用这些方法。后来，终于有那么一个时刻，我豁然开朗。以前我之所以相信观察法具有价值，是因为我最为聪慧的同事们都在使用它，但我自己却始终无法完全领悟其中的真谛。

当我阅读了琳恩·哈尼（Lynne Haney）关于群体中不良少女和低龄母亲的卓越研究后，我终于明白了其中的道理。[6] 哈尼向我们提出了一个问题，即女权主义理论中对于"国家"（the state）这一概念的理论化不够充分，并且女性实际上承担了许多本应由国家履行的工作，至少在涉及对其他女性的相关工作方面是这样的。从中产阶级白人观察者的视角来看，不良少女（在这种情境下，指的是在"性"方面较为随意，或者"与不合适的男性发生性关系的少女"）和未成年母亲都被视为离经叛道者。然而，当"国家"介入，对她们采取假释措施或将她们安置在未婚母亲之家时，负责"监管"她们的人员往往都是女性，而且通常是有色人种女性。哈尼的研究发现是，这些女孩尽管秉持着女权主义价值观，但她们却会自相矛盾地在这些国家工作人员（广义上的工作人员）面前炫耀自己的性欲或者母亲身份。这项精妙研究的核心要点在于，不良少女和未成年母亲会对私人及公共父权制进行重塑和运用，将其作为一种反抗"体制"的手段——这与保罗·威利斯（Paul Willis）的经典著作中所描述的"小伙子们"的做法类似。[7]

直到那时我才明白，对于我们所从事的这类社会科学而言，运用观察法的意义在于记录"实践"（practice），也就是记录那些信念与行动相融合的瞬间。所以，哈尼勾勒出了"不良"少女的形象：当她们的假释官斥责她们愚蠢到去依赖男性时，这些少女却掏出小镜子检查自己的妆容。就在那一刻，我们看到了支撑哈尼观点的一种"实践"——这些年轻女性在借助"私人父权制"，也就是说，她们在利用自己的青春以及对男性的性吸引力，来对抗那种认为年轻女性应当具备生存技能、自力更生且永远不应依赖男性的意识形态。这些年轻女性颇具洞见地指出，那些年长的假释官并不具备她们所拥有的性资源，因而，她们宣扬的是一种截然不同的资源模式，而这种性资源不过是这些年轻、贫穷的少数族裔女性勉强暂时所拥有的。

一旦我理解了，便意识到自己其实早就接触到这些证据了，只是一直都没有真正明白它们的本质究竟是什么。在以利亚·安德森(Elijah Anderson)所著的《街角的地方》(*A Place on the Corner*)中,当赫尔曼走进他常去且有老朋友的私人领地时,我们看到了安德森一直试图向我们传达的内容:在赫尔曼所处的世界里,他是个颇为重要的人物。[8]

或者,当朱莉·贝蒂(Julie Bettie)告诉我们,在她于加州中央谷地就读的高中里,"成熟女生"(las Chicas)会涂抹深色指甲油,化着成熟的妆容,而大学预科班的女孩们则偏好"更自然的妆容"时,我们便能理解,这是因为每个群体的行为都暗示着她们对未来的预期。大学预科班的女孩们的目标是延长青春期,毕竟在未来,她们还要经历许多年的求学生涯,并在经济上依赖父母;而"成熟女生"们则打算在不久的将来就承担起成年女性的角色。[9]

一旦研究到了关键的地方,我就会回过头去看那篇霍华德·贝克尔(Howard Becker)关于如何理解参与式观察数据的经典文章。[10]不出所料,我找到了一套关于如何处理数据的优雅且简洁的指南。贝克尔认为,研究者先要"判断这些事件是否……典型且具有普遍性,查看这些事件在不同类别中是如何分布的";接着,需确定这些事件对于研究问题的重要程度;随后,要尝试寻找其他证据,以验证理论层面的发现;最后,得尝试构建一个模型,用以解释人们(或其他事物)为何会做出他们当下正在做的行为。[11]

这些观点进一步印证了我一直以来的观念:我们进行观察是为了构建理论。回到琳恩·哈尼的研究,我了解到这样一个事实,她选择自己的实地研究场所,即"样本",并非为了"检验"有关私人和公共父权制的理论,也不是为了探究当涉及性别角色和福利国家的问题时,现实生活相较于经典女性主义理论究竟复杂多少。她做了一件你可能正在做的事,她挑选了一个有趣的实地,也就是一个"案例",然后持续观察,同时进行理论思考,直至最终得出一个有理论支撑的论点。她是在生成关于国家的女性主义理论,而非检验该理论,她以一种灵活探索的方式(就像"跳莎莎舞",意味着在过程中不断调整变化)形成了一种理论。这种理论将会且确实会随着时间的推移而发生改变,因为你会逐渐意识到,自己原本以为看到的并非实际看到的。不过,写下你认为自己将会采用的理论——哪怕只是"假设性的理论"——是个好习惯,它能时刻提醒你,在研究的每一个阶段,你并非仅仅在收集各类人群的细节信息,而是在构建理论。

令我感到惊讶的是,尽管有大量关于民族志的优秀书籍,但据我所知,很少有人探讨如何以"跳莎莎舞"的方式开展参与式观察。莎莎舞式的参与式观察(participant observation)理所当然地认为,该方法的意义在于系统地收集有关社会实践的证据,而这些经验证据反过来又用于理论构建,就如同哈尼所做的那样。所以,以下是我对于运用莎莎舞式的方法收集数据的要点阐述,它们既适用于参与式观察,也适用于民族志研究。

首先,你需要回顾我们在前几章中讨论过的莎莎舞式的社会科学研究的前期步骤。你认为这个案例涉及什么内容?或者说,如果迈克尔·布洛维是你的参照范例,你觉得你的研究会阐明何种理论?你的理论将与哪些内容进行对比?倘若你由于尚不确定这个案例究竟是关于什么的而没有成型的理论,那就写下你的推测性理论。也就是说,请写下在这个案例中,某些事物为何以及如何与你自认为所了解的社会世界相矛盾。

接下来,你应当深入思考要进行何种抽样。你们当中有些人可能比较幸运——在你们感兴趣的案例中,抽样在一开始并非问题,尽管后续可能会成为问题,尤其是当你开始构建一个关于案例中所发生事情的更完善理论时。但假定你作为社会学家面临这样的情况:"案例"的概念对你而言较为抽象,即你想要探索不同类型社会现象之间的关系,却不知从何处着手。此时,抽样就会成为难题。

在这种情形下,经验法则很简单,但实施起来并不容易:你要找到(最好从理论上界定)一个你感兴趣的现象可能出现的场所。还记得我们的抽样与典范社会科学家的抽样之间的区别吗?典范型抽样方法要求从一个抽样框架中选取要素(人、组织或其他),其中每个项目被选中的概率在统计学上是相等的。然而,对于实地研究(参与式观察、访谈、焦点小组、对历史文献的深入探究)而言,你需要前往数据露头的地方——从先前的理论、逻辑或者个人经验来看,你有充分的理由认为在那里会存在大量你想要研究的内容。

如此一来,在实地研究的莎莎舞式的模型中,你能够在两个层面进行取样。起初,从场所层面进行取样,这正是前文提及的犬类搜救比喻所要解决的问题:在哪里有可能找到能助力你构建理论的数据?如果你感兴趣的实践近乎具有普遍性,那么你应当寻找我之前提到的"有限群体"(bounded group),也就是说,在这个环境中,你和其他人都能清晰地知晓哪些人属于这个环境。例如,如果你对美国社会中阶级和种族等级的"再生产"感兴趣,那么公立学校会是你很想去研究的对象。公立学校的教室为你提供了一个极佳的"有界群体",你可以从中进行取样。解决了场所问题,便能让你集中精力研究其他问题。

正如我们之前了解到的,公立学校的学生并不能完全代表特定年龄段的所有儿童(因为还存在私立学校、教会学校以及在家接受教育的儿童)。不过,除非有相反的证据,否则公立学校很可能代表了我们所关注范畴内的实践行为。[换言之,我们的分析单位(unit of analysis)是实践行为,而非儿童本身。]倘若我们在研究过程中发现,实际情况与我们的预期相反,即塑造我们理论的实践行为需要在各类学校中进行考察,我们就需要去研究一些私立学校、宗教学校的学生以及在家接受教育的孩子。[12]

一旦确定了一个数据来源并成功进入其中,你就必须从第二个层面进行抽样,也就是跨越时间和空间进行抽样。同样,这一过程是在理论的驱动下(或者至少是在理论的影响下)展开的,你需要考虑所有你感兴趣的社会实践可能发生的时间和地点。更确切地说,如果我们希望通过观察来构建理论,那就必须确保我们观察的范围涵盖了理论上具有重要意义的实践行为发生的范围。

以另一项社会学研究为例,如果我们想了解父母和医务人员如何对重症新生儿的治疗方案做出决策,我们可以参考蕾妮·安斯波(Renée Anspach)关于不同人群如何决定对重症或病危早产儿进行治疗(或不治疗)的研究。为了确保能够观察到形成这一决策的各类互动,我们应尝试在医院所有儿科医生的轮班时间都身处医院,从凌晨到正午,以及其间的所有时段。[13]我们要确保能够观察到所有可能发生这种互动的地方——新生儿重症监护室、安静的房间、候诊室、午餐餐厅、小教堂,甚至是街对面及附近的咖啡馆和其他"休闲场所"。[14]

在确定了一个研究地点,并深入思考了如何跨越时间和空间进行抽样之后,你的下一项任务便是绘制你即将研究的区域的地形图,当然,这里的地形图不只是指物理地形,还包括社会和情感层面的地形。(你会发现,许多参与式观察的田野笔记中都包含着对人物和地点近乎诗意的描述。这样做一方面是为了提醒自己谁是谁,另一方面则是让自己能够以一种能唤起情感的方式去回味当时的场景。)

绘制研究区域的地形图需要运用你在一生中所掌握的所有社交技能,而最初这可能取决于你以何种方式进入该环境。你很可能是通过"正门"进入研究环境的,也就是说,你得到了该环境中当权者的许可,从而得以开展参与式观察。然而,有利必有弊。的确,你获得了合法的身份,没有人能够正式将你驱逐出去。但从另一个角度来看,正是因为你是在"老板"的庇护下进入的,人们往往会对你心存疑虑,想要弄清楚你究竟有何目的。(或许他们会猜测你是来帮老板策划裁员的,或者是来找出谁在工作中偷懒的。)

在许多情形下,除了必须与官方权力网络进行协商外,你还得和非正式权力结构打交道——倘若你所处的环境中不存在能够给予你正式进入许可的"老板",那么情况几乎总是如此。但这里存在一个类似"第22条军规"的困境:在与非正式权力结构协商之前,你无法获取任何真实数据;而在知晓掌控这个结构的人是谁之前,你又无法与之协商;可在获得一些真实数据之前,你同样无法弄清楚究竟是谁在管理这个结构。

我的一位灵长类动物学家朋友曾跟我讲过青春期雄狒狒在被逐出原群体后是如何融入新群体的,显然这是青春期雄狒狒常面临的情况。年轻雄狒狒融入新狒狒群体的方式是，先在群体边缘徘徊，与雌狒狒交朋友。经过长时间的观察，并对这些处于群体边缘的雌狒狒提供帮助后，最终，一些留意到它的母狒狒会让年轻雄狒狒帮忙梳洗和照顾小狒狒，如此一来，后续的事情就顺理成章了。

正如你能想到的，我认为这是一种融入一个你不了解其权力结构的群体的好方法。你先在群体边缘驻足，不要太过张扬地出现，只在小范围内提供帮助，假以时日，如果一切顺利，你迟早会成为群体中的一员。

然而，这种策略存在一个问题，当你进入一个有官方权力结构支持的环境时，情况会截然相反——你不会被视为强者（心怀恶意）的盟友，反而会被当作无权者可以愚弄的对象。而且，进一步加剧和助长这种情况的是，权势较小的人实际上往往喜欢攀附研究人员，将你视为一种能够支撑他们社会权力的资源。（"我知道她到底在做什么／想什么／找什么。"）

如果这一切听起来像你刚到新学校第一天在餐厅挑选座位时那般令人紧张，那事实确实如此。就如同刚上高中时，你必须决定是与"受欢迎"的群体坐在一起（同时结识他们），还是和老朋友（如果有的话）坐在一起，或是冒险与学霸和行为古怪的人坐在一起，你得调动自己所有的社交技巧，找到融入研究环境的方法。不过，与高中不同的是，你现在是有意识地去做这些事，并且会在过程中认真做好笔记。

笔记是让实地调查者既珍视又畏惧的工具。你离不开它们。如果你不是每天甚至每小时都做笔记，又该如何分析所发生的事情呢？你在笔记上投入的时间，取决于你对相关社会实践研究的深入程度，以及你所关注的实践行为范围的大小。对于研究者而言，花费四五个小时去记录和整理一个小时甚至更短时间内的观察内容并非罕见之事。每个实地研究者最终都会摸索出适合自己的记笔记方式，可能是在研究环境中匆匆写下一两个能提醒自己的词语，也可能是利用借口去卫生间的空当做笔记，或者小心翼翼地找个空房间打开笔记本电脑做记录。[15] 但我坚持的一件事是，一定要在你和另一个人谈论这项研究之前写下你的笔记。我不知道为什么会这样，但我知道它确实会发生；当你写作的时候，会发生一些神奇的事情，但如果你先谈论它，神奇的事情就不会发生。认知心理学家可能比我更清楚这点，但我的直觉是，一旦你告诉了你的室友／配偶／母亲实地现场今天发生了什么，你就建立了一个固定的叙事，一个为特定观众构建的故事。一旦你把你的观察变成了叙事，大脑掌管观察的部分就认为它的工作已经结束了，它会固执地拒绝提供新的数据、记忆、想法和理论。这事经常发生在我身上，而且我教过的几乎每一个学生似乎都是如此。当然，你的结果可能有所不同。

所以现在，你已经通过某种方式进入了你的研究环境，也已经区分出了正式和非正式的权力结构，并且你每天晚上都会回家撰写实地笔记。接下来该怎么做呢？

好吧，我们又回到了我一直向你提出的那个核心问题：这是一个关于什么的案例？换句话说，你一开始就有了一个理论，至少是一个推测性的理论，它涉及这个特定的场所在我们试图研究的社会世界中所代表的意义。从你写下实地笔记的第一个晚上起，你就需要开始对自己的理论进行微调。你今天的观察是强化还是削弱了你原有的信念，即这是一个关于_____（请填空）的案例，最好能用_____的理论来解释？当你在收集数据的每一天都向自己提出这些问题时，你就会发现，对于自己正在研究的内容、这是一个关于什么的案例，以及哪种理论最能解释它，你会越来越有把握。

当你变得更有把握、更加笃定、更加自信时，你就会开始思考格拉泽和斯特劳斯所说的"理论抽样"。也就是说，你会开始思考什么样的"实践"能够诠释、扩展或深化你在这个案例中所发现的理论，换句话说，即思考人们在做什么、人们在什么时候会这么做、人们又会在什么时候做出让你始料未及的事情。

以琳恩·哈尼的案例为例，她显然很惊讶地发现，女性保释官以及在未婚青少年之家工作的女性都具有女权主义价值观。她似乎对这些女性身上多种角色的并存关系感到诧异，这些女性既是国家的代理人、少数族裔女性，同时又是女权主义者［这里所说的女权主义者，是指希望自己管理的年轻女性能够摆脱公共父权制（"社会福利"）和私人父权制（"宅男"）的束缚的女性，而不是澳大利亚那种试图改变国家本身的激进女权主义者］。[16]

你可以看出，哈尼对这些不同类别的并存现象，以及年轻女性渴望拒绝那些曾在她们的长辈（或许还有哈尼自己）的生活中起到了赋权作用的观念这一现象感到震惊。于是，哈尼便有了一个初步的研究问题：为什么这些类别会以这种方式"聚合"，而人们原本以为它们会以另一种方式"聚合"呢？

一旦哈尼有了这个研究问题，接下来的问题就变为：研究者能够观察到哪些"实践"，用以阐释工作人员对这些价值观的认同，以及女孩们对这些价值观的抵触呢？我推测哈尼做了一件你可能已经做过或者正考虑做的事，那就是沉浸在她的研究场景中，把她看到的几乎所有内容都记录下来。不过，从研究伊始，她也必须思考如何将所观察到的现象进行理论化，也就是说，她迟早要向她的教授、同事，或者是有可能发表她论文的期刊编辑，讲述关于这些女孩的故事。

当她开始思索要讲述一个怎样的故事时，哈尼发现自己面临着这样一个问题："这是一个关于什么的案例？"答案是"这是一个关于社会福利和保释官的案例，他们作为国家的代理人，试图管控年轻女性，并鼓励（或是强迫？）她们去做'正确的事'"。那么，对于"与什么进行比较"这个问题，答案则是"与经典女权主义对待'国家'的方式相比较，经典女权主义认为国家在重塑父权制"。

这时，哈尼要开始寻找这样一种实践：它能够阐明文献中所说的"国家"对女性所做的事情与哈尼在实地看到的情况之间的矛盾。

访谈

与参与式观察法/民族志一样，莎莎舞式的社会学家做访谈（interview）是为了构建理论。[17]总的来说，我们并非在某种宇宙意义上对采访内容表面的真实性有多感兴趣，相反，我们更关注采访所蕴含的深层真相。[18]不管事情是否真如人们所讲述的那样发生，我们感兴趣的是人们选择向我们讲述事情是这样发生的。

这使我处于典范社会科学家和后现代型社会科学家之间一个颇为棘手的境地。我不会不切实际地认为访谈在任何层面都是对社会生活某些方面的如实描述（这是典范社会科学家常常对访谈研究者提出的批评）。同样，我也完全清楚，正如后现代主义者所言，访谈是"叙事"，是关于被采访者认为发生了什么、觉得应该发生什么，甚至是期望发生什么的故事，但这恰恰是关键所在。我认为，从定义上讲，访谈是对人们头脑中所具有的那种心理认知地图的准确呈现，我们关注的正是这个，而非对某种"现实"的记录。

然而，访谈的重点并非某一个人脑子里在想什么，而是众多人脑子里在想什么。当你从全国各地互不相识的人们那里听到相同的内容时，你便有理由认为，自己正在挖掘一些具有可靠社会性的东西，而不只是个人层面的东西。

我的假设是，正如安·斯维德勒（Ann Swidler）和伊丽莎白·克莱门斯（Elisabeth Clemens）所指出的，在特定社会的特定时期内，人们可用于理解自身所处世界的文化工具，或者说模板（cultural tamplates），是有限的。[19]（或者，鉴于我的许多工作都与社会活动相关，我们不妨说，无论是支持还是反对某一问题的人，他们能够用来对该问题施加影响的"框架"是有限的。并且，社会运动的许多工作内容，正是助力完善并推广这些框架。）[20]所以，当我开展访谈时，我想要探寻的是人们如何组合运用他们所拥有的可用工具。我自己的大部分工作还涉及研究这个特定的"工具集合"是如何随着时间推移而发展演变的，即有关它的"话语体系"是怎样产生并被修正的。

究竟该如何进行采访呢？我的方法如下：首先，我会花费大量的时间和精力去思考，应该用怎样的"切入点"向我想要采访的对象阐释我的研究，采用何种表述能让我的研究更具吸引力和说服力。我清楚自己想从他们那里了解到什么，但要怎样向他们呈现我的意图,才能让他们觉得与我交谈是有价值的呢?我一直强调这一点,是因为这是我花费最多时间思考的问题,而对这个问题的思考能促使我去完成对于我们这类社会学研究而言极为关键的知识层面的任务,即从外部视角审视我们的研究。

完成上述步骤后,我的下一步是拿出一沓 3 英寸×5 英寸的卡片,将我想要知道答案的每一个问题都记录下来。如果我能与和我所研究问题相关的最聪慧、最博学、最具深度思考能力且善于反思的人坐下来交流,我会向他提出哪些问题呢?当然,在现实生活中,要获取这些信息,需要进行大量的访谈,但在我的想象中,总会存在一些堪称完美的采访对象,有点类似于 19 世纪文学作品中的全知叙述者,他们能够告知我任何我想了解的事情。倘若遇到这样的人,我此刻又想知道些什么呢?

我会在每张卡片上写下一个问题,并且尽量使用在实际采访中那种通俗易懂、易于理解的语言。再次强调,我不会使用专业术语来表述问题,而是会采用我想象中那个完美受访者能够理解的方式来提问。所以,我不会直接写"是什么促使你介入这个问题",即便这是我真正感兴趣的问题。我会通过提出一系列问题来达到探寻这一问题答案的目的。因为我的前提假设是,我们当中很少有人清楚自己的动机,即便清楚,也很少会将其视为"目的"本身。因此,我会记录下一系列具体的问题:"你是什么时候决定参与进来的?当时你的生活中发生了什么事情?为什么是在那个时候而不是更早或更晚呢?为什么你关注的是这个问题而不是另一个与之密切相关的问题呢?(我通常会花大量时间思考一个替代性的问题,以便在访谈中向受访者提出。)你参与其中付出了什么代价?又获得了哪些好处呢?"

然后,我会拿着这沓卡片(这就是我选择用卡片而不是在电脑上做这件事的原因——尽管你们不像我这样倾向于线性思维,很可能会尝试在电脑上操作,看看是否可行),接着对这些卡片进行排序。这是一个需要运用技巧和创造力的环节,绝非单纯依靠科学方法就能完成,但我坚信,只要你全身心地投入其中,就一定能够做好这件事。[21]

找一个平坦的地方坐下——对我而言,客厅的地板一直都很合用——然后以不同顺序排列这些卡片。倘若你摆弄卡片的时间足够久,你会发现它们开始呈现出某种"聚合"状态。[22]我的意思是,在你所关注的领域会逐渐浮现出一种主题大纲,一系列问题会分别归入各个主题范畴。接着,在每个主题范畴内,我会尽可能按照接近自然语言的逻辑来编排问题顺序。我会让学生设想这样一个场景:自己在火车或飞机上,身旁坐着一个人,在交谈过程中,你意外发现这个人近乎是一位完美的访谈对象。当然,你在火车或飞机上无法对其进行正式"采访",但你可以就彼此都感兴趣的话题与之展开探索性的交流。那么,暂且抛开正式访谈的概念,围绕你的研究主题,一场自然的对话会如何展开呢？显然,你们的交谈会从较为宽泛的话题过渡到较为具体的话题,从情感上不太具有威胁性的话题转向更具情感敏感性的话题。你会彬彬有礼且富有亲和力,逐步建立起彼此间的信任与好感。你格外小心,避免过于唐突或冒失,你会持续向对方(无论是通过言语还是借助肢体语言,如专注的神情、适时发出的表示赞赏和钦佩的细微声音等非言语方式)传达你对其讲述内容的高度欣赏。然后,随着交流的深入,你需要适当为访谈"降温",为友好地结束交流做好铺垫。总体而言,这不失为一种实际访谈的可行模式。

所以,当你想象与"火车上的陌生人"(strangers on a train)展开讨论时,思考一下你会如何提出那些此刻在你客厅地板上被分成不同组块的问题。[23] 这些问题模块的排列顺序是怎样的呢？而每一模块中问题的先后顺序又该如何安排呢？

接下来,就要在各个模块之间设置我所说的"转向信号"了。在日常交谈中,我们会自然而然地做这件事,但在访谈中,你却必须刻意为之。因为你的任务是构建理论,而不只是讲述一个故事,所以从受访者的角度来看,这些模块很可能在逻辑上缺乏连贯性。(当然,对你而言,它们是有逻辑连贯性的,因为你试图利用这些问题构建一个潜在的理论,尽管目前还为时尚早,但无论你是否意识到,这些小模块中的问题,都代表着你想要在眼前这位真正了解情况的人身上验证的不同理论假设。)

然而,从受访者的角度来看,这些模块之间似乎并没有明显的逻辑关联,所以为了避免访谈听起来生硬和零散,你必须向受访者发出信号,表明你即将转换到下一个话题模块。这其实很简单,你可以这样说:"到目前为止,我们一直在聊你的童年经历。现在,我想问一下关于_____的事情。"这只是一种表明你要进入另一个话题领域的方式,你需要引导你的采访对象跟随你进入新的话题。我知道这里的表述听起来不太像与"火车上的陌生人"的自然对话,但我只是在一开始用相对正式的语言来撰写这些"转向信号"(turn signals),在实际的访谈过程中,我会对这些措辞进行调整优化。

现在,你已将所有问题梳理成了一个个模块,并按照逻辑顺序将卡片摆放在地板上,这些内容足以支撑你与火车上的陌生人展开交谈了。每个模块内的问题都遵循着一定的逻辑顺序,而且模块之间也设置了"转向信号"。再迈出两步,你就能够初步拟定一份访谈计划了。

在这份全新的访谈计划起始阶段,你需要准备一个"切入点"。没错,我明白,或许在电话里邀请受访者同意接受访谈时,你就已经运用了这个"切入点";很可能在首次给他们写信询问能否进行采访时,你就已经告知了对方这个"切入点";甚至在书面或口头的同意书中,或许也有关于这个"切入点"的某种表述。

然而,你就是得不断地向人们阐述你所研究的内容是什么,你为何对其感兴趣,他们又为何也该对其感兴趣,最为关键的是,要说明为什么你所访谈的这些人能够助力你理解这个你正全力以赴研究的、令人费解的案例。

在我自己的研究中,我常常进行只需要要口头同意的访谈。所以,我会先向人们说明研究的具体内容,在获得他们关于录制的许可后,我会再次重申访谈的主要内容,并给予他们一个机会,让他们在录音中明确表达知情同意(informed consent),以此来证明我为参与者提供了知晓相关情况并同意访谈的途径。

一份完善的访谈计划还需要的最后一个要素就是"缓和环节"。对于像我这样研究堕胎、未婚先孕和性教育等敏感问题的研究者而言,这一点尤为关键,每次我的访谈似乎都需要某种形式的"缓和环节"。

无论你的访谈话题是什么,你都与另一个人进行了少则一小时,多则数小时的密切但不对等的交流。你提出的问题往往是他们感兴趣的,否则他们也不会接受你的采访。你不断提问,他们持续作答,根据我的经验,这样的过程会形成一种特殊的亲近感。

接着,访谈结束,你们之间的联系随之中断。此时,你的任务便是帮助对方回归到平常那种情感疏离的状态,为结束访谈做好准备。所以,提出一些"冷却"(cool-down)性质的问题是很有必要的。在我的工作中,我倾向于提出关注未来的问题,或者让受访者对自身的经历进行评价,或者让他们告诉我,对于我们一直在探讨的问题,我最应该了解的关键点是什么。(许多新手在采访结束时都会询问对方是否有问题要问,但由于很少有人真的会提出问题,所以这通常并非一种令人满意的结束访谈的方式。)

然后,你当然要感谢对方刚刚抽出宝贵的时间参与访谈,并且要以一名研究者的诚挚心意来表达感谢,因为你刚刚获取的数据或许能够帮助你从分析的角度破解整个研究事项。顺便提一下,这个时候要让录音机随时处于可录制状态,因为几乎每个采访者都有过这样的经历:关掉录音机后,却发现受访者真正开始畅所欲言了,因为其没有了"正在接受采访"的束缚。[24]

现在,你有了自己的"切入点"、逻辑连贯的问题模块,以及"缓和环节",这样一来,你就有了访谈计划的初稿,你应当将其打印出来。不过,我想要着重强调的是,这仅仅只是初稿;倘若你和我一样,那么这会是一份只有"访谈大师"才能驾驭的访谈计划。(我所列出的问题,一般来说需要四个小时的访谈时间,而很少有人会给你那么充裕的时间。)所以,现在你得确定自己真正关注的重点内容是什么,并且要做好准备,一旦访谈时间过长,就果断舍弃掉其他问题。

当你开展前几次访谈时,有一种说法是要让你的受访者尽情表达。要记住,你的第一个问题应该很宽泛(最好从较为宽泛的问题逐步过渡到具体的问题,从情感或政治层面中立的问题转向更具立场倾向的问题),所以往往一个类似社会科学版的"像你这样优秀的人在这种地方做什么"这样宽泛的问题,就会让你的受访者滔滔不绝地讲上几个小时。

那就让他们说吧。

请记住,我们要探寻的是这个人脑海中的思维路径图,虽然从理论层面我们有理由认为这种心理地图可能是以某种特定方式构建的,但这些都只是我们的直觉而已。所以,就让前几次的访谈自由发展,朝着任意方向进行,尽量让访谈涵盖你所有的问题模块,但也无须过于焦虑。

这里的关键在于,作为社会科学家,我们从事的是一种模式识别的工作。一个人是更大社会模式的一部分,但只有在进行了大量访谈之后,你才能清楚地分辨出哪些是个人的特质,哪些是具有理论价值的社会模式。更确切地说,我建议你们不要过早下结论。你有自己的问题模块,它们确实很重要,但你还没有深入了解实际情况,因为如果你已经完全了解了,也就不会来做这项研究了。所以,你应该对那些尚未了解的新话题(问题模块)持开放态度,接受其存在的可能性。

我曾看过一篇研究,大致内容是说一般医生在问完"你好吗?"之后,大概只等待30秒左右就会开始打断患者。虽然这是因为医生已经有了初步的假设(也就是诊断结论),但该现象的研究者指出,如此短暂的等待时间会导致人们无法提及一些相关事情,比如他们刚从亚马孙雨林回来,或者他们的伴侣刚刚被诊断出患有艾滋病。这些研究敦促医生们多设置一些"空当"提问(比如"就这些了吗?""你还有其他担心的健康问题吗?""最近生活过得怎么样?"),从而为获取新信息留出空间。

所以,你可以尝试留出更多的空当,以赞许的态度等待新的话题逐渐浮现。当你听到一个新话题时,该如何去认识它呢?以下有几个关键的判断指标:

◎ 人们反复使用某些比喻或表达方式来描述某件事情。
◎ 人们会"凸显"某些观点(比如,他们会运用富有表现力的语言,或者采用强调的语气来表达)。
◎ 人们会对某些事情表现出情绪激动的状态。
◎ 人们不断地重复提起相同的主题。

顺便说一句,这就是我认为采访录音至关重要的原因。在一项研究持续了数月甚至数年之后,当我终于明确了自己所研究的类别要素究竟是什么时,我回过头去听最初的那几段采访录音,这才发现那些类别要素其实早就存在于其中了,只是当时我的辨别能力还不够,没能立刻识别出它们。

我一直努力尝试的一件事,就是尽早捕捉到这些关键主题,从而减少我在研究过程中所耗费的"无效时间"。我坚信,实现这一点的最佳方式是在完成初次访谈后立即着手进行数据分析(data analysis)。你完成访谈后,把车开到街角停下,然后对着录音机开始说话,把所有让你感到惊讶、担忧、不悦或满意的事情都倾诉出来。接着,你开始推测其中的主题和要素。在此过程中,你要不断提醒自己研究问题是什么,并依据这些数据来反思:就这个问题而言,你现在产生了哪些不同的思考?

正如我在参与式观察部分着重强调的,在做其他任何事情或与任何人交谈之前,务必写下你对访谈的初步感受,包括访谈所处的环境,以及你对访谈内容的第一印象。在书写的过程中,要问问自己所有从事社会科学研究的学者迟早都要回答的经典问题,而且越早回答越好:这是一个关于什么的案例?哪种理论能够解释你在访谈中所听到的内容?又出现了哪些变量呢?也许"变量"这个词在这里带有太多典范型研究的色彩,但我们关注的是,哪些类别对受访者而言是有意义的。尤其是在早期的访谈中,这些类别会受到你坐在客厅地板上整理出的问题模块的影响,甚至可能由其决定;不过,如果你有足够的耐心并认真倾听,你所采访的对象就会开始向你讲述其他所有的类别,而这些类别是你之前并不知晓,也未曾想到去询问的。

就像必须立刻写下你对访谈的印象和初步分析一样,你也应当尽快将访谈内容转录(transcription)下来(或者请人进行笔录),原因是相同的:书面记录与听磁带不同,它会调动你大脑中的另一部分思维。当你反复研读这些早期的笔录时,要问问自己哪些地方让你感到惊讶、不安或担忧。分类或许就这样自然而然地出现了。更重要的是,这次访谈(或者是这些访谈,如果你在一天内进行了不止一次访谈的话)对你关于正在发生的事情的理论观点产生了怎样的改变呢?

当你回顾这些访谈时,一个关键的问题是:其中哪些问题是有效的,哪些是无效的。有些问题会让受访者只展开几分钟的谈话,而其中一些回答可能恰好符合你的预期。另外一些问题可能会遭遇可怕的"加里·库珀效应":得到的回答只是"嗯""没"这样简单的单音节词。像这样的单音节回答通常是一个信号,表明这个问题对受访者来说过于复杂,或者与主题偏离太远,以至于他们无法建立起联系。根据我的一般观察,问题的复杂程度与答案的长度之间存在着反比关系。当我问"怎么会这样呢?"时,得到的回答可能长达好几页;而当我提出一个冗长、复杂的问题时,得到的回答往往只是"是"或"否",有时甚至只是一个茫然的眼神。

但你要记住,不要在仅仅进行了一次或几次访谈后,就放弃一个问题或一条提问线索。你需要进行多次访谈来验证一条线索或一个问题是否真的毫无效果,因为有可能这个问题本身是有价值的,只是你提问时的措辞不太适合你所采访的对象。

当我发现某一条提问线索(一个问题模块)行不通时,我很乐意就这个问题向我的受访者请教。由于我花费了大量时间精心设计访谈,力求让访谈从受访者的角度来看既有趣又容易理解,所以我偶尔会问受访者这样的问题:"我原本以为人们会对_____有很多想法,但在我目前为止的采访中,情况似乎并非如此。我是不是遗漏了什么呢?"

这就引出了一个有趣的问题。在典范型研究的文献中,采访往往是以调查问卷的形式进行的,而不是像我们所做的长时间、深入的密集访谈。调查问卷的理念是尽可能以相同的方式向每个人提出同样的问题。(我认为,其背后的基本概念是一种"刺激—反应"模型,即如果你给予每个人相同的刺激,就"控制"了变量,那么反应中的任何变化就必然是真实的变化。)

与之相反,实地研究方法的基本理念是,人们的脑海中存在着心理地图(mental maps),这些地图是利用他们文化工具包中可用的素材("工具")拼凑而成的。当然,这些地图通常是不完整的,也很少经过仔细推敲,而且往往存在内部矛盾。那又何妨呢?我们真正关心的是,至少要初步了解这个文化工具包是什么样的,以及为什么有些人会使用某些工具绘制出某种地图,而另一些人则会使用其他工具绘制出截然不同的地图。

这个模型隐含着一个(或许存在问题的)假设,即这些心理地图,至少对于人们在情感上较为关注的事物而言是相对稳定的。也就是说,如果你今天是一个"反对堕胎"的人,那么明天你大概率依然是一个"反对堕胎"的人。

所以,我觉得自己可以不受拘束地提出一些在典范型研究中被视为禁忌的问题。我会提出引导性问题(leading questions)、挑衅性问题,还有那些不确定会将谈话引向何方的开放性问题。从典范型研究的视角来看,在这些问题中,最具争议性的当属引导性问题。有一种观点认为,如果你通过提问来引导受访者,暗示了某个特定答案,那么你得到的就会是这个答案,而且这个答案是由问题本身诱导产生的,并非源自受访者潜在的思想和观点。

这简直是无稽之谈!在访谈过程中,我曾多次对受访者说:"我理解你的意思是……"这时,对方往往会翻个白眼,不耐烦地叹口气,然后告诉我:"不,不,不!你完全误解我了!我根本不是这个意思!我想说的是……"这让我坚信,在莎莎舞式的社会科学研究中,与典范社会科学不同,你不仅可以提出引导性问题,而且有时候这类问题可能会让受访者极为恼火,以至于他们会不厌其烦地向你详细阐述你在采访中一直期待听到的所有内容。

在我自己的访谈中,提出引导性问题的风险其实相当低,因为在整个访谈过程中,我都在努力营造一种融洽的氛围,也就是让你和受访者都感到自在舒适的状态。说起来容易做起来难,尤其是当你采访的对象与你的观点相悖时。不过我发现,只要你以尊重和高度关注的态度去倾听受访者讲话,通常情况下,无论怎样都能建立起这种融洽的关系。建立融洽关系的方法之一,就是要确保你提问的措辞不会让受访者陷入尴尬的境地。这一点也是典范社会科学家们所认同的。在调查问卷研究中,你要保证人们不会被迫承认那些不被社会认可的行为。所以你可能会这样提问:"很多人都在个人所得税上动点小手脚(强调很多人都有这样的行为),因为要弄清楚联邦税务局的表格实在是太困难了(给出这种行为在社会层面可以接受的动机);那么你呢——你有没有在个人所得税上有过类似的情况?"(以编写调查问卷为职业的典范社会科学家可能会指出,这并非一个很好的问题,因为"做手脚"这个表述不够精确,很多人可能并不理解这个词的含义。但我想用这个例子说明的是,与其直接问:"你曾经在所得税上作过弊吗?"不如换一种能让人们保住自尊的方式来表达这个问题。)[25]

在进行访谈时,还有一件极为关键的事情,那就是要清楚你自身的所有细节信息都如同磨盘上的磨料,会对访谈产生影响。你的外貌长相、发型样式、所穿鞋子的款式、汽车上贴的贴纸——所有这些细节都会帮助受访者对你的身份以及职业进行判断。这或许不太公平吧?毕竟,我们也会留意他们的穿着打扮、房屋的装饰风格,还有他们是否为我们准备了咖啡,以及房屋的整洁程度,等等。不同之处在于,作为研究者的我们需要敏锐地察觉到自己的形象特点,并思考这一形象会向接受采访的人传递出怎样的信息。一般而言,简约低调且稍显"专业"的着装是最佳选择,同时还应搭配简单、具有专业感的发型,以及合适的妆容。尤其是对于年轻的访谈工作者来说,务必让自己看起来成熟稳重,能够胜任这份工作,当然,除非你打算利用"我只是一个做项目的学生,要是你不帮我,我就拿不到好成绩"这样的说辞。

我在这方面可是有过惨痛的教训。有一次,我带着一名学生去进行访谈,这也是我训练新访谈员的第一步。我和她花了很长时间讨论该穿什么衣服,并且建议她选择简约低调的职业装,还让她以教授风格的着装为参考范例。(我自认为自己的着装风格属于"经典"类型,尽管曾经在火车上有个陌生人告诉我,我看起来像个图书管理员。)两个小时后,我在前往研究地点的途中接上这个年轻人时,看到她穿着一件低胸连衣裙,裙子很短,还搭配了一双非常夸张的厚底高跟鞋,当时我的惊讶程度可想而知。最要命的是,她的一条大腿上有一个很大的文身图案,而她的短裙仅仅只能勉强遮住大腿。那天我们要采访的是一位极为保守的共和党人,而且不巧的是我到得太晚了,她根本来不及再去换衣服。在整个采访过程中,她一直以一种像马戏团杂技演员那样尴尬的姿势试图遮挡住文身。你大概也能猜到,那位刻板的受访者穿着一套三件套西装,脚上是锃亮的尖头鞋,还系着一条保守的领带。如今,我都会让学生们提前把准备穿去访谈的服装拍照发给我看。

这是否意味着为了做好访谈,你就必须出去剪个头发,更换衣柜里的衣服,把自己伪装成另一个人呢？当然不是。或许应该说，通常情况下并非如此。关键在于，当我们去进行访谈时，我们会一并展现出自己的个人观点、阶级地位、宗教信仰，以及几乎所有与自身相关的信息。因此，我们很有必要尽可能充分地意识到自己展现出的形象的重要性，并确保这一形象与我们期望在访谈中达成的目标相符——将我们的外在形象视为一种工具，就如同我们坐在客厅地板上精心制定的访谈计划一样重要。

如果你不相信我所说的在访谈中我们会在很大程度上暴露自己究竟是怎样的人，那我可以跟你讲讲我曾对反堕胎运动的社会活动家进行的一组采访经历，当时这些受访者大多是天主教徒。我很幸运地找到了一位非常出色的研究助理，她协助我开展了采访工作。尽管她有着犹太人的姓氏，但按照她自己的说法，她是个"骨子里的天主教徒"，而我们的受访者在短短几秒钟内就察觉到了这一点。当我反复聆听助手的采访录音时发现，采访才刚刚开始，受访者就问道："你是天主教徒，对不对？"而当我自己进行采访时，他们则会问："你不是天主教徒，对吗？"所以，既然受访者能够在采访过程中，在我们还没透露太多自身信息的情况下，敏锐地判断出我们宗教信仰这样较为隐晦的信息，由此我们可以想象，受访者肯定也在对我们的其他方面进行着推测。

需要牢记的一点是，访谈和其他形式的莎莎舞式的研究方法一样，都是由理论驱动的。也就是说，理论决定了我们从何处着手进行采访，我们会提出哪些问题，以及我们何时决定结束在实地场景中的研究。关于最后这一点，学生们常常问我，到底要进行多少次访谈才算足够。我的回答简洁明了："当你在每次采访中只是机械地重复话语的时候"——换句话说，就如同格拉泽和斯特劳斯所说的那样，当相关类别信息已经饱和，你再也无法获取任何新内容的时候，就可以停止了。

焦点小组

即使阅读过《美国社会学杂志》或《美国社会学评论》，或许你也并不知晓，焦点小组在社会学领域有着一段悠久且辉煌的历史。如同社会科学领域里的许多现代技术一样，它最早被应用是在第二次世界大战期间，当时保罗·拉扎斯菲尔德（Paul Lazarsfeld）和他的同事运用这种方法来分析纳粹宣传所产生的效果。拉扎斯菲尔德及其同事发现，通过对人群进行分组访谈，他们能够迅速找出纳粹的意识形态和主张中，哪些主题和哪些方面容易引发人们的共鸣。在哥伦比亚大学应用社会研究局（Bureau of Applied Social Research, Columbia University）工作的拉扎斯菲尔德及其同事看来，焦点小组（focus groups）是一种相对廉价且高效的快速收集数据的方式。

"二战"结束后,焦点小组在社会学家群体中逐渐失去了其应用价值,被"边缘化"到了市场研究领域,并且一直持续到了近期。在市场研究领域的漫长发展过程中,焦点小组逐渐形成了大多数我们如今认为与之相关的技术。比如使用配备麦克风以及(有时还会有)摄像机的房间,坚持在同一时刻只允许一位可识别的发言者讲话(以便对录音进行转录),还有使用单向镜(one-way mirror)以便观察者能够观察到整个小组的情况——所有这些技术都源自市场研究。(需要补充说明的是,人们在单向镜后对小组进行观察,是在焦点小组成员知晓并同意的前提下进行的。据我所知,并不存在小组成员不知道自己正在被观察的秘密研究情况。)

在20世纪60年代末至70年代初这段时间,焦点小组以"小群体分析"(small group analysis)的形式得以"复兴",这是因为社会科学家们试图探究群体动力学的形成原因和内在原理。为什么有些人在群体中似乎能够"自然而然"地占据领导地位呢?为什么在小群体中,某些人看起来比其他人更可靠、更值得信赖呢?在小团体的表象之下,究竟有哪些因素在影响着团体成员的决策呢?这些问题促使社会科学家们重新将目光聚焦到了小群体研究上。

20世纪60年代末70年代初之后,焦点小组又一次从社会科学领域中"隐退",转而进入了心理学领域。然而,两位来自不同背景的政治民意调查专家又将焦点小组重新带回了人们的视野。我们之前提到过的共和党民意调查专家弗兰克·伦茨在1994年发表了一篇备受瞩目的文章,他在文章中向同行们警示,传统的政治民意调查(也就是"调查问卷研究")假定人们在民意调查中所表达的想法类别是稳定且明确的。(他的表述并非完全如此,但意思相近。)你可能还记得,在本书的前面部分,我引用过伦茨的一段话:"如果……民意调查的结果是如此明确且具有结论性,那为什么各家民意调查公司所报告的有关堕胎的数据之间会存在巨大差异呢?在如今的后党派政治环境中,存在着太多层次的灰色地带,太多'是的,但我真正的想法是……'这样的态度,还有太多选民优先关注的问题未能得到应有的重视。构成民意的要素已经发生了变化,那么对其进行衡量的标准也必然需要随之改变。"[26]

伦茨提出,针对上述情况,一个可行的解决办法是更多地运用焦点小组,就如同我们一直以来所探讨的那样。在这样的小组中,主持人能够尝试引导谈话的方向,并且提供一个平台,让人们能够坦诚地说出自己内心真正认同的观点。用社会科学的专业术语来讲,焦点小组中的参与者可以借助这个机会,梳理并表达出与自身相关的社会类别。

我认为,早在十年前,焦点小组的重新兴起其实就已经被另一位民意调查专家预见到了,这位专家是一名民主党人士。斯坦·格林伯格(Stan Greenberg)曾接受过政治学方面的专业训练,并且曾经是一名马克思主义者,他对所谓"里根民主党人"这一群体的出现表现出了浓厚的兴趣。[27]这些人在人生的大部分时间里都把选票投给民主党人,但在1980年却突然转而支持罗纳德·里根。在寻找这些人(其中大部分是白人)来开展焦点小组访谈的过程中,格林伯格对两位政治学家爱德华·卡明(Edward Carmines)和詹姆斯·斯廷森(James Stimson)所提出的"问题进化"(issue evolution)有了一种基于实地调研的理解。[28]简言之,20世纪60年代之后,许多工薪阶层的白人开始认为,民主党过于迎合贫穷的非裔美国人的需求,而对像他们这样的人的需求不再予以关注。

我在这里要重申一下我已经说过很多次的观点:典范型调查问卷研究,无论是社会科学调查还是政治民意调查,都只能找出人口在我们预先定义的类别中的分布情况。如果存在一个我们没想到要问的类别(也就是典范型研究者们一直担心的那个声名狼藉的"遗漏变量"),我们永远无法知道,要是我们把这一类别涵盖进去,事情会有多大的不同。

这就把我们带回了焦点小组的话题。用现代术语来讲,焦点小组比调查问卷更具"互动性"。还记得我是如何让你在访谈中留出空当,以便人们能够告诉你一些你未曾想到要问的事情吗?那么,焦点小组的结构意味着参与者在不断地为彼此创造这样的空当。虽然你可能需要进行十几次访谈,才会发现人们真正担心的是X(无论X具体是什么),这是因为你没有提前掌握足够的信息来询问关于X的问题,但是一个优秀的焦点小组,在一位出色的主持人引导下,往往能够确保如果X是你所研究的对象真正关心的事情,它就会出现。(更专业的表述是,如果X是一个与社会群体Y的社会认知地图相关的类别,焦点小组就会增加X被提及的机会。)我常说,对于小孩子而言,混乱程度会随着孩子数量的增加呈指数级上升,比如,三个孩子所引发的混乱程度数值是一个孩子的27倍。焦点小组也是如此:一个规模适度的焦点小组会创造出呈指数级增长的"空挡",以供其他人去填补。[29]

我发现焦点小组唯一的问题在于,与政治民意调查专家不同,主流社会科学家往往认为这种方法不够科学。正如我所提及的,学术期刊通常不会发表数据来源于焦点小组的论文。不过这也无妨。即便你无法凭借这些数据发表文章,你仍能够在自己的书中使用它(作为混合研究方法的一部分),并且可以借助它引出你在期刊文章中所运用的其他研究方法。倘若你能找到一群极有可能成为你用于访谈或参与式观察的数据来源的人,你完全可以在研究伊始组织一个焦点小组,以此助力你积极地开展研究工作;在研究进程中,你要确保自己在探寻所有相关的类别;在研究的最后阶段,你要确保已找出了所有相关的类别。你甚至无须告知杂志编辑你已组织了焦点小组——

这可以成为我们之间的小秘密。

假设我已成功说服你相信焦点小组的效用,至少它可作为一种激活其他研究方法的途径,或是在之后的某个时间点检验你的类别是否完整的工具,那么究竟该如何组织一个出色的焦点小组呢?

实际上,由于我们已经探讨过的那些方法,这里的几乎所有内容对你而言都不会陌生。首先,你需要为焦点小组的主持人(facilitator)编写一份指导手册。你将运用与撰写访谈计划相同的技巧,比如使用3英寸×5英寸规格的卡片以及类似的工具(或者类似的电子文档)。你要全面思考关于你想要研究的对象,你想了解的所有问题;在卡片上针对每个主题写下一个或几个问题;然后坐在地板上把这些卡片整理成不同的模块;接着添加"转向信号",以便主持人在从一组问题过渡到另一组问题时能够发出提示信号。

接下来,就如同我们考虑过的其他实地研究方法一样,你必须思考抽样的问题。显然,你需要的参与者应当来自你想要研究的那个社会领域,所以你或许需要回顾之前关于抽样的章节,思索如何找到能够组成一个优质焦点小组的人员。出于显而易见的原因,政治民意调查专家通常会从选民登记名单中进行筛选,并尝试依据他们认为重要的变量进行分层抽样:例如工人阶级的白人、地位较高的非裔美国人等。此外,你可以做一个思维实验:倘若你能够将在你所研究的问题上最具见解的人汇聚到一个房间里,他们可能属于哪一类人呢?你又能在何处找到这样一群人呢?

在我看来,理想的焦点小组规模应为六到十人。如果人数过少,人们可能会感到羞怯;而如果人数过多,就会出现"让别人来吧"的现象,即人们坐在一旁,让其他人包揽所有的谈话。倘若你打算开展焦点小组,那么组织一个以上的小组是很有必要的,这样你就能确信自己收集到的是真实的意见,而并非仅仅是某个小组群体互动模式的产物。

在理想情况下,你会拥有一个配备了市场研究人员所设计的那种有单面镜的房间。如此一来,你便可以安排一个人(主持人)来主持焦点小组的活动,而另一个人则从单面镜的后方进行观察。我个人更倾向于培训另外一个人担任主持人,这样我就能够当观察者了。观察者在单面"镜子"后面进行观察,能够察觉到"元主题"的出现,而主持人由于忙于参照焦点小组的指导手册,有时可能会忽略这些。当你以观察者的身份看到焦点小组的成员们对某个主题表现出浓厚的兴趣时,你可能会想:"哇!这些人真的在讨论 X。"随后,你或者其他人可以拿着一张纸条进入焦点小组所在的房间,指示主持人针对 X 提出一些更具探究性的问题。

一位优秀的主持人不会因这一过程而感到慌乱。她在向小组成员做介绍时,会告知大家洗手间的位置、为何每次只能有一人发言、咖啡壶和甜甜圈的摆放位置,同时也会说明单面镜后面有观察员。她会以极为恰当的方式告诉大家,由于主持人专注于小组讨论,有时观察员会看到或听到一些值得进一步探讨的内容。当这种情况发生时,会有人带着便条进入房间,进而可能会引出新的话题。

焦点小组方法的主要问题在于组织起来需要大量的前期准备工作。当然,访谈同样需要前期准备,但焦点小组的组建和运作所耗费的时间更多。你需要一个集中的场所,最好是有一个带单面镜的房间。(我曾工作过的大学里都设有单面镜房间,许多已经被拆除了,但也有一些被心理学家接管了,所以值得去打听一下。)当然,即便没有单面镜房间,你也能够开展焦点小组讨论,不过,如果你和主持人一同坐在房间里,你也会陷入当前的情境之中,从而难以把握全局。录像则是另一种选择,虽然这通常意味着你只能在事后才能看清整体情况,但至少你可以将从录像中获取的见解应用于下一个小组。

无论你选择什么样的房间,都应该确保该地点停车方便,并且是人们在夜间散步时会感到安全的地方。(如果你在白天组织焦点小组,参与者可能会是学生、退休人员以及一些已经有了些积蓄但当下有些无聊的单身网民。)你应当为人们提供咖啡和甜甜圈(如果你想要更高档一些,也可以准备羊角面包),还应确保有卫生间和饮水机,或者准备一些瓶装水。所有这些举措都能让焦点小组的参与者感到舒适自在,而我们也希望他们能够毫无顾忌地畅所欲言。

你可能面临的最大难题或许是寻找参与者。除非你所针对的是一个规模较小且界限明确的群体(例如,当地公立学校五年级学生的所有家长),否则要找到足够数量的人来组成一个焦点小组,并且协调出一个大家都合适的见面时间,很可能需要花费数周的时间。如果你有足够的资金,你可以聘请一位时间调度员,因为协调参与者的时间可能是整个过程中最耗费精力的事情。

请记住,无论你的抽样策略是什么(就我们所理解的抽样而言),可以说,在遇到"王子"之前,你不得不亲吻许多只"青蛙"。提前设定好你的标准:如果你要采访的是四年级学生的家长,当继母没有时间与你交流时,你会接受继母的前男友作为代表吗?(当然,这里的答案只是理论上的,具体取决于你想要了解的内容。)

好消息是,在完成了所有繁重的工作——寻找合适的场地、确定合适的参与者、撰写访谈指南、培训主持人、建立某种记录系统——之后,你就可以松一口气了,因为你知道自己可能会获得比预期更多的数据。

内容分析

　　内容分析只是一种系统地调查文本中事物出现的频率和类别的方法。就像现在许多已经有些废弃的方法论一样,这种方法有着悠久而光荣的历史。[31] 早在20世纪二三十年代,保罗·拉扎斯菲尔德(他似乎在业余时间发明了几乎所有人类已知的社会学研究方法)和哈罗德·拉斯韦尔(Harold Lasswell)就提出了内容分析法的基本框架。即使在四十年前,内容分析法仍然盛行一时,心理学家大卫·麦克莱伦(David McClelland)试图通过分析儿童教科书中成就需求(nAch)出现的频率,来推测国际经济增长水平。这一时期的严谨思想家们试图将文本中条目的出现频率与这些文本产生的更宏大背景联系起来。

　　就算我是个新实证主义者吧,但我虽然愿意承认小学教科书中所描绘的雄心壮志可能与经济增长水平存在关联,我却怀疑我们除了证明二者的相关性之外,很难证明其他任何东西,并且我一直想更直接地了解一件事情是如何对其他事情产生影响的。

　　同时,内容分析对于阐述那些难以用其他研究方法表达的观点确实很有帮助。例如,迪安娜·帕格尼尼(Deanna Pagnini)和菲利普·摩根(Philip Morgan)曾撰写过一篇文章,描述了20世纪早期美国非裔美国妇女和白人妇女对未婚怀孕这一问题的看法。他们利用世界精神病学协会(World Psychiatric Association)在大萧条时期的口述历史(coral histories)采访记录,对每一次提到未婚怀孕时女性及其主要亲属的反应进行了编码分析。非裔美国妇女对未婚怀孕的情况并不满意,而白人妇女则会感到心烦意乱。根据这项研究,帕格尼尼和摩根认为,在大半个世纪的时间里,不同种族对未婚生育的态度一直存在差异,尽管有证据表明如今这些态度开始趋于一致,白人的态度和做法更接近非裔美国人了。[32]

　　这篇文章尤为有趣之处在于,它运用了一种相对遭到忽视的资源(即在一个截然不同的时代,为了一个大相径庭的目的所收集的口述历史资料),并借助这些资料分析出了一些重要且切合时宜的内容,也就是有关不同种族对待未婚母亲的态度是否存在差异的证据,若存在差异,又是在何时出现的。帕格尼尼和摩根的文章并不像我的法律界同事所形容的那样具有"决定性",也就是说,它并没有终结所有的争论,但它依然是一份有用的、能够体现微妙态度的证据,而这些微妙的态度是很难通过其他方式挖掘出来的。

　　同样地,我也曾运用内容分析的方法来阐释1976年艾伦·古特马赫研究所(当时是"计划生育协会"的研究部门)发布的一份关于青少年怀孕的报告,这份报告基本上构建出了我们如今所理解的"少女怀孕"(teenage pregnancy)这一现代概念。我能够相当确切地证明,在 AGI 发表其题为"1 100 万青少年"的报告之前,实际上并不存在所谓的"少女怀孕"这一特定概念。在 1976 年之前,确实有 20 岁以下的年轻女性怀孕——尽管低龄母亲的数量高峰实际上出现在艾森豪威尔政府执政时期——但就像我能够证实的那样,那种年轻、未婚且机会均等的少女怀孕情况,也就是可能发生在你我女儿身上的特殊情形,几乎完全是古特马赫研究所这份报告的产物。通过查阅期刊文献的读者指南,我可以证明,在 1976 年之前,存在"未婚妈妈"(可能是任何年龄阶段的女性)、"学龄妈妈"(可能是 18 岁以下的女性)以及"早熟父母"等说法;而在 1976 年之后,我们如今所熟知的"少女怀孕"这一概念才出现,并且几乎所有(呈指数级增长的)相关报道,不仅采用了古特马赫研究所的报告中的语言表述和结构框架,还常常引用其中的数据和结论。

最后,随着人们开始对"话语转变"(discursive shifts,就如同我刚才概述的)和"框架分析"产生兴趣,内容分析理应成为首选工具,用于探究人们是在何时、以何种方式开始用不同的方式谈论事物的,以及一个话题是在何时以新的方式被构建框架的。

关于内容分析,有许多非常优秀的相关书籍。但实际上,我们为内容分析所付出的脑力劳动,与我们为更广泛的数据简化和分析所做的工作并无二致。所以,如果你迫不及待地想要开始进行内容分析的相关研究,那就请翻到第十章。

练习

现在我们到来了最有意思的部分。鉴于我们截至目前所完成的所有工作,你觉得哪种研究方法最为出色呢?是民族志、访谈、焦点小组,还是对文本的深度剖析,哪一种能让你眼前为之一亮呢?

你可以借鉴我在本书前面提及内容的某种变体,撰写几段文字,阐述为何这种方法(或几种方法的组合)绝对是、肯定是获取你想要了解信息的最佳途径,同时,同样关键的是,请解释这种方法相较于其他方法的优势所在。

一旦你确定了一种方法,这项练习的后半程便是着手开展准备工作——拟一份访谈计划,列出你将进行参与式观察的场所,明确你在何处、寻找何种信息,或者为你所组织的焦点小组的主持人编写一份指导手册。

第九章

历史比较的方法

就方法而言,历史比较法(historical-comparative methods)有点像你厨房里的那个抽屉,在这个抽屉里,你放的是所有有用的,并且在逻辑上不应该放在其他抽屉里的东西。请注意,我不是说这是个垃圾抽屉——恰恰相反。在我的厨房里,保鲜盒抽屉下面有一个抽屉,我把甜品秤、开瓶器、煎饼锅和一大堆其他的东西都放在那里,它们只做它们该做的事,别的什么事也做不了。(这与"银器抽屉"形成了对比,银器抽屉里的每件银器都可以做两件甚至三件事——勺子可以变成小铲子,刀子可以变成螺丝刀,等等。)在这个特殊抽屉里的东西是独一无二的,因此对我来说有很高的价值,因为它们做自己的事情比厨房里其他任何东西都做得更好。历史比较法也同样如此。

就像我们探讨之前所有方法时一样,我一遍又一遍地指出,我们使用方法的目的是提高我们的模式识别能力,而模式识别能力是我们构建理论的第一步。我甚至在这本书的一开始就引用了我同事卢瓦克·华康德的一段有些尖刻但却一针见血的评论,其意思是说,很多人认为使用定性方法的唯一意义就在于讲一个好故事。[1] 但是,历史和比较方法的本质中蕴含的某些东西却在促使人们不要只是"讲故事"。(我认为,如果你只是想讲述一个故事,也就是对所发生的事情进行精心的叙述,你会发现自己对历史怀有更大的兴趣。社会历史学家与历史学家之间存在区别,尽管两者的界限正日渐模糊。社会历史学家渴望发现模式,也就是构建一种理论,而优秀的历史学家往往倾向于认为,尝试去撰写任何类似于理论的东西无异于自断后路。)

所以我认为,理论源于历史比较法。为了简化问题,研究者借助这些方法来回答以下两个问题中的一个:(1)过去的哪些事件塑造了现在的这一结果?或者(2)为什么事情在一个地方呈现出这样的状态,在另一个地方却呈现出那样的状态?

这两个问题中都隐含着对某一事物的考量,这种事物我们一直称之为要素,而其他人则称之为变量。每个问题都暗示着一些要素或变量在过去是存在的(或在某些情况下不存在），因此事情才发展成了现在这样；或者一些要素或变量在 A 地存在（或不存在），而在 B 地不存在，所以事情才会在 A 地呈现出这样的状况，而在 B 地呈现出不同的状况。

一个典型的例子是西达·斯考切波（Theda Skocpol）那部颇具雄心的《国家与社会革命》(State and Social Revolution)一书，她在书中探讨了或许是最为重大的问题，即为什么在一些地方会发生革命，而在另一些地方却不会发生。在对我们所熟知的各类革命进行比较后，她得出的结论是，引发一场革命既需要来自下层的压力（下层阶级已被动员起来），又需要上层的混乱（精英们在应对底层逐渐酝酿的骚乱时产生了冲突或分歧）。那么，对斯考切波来说，要素就是(a)下层阶级的动员状态以及(b)精英阶层的矛盾冲突。这里需要留意，因为我们会在下一章再次探讨这个问题。

现在，你们当中比较有哲学思维的人可能会觉得，我在这里真正探讨的是因果关系，而且我在对这种关系进行剖析。你们的想法是对的。很多历史比较研究比我刚才所阐述的模型要精细得多，但我用这个模型是为了说明一点，即大多数历史和比较方法所固有的假设都旨在进行理论构建。

我有一位极为亲密的同事（实际上，我和他结了婚）对这种社会学有一个专门的术语：他亲切地将其称为"大思维"。借用他的说法，大多数历史和比较方法都被应用于那些理应归为"大思维"范畴的问题上。例如：是什么引发了革命？或者，为什么美国的福利国家与同等发展水平的欧洲福利国家会如此不同？又或者，历史上最高法院的判决，比如布朗诉教育委员会案（Brown v. Board of Education）或罗伊诉韦德案，是否真的在实际层面改变了人们的生活？这些问题从本质上来说，都是在探讨社会中权力和权威关系方面的问题。

我之前提到过，秉持莎莎舞式的研究方法的社会科学家们面临的问题之一在于，我们不仅要处理森林和树木之间的关系，还要处理树皮与树木、树木与森林、森林与整个生态系统之间的关系。历史和比较方法的研究者们倾向于提出的问题，几乎总是假定真正关键的问题在于树皮与生态系统之间的关系。

所以，你可能会认为秉持莎莎舞式的研究方法的社会科学家和运用历史与比较方法的普通研究者之间没什么可交流的，但实际情况并非如此。

在此，我想从两个方面进行论述。首先，我想指出的是，历史比较型社会科学家们凭借直觉所采用的很多做法正是我所借鉴的，并且我认为这些做法是我所从事的这种社会科学研究中的关键步骤；换句话说，我通过思考历史比较型的问题，掌握了莎莎舞式的社会科学研究的大部分方法和步骤。但其次，我想说的是，前一句话中的关键词是"直觉"。大多数采用历史与比较方法从事研究的学者学习研究方法的方式，与大多数实地研究人员学习研究方法的方式是一样的,即都是在导师或顾问的指导下,通过实践并在其教导下逐渐形成自己的研究方法的。

这是一个由来已久的传统,我原本很乐意顺其自然,不去理会它的,然而:其一,攻读研究生院(或担任助理教授职位)所需的费用高昂;其二,在研究生院学习(或担任助理教授职位)所面临的压力巨大。毕竟,有谁会愿意承受额外的费用支出与麻烦事呢?[2] 因此,我想对你们当中刚踏入历史比较研究领域的人说的话,和我在本书其他部分对实地研究者所说的是一样的,那就是遵循我们一直在完善的莎莎舞式的研究步骤来开展工作。

首先,思考一下你自认为你了解些什么?对于正在发生的事情,你预先持有的理论是什么?假设你和西达·斯考切波一样,正在思索为什么在特定的时间或地点会发生革命,或者为什么革命没有发生,那么其他研究者为你留下的可能的影响要素有哪些?也就是要素集合包含什么呢?(从前面的阐述中你已经知道,斯考切波认为是社会上层和下层出现的混乱状况,所以现在你至少掌握了两个要素。但除此之外还有什么呢?在你阅读相关资料并深入思考的过程中,还遇到过哪些可能与你所研究的问题相关的因素呢?)

接下来,你有可能在哪些地方找到丰富的数据来源来研究你的问题呢?对于莎莎舞式的社会科学家来说,这个一直存在的难题,对你而言可能比对我们其他人来说更为严峻。很有可能,你已经发现了一个非常有意思的案例,例如,一个存在下层阶级和精英之间的混乱状况,但却没有发生革命的地方。假设你已经正确地处理了变量——或者用莎莎舞的术语来说,定义了你所研究的各类要素——你就有了一个需要解释的反例。(顺便提一下,要先确保你已经完成了第一步。斯考切波以及追随她研究的学者们是如何定义"无序"的呢?你会用另一种方式来定义它吗?你是否能绝对肯定,在你的案例中,没有发生革命的原因不仅仅是定义上的问题,即便下层阶级和精英阶层都出现了那种必要形式的混乱无序?)

如果你已经掌握了一个生动的案例,那么你就需要做那些拥有其他所有生动案例的研究者所做的事情,也就是向读者阐释清楚,为什么你的案例是检验"若要发生革命,既需要下层阶级的混乱无序,也需要精英阶层的矛盾与分裂"这一理论的绝佳范例。

我们先不讨论你所提出的要素(即上层和下层的混乱无序)是否属于必要但不充分的因素这一问题。也就是说,有可能在社会的上层和下层都出现混乱状况是革命发生的必要条件(即这些是革命发生的要素),然而仅有这两个要素并不能绝对保证革命一定会发生(即这些要素并非充分要素)。

那么,究竟是什么使得你的案例(或者是你即将去探寻的案例)成为获取数据的理想来源,从而有助于你思考想要构建的理论呢?在我们所假设的情境中,你所发现的情况并非一场革命,在我看来,这一点本身就足以成为你研究它的理由,因为它具备了先前理论中认为会引发革命的要素,但革命却并未发生。一旦你向我详细阐述了这一点,你就已经为自己设定了一个饶有趣味的问题。此时我所担忧的是将变量进行操作化这一棘手的难题,也就是对你所研究的要素进行定义。在我读过的众多历史比较社会学文献中,构建理论的难点在于,人们没有准确界定他们所运用的要素或变量究竟是什么。你和我或许真的就像波特·斯图尔特(Potter Stewart)大法官那样,一旦看到革命,就能够认出来这便是革命,但我们并不十分清楚革命究竟应该包含哪些确切的要素,以至于我们能够将一些例子(比如法国大革命、俄国革命)归为革命这一范畴,而将其他例子(比如 1688 年英国的光荣革命)排除在这一范畴之外。[3]在我的观点里,斯图尔特大法官曾对"色情"(pornography)这一变量的可操作性表现出无奈。对于联邦最高法院的大法官而言,这种无奈或许尚可接受,但我却不能像他们那样霸气,对此不管不顾。

我在这里说的,正是我曾就其他研究方法中关于选择案例的方式所阐述过的内容:设想一下自己站在那些最为尖酸刻薄、吹毛求疵的评论家面前——这些人极有可能对你的研究工作嗤之以鼻——为你所选择的案例(无论是那个让你兴致盎然的有趣案例,还是你在对我们先前所讨论的抽样相关方面进行深入思考后所发掘出的案例)进行辩护的情形。

在我们当前所使用的这个假设性案例中,为了避免被指责没有正确定义相关要素,我会采取以下做法:(1)找出在我所研究的领域里那些具有重要影响力的人士所认可的关于革命的经典著作,并认真研读;(2)极为细致地探究这些作者(例如比灵顿、特里利、亨廷顿、摩尔、斯考切波)是如何对革命进行定义的。我甚至会记录下这些定义所在的页码,以便当面对那些对我心存疑虑、觉得我未能与知名学者的定义保持一致的人时,能够引经据典地进行反驳。[4]

在下一阶段,我会翻阅所有这些关于革命的经典书籍,看看它们的作者是如何阐释一场革命的,也就是说,在他们眼中,哪些类别可用于解释革命的发生或未发生。同样,我会坚持不懈且认真地记录下这些经典革命著作的知名作者究竟是如何定义革命发生的原因的,并附上完整的引用出处。顺便说一下,如果你做到了这一点,你还可以再往前迈一小步,这样你就真的为灵感的降临做好了准备。当你在仔细研究别人如何定义革命及其原因时,你要记下每一位知名作者是如何阐述自变量("原因")和因变量("革命")之间的关系的。如果你这么做了,你将会得到我的网页设计同事马丁·夏皮罗（Martin Shapiro）所说的"命题清单"（propositional inventory），也就是一份可检验的假设清单，你可以运用历史比较法对这些假设进行检验。当然，你可能在某种程度上已经凭直觉在做这件事了，但为什么不系统地去做呢？因为这样做只需要你付出很少的额外努力，就能获得很多的回报。

更确切地说，我们刚才所做的是将我们的自变量和因变量进行了可操作化处理，这再次说明，历史比较法与莎莎舞式的社会科学家所使用的其他实地研究方法有所不同。你记得我曾答应过帮你摆脱一个困境，即导师坚持要求你写出自变量和因变量，而你们中的大多数人原本并没有这样的想法，只是有一个很棒、很有趣且有待解释的案例。通过一种有点迂回的方式，我又回到了我在本章早些时候提出的观点，即历史与比较方法倾向于构建理论，因此，往往会存在一些要素，无论是现成的还是潜藏在表象之下的，这些要素都可以作为自变量和因变量。[5]

考虑如何在吹毛求疵的批评者面前为自己辩护，这同样也是一种很好的方法，能从另一个角度保护自己的研究不被轻易否定。假设批评者提出了"必要的"和"充分的"原因或相关观点，认为你的案例除了证明斯考切波所研究的那类原因仅仅是革命的必要原因，而非充分原因之外，并不能证明其他任何内容。倘若你很早就对这些可能出现的批评进行过思考，那么你就有底气大声喊出："啊哈！"因为证明某事物是必要但不充分的原因，这本身就已经是对理论的一种贡献了。[要是批评你的人看上去仍心存疑虑，那你就提及一些关于黑天鹅以及卡尔·波普尔（Karl Popper）的观点，很可能他就会有所忌惮，从而不再提出异议。][6]

我对历史比较型社会科学家满怀敬意，这绝非虚言。他们中的大多数人不仅能够毫不费力地凭借直觉领悟跳莎莎舞式的研究（这里指综合、灵活的研究方式）的奥秘，而且大多擅长完成学术研究中极为艰巨的任务。在本书中，我一直运用不同的隐喻，力图阐释这种难以把握的技能；它是一种能力，能将从近距离细致观察特定的数据转变为以广阔的视角审视这些细微的数据（我将其比作"树皮"）是怎样融入"森林"，乃至怎样融入整个林地生态系统的。

我耗费了整个职业生涯来钻研如何做到这一点且不被弄得晕头转向。即便我从事相关研究的时间相对较短，可每次尝试后我仍得去小睡片刻，以便恢复精力。然而，那些钟情于这些研究方法的学者们（而且，就像我之前跟你说过的，我们每个人天生都会对某些特定的研究方法有所偏好），似乎并不觉得这有多么困难。所以，去向那些大师们取经吧（你要么知道他们是谁，要么很快就会知晓），然后再回到这一章，以此来提醒自己要更加系统、明智地开展研究工作。

练习

因为从这一章你可以了解到，我个人认为，几乎所有的历史比较研究者，无论他们自己是否意识到，其实都是真正的莎莎舞式的研究者，所以，请借助这一章的内容，将你在本书前面所学到的知识进行正式梳理，举例来说，你的问题可以是：

你是怎样对你的数据和（或）文件进行抽样的呢？在这个抽样过程中，可能会引入哪些潜在的偏差呢？

你打算如何从逻辑层面（即便不是从统计层面）将你的数据进行拓展，使之适用于更大的范围呢？

这究竟是一个关于什么主题的案例呢？

对于那些本质上并非历史比较型研究者的人，我建议你们利用这部分的练习内容思考一下，当你同时引入历史和比较的视角时，你的案例（比如公共场所的打情骂俏现象、水资源的私有化问题）会呈现出怎样不同的面貌。

比如说，在1950年的时候，工作场所中的打情骂俏行为是什么样的呢？水资源私有化在哪些地方运作得极为顺畅？又在哪些地方遭遇了严重的困境？而哪种情况又与你的案例形成了强烈的反差呢？

第十章

数据简化和分析

在我年轻的时候,我是茱莉亚·柴尔德(Julia Child)的粉丝,读她的书读得津津有味,我还会从研究生院的讲座偷偷溜出去,好在电视上听她那独特的声音告诉我:"用酒精火焰把鸡烧焦(flambé the chicken)。"(如果你看过她的节目,你可能现在就能回忆起她的声音。)在几乎每场节目中,茱莉亚都会向我们介绍"浓缩",她会在翻炒食物后把汁液留在锅里,再加入大量酒精类的东西(一边说着"不要用你不会喝的酒来做饭"),然后,用大火把汁液煮开,直到它变得似糖浆一样浓稠。这种糖浆状的"浓缩",是所有好酱料的基础,是味道的精华。

社会学家的工作也是如此。现在我们已经积累了大量(无论是数字形式的还是其他形式的)数据:我们有参与式观察记录、访谈记录、焦点小组记录,或者是来自比较研究或历史研究的一系列数不胜数的记录。接下来我们该做什么呢?就像茱莉亚那样,我们要把这些数据"浓缩(简化)"成我们正在"烹饪"(指研究工作)的精华内容。

在收集了数据之后,我们有两项任务,一是把数据简化成便于我们处理的形式,二是通过有意义的方式对数据进行分析。这里还有另一个例子,能够证明莎莎舞式的社会科学研究在本质上与典范社会科学家所从事的工作有何不同。尽管典范社会科学家们的工作方式存在差异,但总体而言,他们与数据之间的关系是一种线性关系:他们会思考如何收集数据(涉及抽样、可操作化和普遍化等问题);接着收集数据、清理(简化)数据,然后进行数据分析。当然,我们也会做这些事情,但我们会反复地去做。更麻烦的是,对于我们来说,数据的简化和分析紧密相连,以至于我们常常难以区分这两者。

当然,每一个莎莎舞式的研究项目都有所不同,但我可以给你提供一些通用的准则来辅助你开展研究。首先,请记住,这个数据简化和分析的过程实际上是一个持续不断的过程,它从你收集完数据回到家的第一个晚上,甚至从你启动项目的第一天就已经开始了。当我们回顾第一次访谈的情况,或查看一组实地笔记,或回忆焦点小组的经历,又或是思考在档案室度过的一天时,我们需要提醒自己,当天(以及接下来的每一天)最重要的工作就是模式识别。面对我们第一批数据中存在的杂乱、令人困惑和无序的情况,我们应该问问自己:"在这些数据中,我所看到的哪些内容有可能成为一种模式呢?"我们在心里暗自猜测,在第一组数据中吸引我们注意的那些特征最终可能会发展成为真正的模式。我们知道自己常常会判断失误——许多看似丰富多彩、很有意思的内容最终可能只是干扰因素,但我们依然会坚持探索。

每一次访谈或每一组实地记录都只会让我们对正在发生的事情的理解更加完善。如果我们发现自己面对的是那些似乎永远无法给我们提供任何有效信息、非常棘手的数据时,我们只能付出更多的努力。我们会仔细研读实地笔记、访谈笔录或历史比较数据,直到能够对其内容烂熟于心。我们会阅读所有能够获取的理论资料。我们允许自己去阅读任何内心想读的东西,因为我们的潜意识知道自己需要什么。最后,我们会与他人交流探讨。

我之前告诉过你,在你没有写出实地笔记和/或研究备忘录之前,不要与任何人交谈,这一点至关重要。但总有一天,当你面对沉默不语的数据时,你需要开口说话。和你的母亲(或父亲)、兄弟姐妹、最好的朋友、导师、研究同事谈谈。摄入大量的咖啡因和碳水化合物——如果这对你有效的话。(如果不行的话,可以喝花草茶或螺旋藻。)

几乎无一例外地,你的听众中的专业社会科学家会说:"你真正想说的是……"当这句话来自导师或其他权威人士时,你必须小心,因为这些人总是试图劫持一个研究项目,并把它变成某些更容易辨别的东西。这时你就可以说:"不,我不这么认为。"或者如果这个人有某种凌驾于你之上的权威,你就礼貌地听他说。(这时就要实行"忽略50%"的规则,即你要忽略权威人士告诉你的一半内容。)但最终,当你试图向人们解释为什么他们不能从你搜集的数据中得到你觉得有趣的东西时,我保证,你会无意中发现一个"吊钩",一个能将你的数据联系在一起的主题。

然而,与此同时,你也在坚定不移地分析你的数据。也就是说,从一开始你就一直在给自己写备忘录,告诉自己发生了什么,并和自己探讨哪些是可靠的模式,哪些不是。这听起来可能有点神秘,但在每个莎莎舞式的研究项目中,都会出现某个时刻,你会意识到你正在不断地听到同样的事情。

当这种情况发生时,就到了对你的数据进行编码(简化,coding reduction of data)的时候了。我写的前两本书都是手工进行数据编码的,后两本书是用电脑进行数据编码的,我很难告诉你哪一种更好。最终,我还是偏向于CAQDAS(计算机辅助定性数据分析),只因为我迷恋查尔斯·拉金(Charles Ragin)的布尔分析法(Boolean analysis），我将在本章后面介绍这种分析法。

如果你想要给你的数据手工编码的话，你只需要把所有的数据——笔录、实地笔记、历史数据，等等——复印两份。第一个作为参考副本，第二个作为编码副本；最终，你会复制第二个编码副本，它将成为分析副本。当你浏览编码副本时，你会再次发现，同样的主题不断重复出现。想出一种适合你的方式来注释这些主题。（我非常喜欢在八年级时学的大纲风格，所以我把主要的主题标注为Ⅰ、Ⅱ、Ⅲ、Ⅳ等。）你可以使用不同颜色的标记来真实地凸显每个主题，并且可以继续这样做，直到你对所有数据完成编码。现在你拿着这份标有罗马数字的编码副本，最后再复印一次。然后把每个高亮标记的部分剪开，粘贴在一张 5 英寸×7 英寸的索引卡上。

现在，拿出你的一沓索引卡（选择 8.5 英寸×11 英寸的纸张，这样才能在上面放置索引卡），把所有相似的代码归在一起，这样你就会有一沓标有罗马数字Ⅰ的索引卡、一沓标有Ⅱ的索引卡，依此类推。也就是说，你要找出子代码。你应该像之前进行编码时那样处理子代码，这样在这个过程结束的时候，你就会得到一套由大纲精心组织的代码、子代码（甚至可能还有子子代码）。

这样做有一个重要的好处，那就是当你以这种方式对你的材料进行编码时，你实际上已经有效地梳理出了你书中所有主要论点的大纲。再加上引言、文献综述和结论部分，你的书——至少是一个粗略的草稿——就差不多能顺利完成了。

如果你打算将这个过程数字化，你可能需要购买一个计算机辅助定性数据分析软件包。你可以在英国萨里大学的定性研究网站 http://caqdas.soc.surrey.ac.uk/ 上，找到一个包含所有主要版本的列表，并且能够免费下载试用版。

我必须告诉大家，虽然我使用过计算机辅助定性数据分析软件，并且尝试了它的所有主要版本，但我不喜欢使用它。首先，所有这些软件项目都是由专注的研究人员出于热爱而开发的，他们致力于让我们其他人的工作变得更轻松。这些软件和你在日常生活中使用的大多数商业软件不属于同一类型，我再说一遍，它们不一样。因此，这些软件的学习难度较大，而且常常存在漏洞。对我来说，很难说彩色标记系统和计算机辅助定性数据分析软件系统，哪一个更耗费精力，更让人抓狂。如果我确定自己不会再对数据进行布尔分析，我想我是不会在计算机辅助定性数据分析软件上投入时间和金钱的。

我面临的更深层次的问题是一个更具哲学性的问题。我不知道这是软件程序本身的特性导致的，还是因为我在看显示器（与在纸上工作相比）时对材料的理解方式有所不同导致的，但我发现我使用计算机辅助定性数据分析软件的工作方式与我刚才描述的彩色标记方法完全相反。使用计算机辅助定性数据分析软件时，我发现自己编写了大量的子代码,这些子代码最终汇总成了主代码,而不是像彩色标记方法那样,首先识别出大的代码类别,然后再将它们细分为更小的部分。出于某种原因,与在纸质文件上进行编码相比,使用计算机辅助定性数据分析软件时,我感觉自己与数据的距离更远了一些。

好消息是,网络上有很多免费的演示资源,除了标记系统外,你完全可以尝试其中的几种方法,然后找出最适合自己的那一种。[1]

然而,在所有情况下,都有一个更加耗费精力的步骤在等着你。在进行编码的过程中,你创建了一个代码手册(代码本),它会提醒你每个代码所涵盖的内容,更重要的是,它会明确地告诉你哪些内容应编入某个代码,而哪些内容不应编入。现在你必须完善这个代码手册,这样一来,即使是一个对你的项目毫无了解的人,也能够按照与你大致相同的方式对你的数据进行编码。

完成上述工作后,你需要找到这样一个人。换句话说,你至少需要有一个数据样本由不了解情况的信度编码员(reliability coder)来进行编码(这是我唯一一会使用随机样本的地方),这个编码人员应该是不知道你所提出的研究假设的人。有一种非常实用的统计方法,即克隆巴赫系数(Cronbach's alpha),可用于评估你和另一位编码人员在多大程度上以相同的方式进行编码,你需要在某个地方告知我们这个系数的数值是多少。这是一种能够防止研究人员有意或无意地按照自己期望的方式进行编码的技术,同样重要的是,它能让其他人相信我们的研究过程一直都非常严谨细致。

让我们直面现实——毕竟大家都是凡人。至关重要的是,在这个领域中,每一个关注我们研究方向,却又对我们的研究发现持否定态度的人,都会试图从我们的研究中找出漏洞。史蒂文·沙宾(Steven Shapin)指出,在过去,科学领域的"真理"曾是绅士们的专属领域,这些绅士们将自身的声誉寄托于以尽可能严谨细致的态度开展研究上。[2]我们都清楚,当自然科学领域的人说,有人得出了某个特定结果,然而"却没有人能够复现它"时,他们的态度是多么傲慢。这句话的明显含义是,这位科学家要么是粗心大意,要么就是彻头彻尾的不诚实。

所以,我们必须保护自己和我们的研究成果,而且毫不夸张地说,还要维护我们所从事的事业的尊严。选用一位不知道你研究假设的编码员,这仅仅是一种措施,一种为了尽可能减少我们的工作受到质疑的措施。

至此你应该已经明白了。尽管典范社会科学家的工作在某种程度上相对简单,因为他们是以线性的方式处理数据,但我们采用莎莎舞式的方法处理数据,这意味着我们无须惧怕数据"分析",因为我们一直都在进行着这样的工作。在这一点上,我想向你们介绍一种非常令人兴奋的新的数据分析法。

在我看来,这是定性研究(它属于莎莎舞式的研究这一更大范畴的一部分)中最令人激动的创新之一,即开发出一种系统化的方式,对我们收集到的数据进行严谨的思考。事实上,这不仅令人振奋,还可能改变我们学科的范式。在本书中,我一直认为社会学家受到其所处语境的限制,在尝试研究社会的过程中,我们所面临的既是诅咒也是天赋的状况是,发现自己处于一个复杂得令人抓狂的境地——我们一边试图研究社会世界,一边又生活在这个社会世界之中,我之前将其比喻为"鱼在研究自己是如何研究水的"。到目前为止,我已经从在职社会科学研究者的角度探讨了这个元问题,并且描述了我作为一名在职社会学家(sociologist)所找到的,能够帮助我和我的学生解决"鱼的问题"的"实践方法"。现在,我将告诉你们一些杰出且富有创新精神的社会学家是如何设法让我们这门学科绕过"鱼的问题"的。

还记得我在上一章告诉过你,比较历史的社会科学家们(social scientists)其实正在做莎莎舞式的社会科学研究,只是他们(大部分人)没有意识到这件事。你可能已经猜到,这一创新来自一位名叫查尔斯·拉金的杰出的比较历史社会科学家。[3]

正如你在这本书前几页中所了解到的,美国社会学诞生于一个特定的时代和地点,因此,它和那个时代的许多新兴职业一样,需要开展一项"专业化项目",以区别于在它之前更积极、更具宗教色彩、更"女性化"的事业,简·亚当斯这样的人就是这一计划的具体代表。专业化计划的第一步,就是采用我们现在所说的"整体性"(holistic)方法,但随着第二次世界大战的到来,以及概率论和测量学的发展,美国社会学家转而将定量方法作为科学事业的必要条件。[4]

这一过程取得了丰硕的成果。随机抽样的能力,以及信息搜集和分析标准化的新思维方式,使精确性和可预测性得到了大幅提升。

但我们也失去了一些东西。当社会科学研究者开始依赖一种深植于自然科学的科学严谨性的概念时,他们开始越来越依赖一种因果关系模型,这种模型假定因果关系是一种线性关系。(用专业术语来说,社会科学家期望可以用矢量来表达关系。)正如查尔斯·拉金所言,社会科学家和自然科学家一样,开始认为科学严谨的必要条件是同时存在一个必要原因和一个充分原因。

哲学家在很久以前就把这两种原因区分开来了,我会试着把它们给你说清楚(或者说得更清楚)。所谓"必要原因"(necessary cause),是指为了其他事情(我们称之为A)的发生而必须发生的事情(我们称它为B)。这意味着,假设有一个必要原因A,每次我们看到事情B时,我们也会期望看到事情A出现。但是——小心——反之则不然。我们很有可能会看到一大群A而不会看到任何B。但如果每一个A后面都有一个B哀怨地叫着A的名字,那么我们就有了一个"充分原因"(sufficient cause)A。所以,这个时候,尽管我们期待每个 A 都是跟 B 一起出现的,但是我们看到 B 单独出现也不会感到惊讶。我提醒自己哪个是哪个的方法是把它想象成下面这样:

必要条件		充分条件		充分必要条件	
A	B	A	B	A	B
A		A	B	A	B
A			B	A	B
A	B		B	A	B
A					
A	B				

因为典范社会科学倾向于期待一种既必要又充分的因果关系,所以线性的概念就会随之而来:如果每次我们发现原因 A,就会发现结果 B,那么我们就应该假设,加倍的原因 A 与结果 B 之间存在某种线性的、可预测的关系。[5] 社会生活中的一些事情确实如此,教育和收入之间的关系就是一个很好的例子。一般而言,一个人受教育程度越高,其收入往往也越高。当然,也存在一些重要的例外情况(学者群体就是其中之一)。但总体来说,通过随机抽样的方法,我们可以预测,平均来看,一个人每多接受一年的教育,其工作后的收入通常会相应增加。

这幅图景中缺失的是社会关系的一整个领域,即一个原因要么是必要原因,要么是充分原因,但不是两者兼具。换句话说,从社会角度讲,这个时候有很多方法可以给一只猫剥皮。

一般来说,有时你能找到原因 A 但找不到结果 B,或者反之,有时你能找到结果 B 但找不到原因 A。(我个人的直觉是,大多数社会生活的真相都是如此,因为它是如此混乱和复杂。我曾经花了一些时间翻阅社会学的大型调查——一般社会调查,却发现只有少数几个变量真正符合探索线性关系所需要的那种严格定义。)

多年来,一些社会学家对于调查研究的普罗克汝斯忒斯之床(强求一致政策)和线性关系的假设感到沮丧,他们坚持用定性方法。在第三章中我们说过,随着定量社会学变得更强势,定性社会学最终被认为是比数学更"温和"、更不"严谨"的方法,而且,根据我自己的经验,它开始被性别化为女性。这并不是说没有很多优秀的男性从事定性社会学研究,他们中的许多人在芝加哥接受过训练,或者被在芝加哥接受过训练的人训练过。但是,以我早期的职业生涯为例,我曾多次被告知,我受过人口统计学的训练是一件好事,这可以抵消我在收集数据时采用明显的"软"方式的影响。

尽管我不愿意承认,但对我说这话的人可能是有些道理的。随着定量方法开始占据主导地位,定性研究人员在寻求资金支持时不得不非常谨慎地解释,他们是如何在无奈之下选择定性研究方法的,因为对于人口的了解太少,不可能进行随机抽样和调查,定性研究者有时会发现自己更喜欢描述而不是分析。

正如我之前在书中提到的那样,在我自己和其他许多人的学术轨迹中,新的社会科学研究方式出现的第一个迹象,是1967年格拉泽和斯特劳斯出版的《扎根理论之发现:质性研究的策略》(*The Discovery of Grounded Theory*: *Strategies for Qualitative Research*)。从他们对"持续比较"方法的发展与"理论建构"而非"理论验证"的语言中,作者开始指向一种新的社会科学认识论。他们谨慎地说,这不是调查问卷研究中隐含的演绎模型,这种模型是在一个定义明确的总体中随机抽样来对一个假设进行检验,且检验结果要得到强大的推理统计学方法的验证。相反,他们的模型是用来探究另一种情况的,即一个现象的概念参数需要被阐明,而不是被验证。[6]

确实,或许也正是因为格拉泽和斯特劳斯都出身于医学院,所以扎根理论倾向于始终聚焦于微观现象。如果我们仔细研读奠定扎根理论基础的关键著作就会发现,几乎所有的调查工具都以通常所说的"象征性互动"(symbolic interaction)为前提,所谓"象征性互动",指的是在某一时刻可观察到的两个或两个以上个体之间的行为。[7]

虽然个体之间确实会进行有意义的互动,我们也可以运用扎根理论所提供的工具,认真且严谨地研究这些行为,但这些行为发生于社会、政治和制度的背景之中,而在部分扎根理论的相关著作里,这些背景似乎常常被边缘化了。加入这一研究图景中的是历史比较主义者查尔斯·拉金,他的兴趣恰恰集中在那些"大进程"[big process,查尔斯·蒂利(Charles Tilly)曾如此称呼它们]上。随着1987年《比较方法》(*The Comparative Method*)以及13年后《模糊集社会科学》(*Fuzzy-Set Social Science*)的出版,拉金再次动摇了社会学家们在认识论和方法论层面的基础。[8]

拉金指出,社会生活中可能存在非线性的模式——换句话说,每次我们发现原因A时,未必会发现结果B;每次我们发现结果B时,也未必会发现原因A。但存在一种方法,能让我们确定那些既非线性也非随机的发生模式,而这正是他的标志性贡献。与格拉泽和斯特劳斯的模型一样,这是一种归纳方法,但与扎根理论不同的是,它能够应用于更大范围的社会结构。

拉金富有想象力地将数字重新引入研究视野——但并非以线性的方式。他把集合理论(set theory)和布尔代数从符号逻辑领域改编成了一种方法,使我们能够检验所收集的数据中是否存在有意义的模式——即便这些模式本质上并非线性的。

布尔代数(Boolean algebra)是由爱尔兰数学家乔治·布尔(George Boole)于1847年创立的,它运用一种数学分析形式来剖析语句的逻辑,因此与符号逻辑紧密相连。拉金对其的阐释远比我自己的解释精妙得多,我强烈建议大家去阅读《比较方法》

的第 85 至 103 页。在此，我只想说明，这种代数方法让我们能够探究一个变量是存在还是不存在，以及哪些变量组合与某些结果相关联。

布尔代数的作用仅仅在于以一种高效的方式标记一个要素［在本次讨论中即"原因"是否存在，以及其他要素（"结果"）是否存在］。拉金甚至开发出了一种软件，使我们能够在相当短的时间内对大量数据进行检测。[9]

对此，拉金自己表述得更优雅：

> 布尔逻辑比较方法把每一个案例都表示为因果条件的组合形式。这些组合能够相互进行比较，接着通过自下而上的配对比较流程来实现逻辑简化。电气工程师在 20 世纪 50 年代开发的计算机算法为简化这类数据提供了相应的技术手段。数据矩阵会被重新表述成一个"真值表"（truth table），并且会以一种类似于对开关电路进行最小化处理的方式来对其加以简化。这些最小化处理过程对面向案例的比较方法进行了模拟，不过它是借助计算机算法完成的对认知要求极高的任务——对多种配置进行反复比较。逻辑最小化的目的在于，以一种逻辑速记的方式来呈现"真值表"中有关产生特定结果的不同条件组合的信息。[10]

这种方法被拉金称为定性比较分析（Qualitative Comparative Analysis），或者 QCA，它所做的是找出一种能以最省力的方式在数据中找出模式的算法。例如，在我写的关于反对或支持性教育（sex education）的书中，数据包括对 169 人的访谈记录及编码、这个大群体中较小群体的一套社会经济指标，还有简历、新闻报道等其他材料；我们创建了一个元文件，其中包含来自许多不同来源的关于同一社区、同一个人或同一问题的项目信息。

QCA 分析的主要结果表明，有两类人反对公立学校开展性教育。有一类人是以前的社会科学研究认为的社会保守派：他们受教育时间相对较短，从事蓝领或底层白领工作，他们的父亲没有上过大学。这些人通常在保守的宗教传统中长大，如南方浸信会或福音派教会。与此同时，这也是事情变得令人激动的地方——出现了另一种反对性教育的人，他们看起来很像我们认为的社会自由主义者。他们受教育程度相对较高，通常从事白领或专业性工作，如果其中有人是在任何宗教传统中成长起来的，那也是比较自由的教派。就其社会背景而言，他们与那些支持性教育的人几乎没有区别。

我们是如何得出这一发现的呢？基本上——这也正是布尔代数发挥作用的部分——我们在一个"真理树"中对研究中的每一个人进行编码，对一个要素（或变量）的存在与否进行标记。然后,通过 QCA 分析,我们能够分辨出支持或反对性教育的人的哪些陈述是真实的。

QCA(我认为它以最为巧妙的方式)避开了与因果关系相关的一些更为复杂的问题,但它确实使我们能够做出这样的表述:"当 A 存在,或者当 B 存在时,结果 C 就有可能出现。"

回到我所做研究的细节方面,我们通过对反对／支持性教育的人的数据进行 QCA 分析,发现人们可能通过两种方式成为性教育的反对者。首先,那些社会经济地位较低(依据他们父亲的受教育程度或者教育程度的缺失来判断),并且在成长过程中母亲一直留在家中的人,很有可能会反对性教育。

但事情变得更加有意思了,这也体现出了这种分析方法的魅力所在。反对性教育的人也可能来自高收入家庭(同样以父亲的受教育程度来衡量),然而他们后来加入了保守的宗教教派,选择了传统的家庭模式,即妻子留在家中照顾孩子。

就如同很多定量分析一样(要记住,为了适应分析,我们不得不将复杂的人和故事简化为二分变量,比如,我们把他们父亲的受教育程度编码为"大学毕业生"或"非大学毕业生"),我们得到了一些线索,表明在我们的访谈中至少存在两种类型的反对性教育的人。

当我们将这两类人及其叙述相互关联起来时,思维的火花便开始迸发。既然我们清楚,正如这两类人所展现的那样,反对性教育的途径并不唯一,我们便可以重新审视那些访谈内容,看看能否从定性数据中得到一些启示。

我们确实找到了诸多能够佐证第一类性教育反对者的证据——那些极为传统的人,当他们接触到自由主义的性教育时,仿佛遭遇了一种"道德冲击"。[11] 用经典理论的术语来讲,这些人一直与社会学家归类为"现代性"的广泛经验和价值观相疏离,一旦看到这类事物,他们就会心生厌恶。

而另外一些人可以说成长于现代性的核心领域,他们接受过良好的教育,经济富足,往往就职于现代化的行业部门。例如,我们采访的许多男性都在高科技领域工作,而那些女性,倘若她们在婚前有工作的话,通常也会与男性在同一领域工作。这群人的独特之处在于,他们曾经历过一段情绪和社交方面不稳定的时期(通常涉及吸毒、酗酒,或者两者皆有)以及一段生活漂泊的时期,随后,他们转而信奉福音派宗教,连同其附带的严格道德准则,以此来应对生活中因过多选择而带来的压力。

从理论层面来看,我们似乎已经发现,至少在反对性教育这一点上,有些人天然就持有一种典型的"社会保守主义"立场,而另一些人则是后来才转变为这种立场的。(在我的书中,我将第一类人称作"与生俱来型"性保守主义者,把第二类人称为"皈依

型"或"重生型"性保守主义者。)¹²

本书反复出现的主题之一是,社会科学的"方法"虽在传统上被视作获取真相的中立工具,但实际上却深受其期望研究的社会现实的影响。与考古学家那些简陋的锄头和刷子不同,后者仅仅用于清除那些阻挡考古学家观察化石的尘土,而社会科学的研究方法是从社会科学家想要研究的社会情境中衍生出来的。¹³

所以,既然我已经向你介绍了查尔斯·拉金的定性比较分析(contingency),并将其视为对许多困扰我的问题(我想这些问题也困扰着整个莎莎舞式的社会科学领域)的一种解答,那么,出于公平考虑,我也应该让定性比较分析方法像典范型方法那样,接受知识社会学的检验。

我之前提到过,拉金的布尔分析旨在发现数据中那些可能无法被肉眼察觉的模式。此外,依据拉金自己的分析,我认可他的方法使我们摆脱了线性因果关系的概念,即那种一个原因既是必要条件又是充分条件的情况,以及一个原因的增加量可能与结果的增加量整齐对应的情况。

在我看来,这恰恰是后现代时代的一种完美研究方法。随着后现代焦虑的气息弥漫于整个社会科学领域,我们比以往任何时候都更加关注某一事物"导致"另一事物的真正含义。然而,回到史蒂文·爱泼斯坦所举的那个例子,即便是最激进的、秉持社会建构主义观点的艾滋病活动家也想知道AZT是否有效,我们就生活在这样一个世界里,在这个世界中,我们对识别模式的能力的需求比以往任何时候都更为迫切,并且我们非常希望能够利用所识别的模式做些实际的事情。

我认为拉金的方法之所以如此契合这个时代的存在感和社会气质,是因为它或显或隐地避开了文学家们所说的"宏大叙事"。与前几代社会科学家不同,它没有试图构建宏大的理论,更没有试图建立社会生活的永恒法则。该方法在布尔代数的核心部分融入了偶然性与人类的主观能动性(human agency)。在我之前向你描述的布尔代数中隐含着这样一种观点:人们可能通过不止一种方式成为性保守主义者。

这是比典范型方法中建立的线性模型更有说服力的社会生活模型。在我看来,社会生活就像一种老的弹球机,个人(小球)在一定范围内被历史、意外、自身性情及所有让我们独一无二的东西弹来弹去。但是,且这是一个很重要的"但是",我们也会发现自己撞上柱子、障碍物,甚至被自己的"脚蹼"绊倒,它们代表了生活中社会性的部分。

到目前为止,这个模型假设你和我都是在远处观察社会生活,这些小球没有我们现在所说的"主体性"。但我们都知道,这些小球在某种程度上就代表着人类,他们不仅构建了那些柱子、障碍物和"脚蹼"的意义,甚至就在我们讲话的此时此刻,他们也在构建新的柱子、障碍物和"脚蹼"。我对社会建构的看法是对马克思的一种解读：人类社会性地建构他们的现实，但不是无限制地、随机地建构。

回到查尔斯·拉金的问题，我认为他的方法使我们能够看到社会生活的混乱性和偶然性（QCA），与此同时识别出其模式。我知道了一些关于人们如何成为性保守主义者的事情，这是我在做研究之前所不知道的，而且如果我没有对数据进行布尔分析，我也同样不会知道这些事情。

同时，如果你在我们做这个分析的时候和我（还有我出色的研究助手）坐在一起，你就会看到，分析者的介入比典范型方法中要明显得多。在某种程度上，典范型方法渴望保持中立，简单地衡量那些"外面"的东西，仿佛社会现实正在向分析者揭示自己，羞涩地脱下它的外衣，展示其内在本质。然而，通过布尔分析，分析者必须更坦然地面对研究中产生的新理论，以及他对数据的处理可能会如何影响新理论。

例如，定性比较分析（与拉金最近关于模糊集的研究相反）要求你简单地对一个要素存在与否进行编码，你作为研究者，必须决定如何把你的要素划分为"存在"和"不存在"。这听起来比实际情况要简单得多。在我给你举的例子中，我们必须决定如何将"受教育程度"编码为人们或者拥有，或者没有的一样东西。当然（这里我自己对典范型方法的批判又来扯我的后腿了），在现实生活中，人们的受教育程度各不相同（而且是线性的），可以说，在今天的美国，几乎没有人完全缺乏教育。即使是来自教育水平有限的国家的移民，通常也接受过一些教育。但是布尔逻辑比较方法要求我把我所研究的个体划分为"受过"教育特别是高等教育的人和没有受过教育的人。出于研究的目的，我们认为大学毕业的人与没有毕业的人在社会、经济和态度上是不同的，但这是我们强加给社会世界的一种图式。

我想 QCA 和典范型方法的区别在于，我们为如何构建然后强加给我们的图式而苦恼。我们尽可能多地阅读有关教育和态度、教育和生活机会、教育和流动性的文献。关键是，这种方法本身迫使你以一种比典范型方法更警觉、更有自我意识的方式来进行这个过程。当然，我知道如果典范型方法能像 QCA 那样，花同样多的时间来对所有的变量进行可操作化，那将是最理想的（事实上，典范型方法的教科书经常敦促研究者们这样去做），但我也知道，生命短暂，如果存在可复制的变量来衡量社会经济地位、教育或宗教，你就去用它们。

然而，你需要记住的最主要的事情是，定义要素（或者用典范型方法的表述来说，对变量进行可操作化）对于你希望使用 QCA 来建构的理论而言不可或缺，这并非一种奢侈的行为，而是一种必要的步骤。

我之前曾提到，典范社会科学的研究相对会更轻松一些——研究者们设计一项研究,收集数据,整理数据,然后很快便能够对数据进行分析。到了这个阶段,距离完成研究成果的撰写就只差一步了。但是,我们这些运用 QCA 方法的人,前方并没有这样清晰的线性路径可循。不过,从积极的方面来看,我们其实无须害怕"分析"数据,因为分析数据是我们从开展第一次访谈,或者进行第一次参与式观察,又或者其他相关研究活动开始,就一直在做的事情。当我们明确自己正在建构何种理论时,基本上已经对大部分甚至全部的数据进行了分析。

练习

这个很简单:告诉我你要如何对你的数据进行编码(简化)。正如我在本章中所讨论的那样,理想的做法是编写一个代码本,它需要清晰到可以让别人独立地使用它对你的数据进行编码。

我参考了疾病控制中心的做法,目前在 Microsoft Access 中编写我的代码本,这样我就可以跟踪以下内容:

代码名称(某事物的简短易记的名称);

简要说明(代码所涵盖的内容);

何时使用(当代码涵盖了你所关心的某些方面时);

何时不使用(在本代码要素和其他代码要素之间划分出界线);

例子(从你的研究中逐字逐句地举出一个例子,让人直观地感受到其中的利害关系);

疾病控制中心建议使用 Access,因为你可以在不影响其他维度的情况下,很容易地进入并调整这些维度。如果你无法使用 Access,任何旧的文本文件都可以。

第十一章

去生活，像莎莎舞式的社会科学家那样

我们来做一个回顾。我已经跟你们讲过，社会科学领域中的"方法"，在历史、社会以及政治层面上，都有其特定的立足时间与空间背景。我也说过，最常被传授的方法（典范社会科学，即"规范科学"）是在特定的时间和地点发展起来的，也就是二战后的美国。我一直试图让大家相信，在如今这个后现代且全球化的世界里，那些传统的旧方法已不再像过去那样行之有效了，至少对于我们目前所关注的那些问题而言是如此。最后，我认为，源自传统方法的那一套"实践"——那些被视作理所当然、但大多时候甚至都未上升到意识层面的做事方式，如今必须由我们这些人重新加以思考。这就要求我们当中的一些人在未来不能仅做出诸如建立跨越边界的联系这类贡献，也不能仅遵循常规的科学方法，只为研究领域中某个深入但狭窄的部分做出渐进式的增量贡献。

这就将我们引到了如何生活的话题上。在这一章中，我想告诉你的最重要的一件事是：焦虑（anxiety）并非你的朋友！现在我对此深有体会，因为我曾经就处于这样的状况，焦虑曾是我研究生经历的核心部分。我的观点是，身处一个充满巨大压力的环境中，被迫要变得"优秀"，可同时又没有人告诉你该怎么做，这就使我们仿佛回到了上一次被强者环绕的时刻，他们期待我们变得更好，却没有告诉我们该如何去做，而那个时刻就是我们的童年早期。所以，正如弗洛伊德主义者告诉我们的那样，研究生院营造出了一种能让精神分析学家们兴奋不已的深层移情。问题在于，在一次良好的精神分析过程中，这种移情会得到认可、受到尊重，并被当作精神分析的素材来使用。然而，在研究生院里，它却遭到忽视、不被承认，而且通常会以一种让你痛苦的方式存在——使你陷入极度焦虑的状态。

但如果你处于极度焦虑的状态，就无法建立起我一直鼓励你去建立的那种跨越边界的联系。除非你和我截然不同，否则焦虑会让你变得紧张和僵硬，这与你所需要的那种凭借直觉跨越界限的心理状态完全相悖，而这些界限在深层心理层面上是切实存在的。换句话说，没有人能在被焦虑束缚的时候跳出莎莎舞的感觉。

一直以来，我都在跟你讲，莎莎舞式的社会科学家与典范社会科学家的不同之处在于，我们必须从一个更高的普遍性层面去思考——我们必须进行横向思考，而非纵向思考。但当你焦虑的时候，你就无法做到这一点。所以这里存在一个悖论：要想成为一名出色的莎莎舞式的社会科学家，你必须要放松、从容，就像篮球运动员所说的那样"玩出花样来"。然而，从本质上讲，研究生院往往会让你感到紧张和焦虑，而且当你与本应给予你帮助的人——你的导师见面时，这种负面影响最为严重。（我既是一名正在从紧张状态中恢复过来的研究生，同时也是一名导师。就像我注意到的那样，当导师追着你询问自变量和因变量时，这种情况尤其明显。）

像你这样善良的人，除了把这本书塞到导师手里，还能做些什么呢？哎，先去跳莎莎舞吧。或者跑步，或者练瑜伽，或者来一场有氧拳击，或者做任何能让你流汗，让你不用去想工作、导师、同事（如果你是老师的话）以及其他任何事情的活动。对于和我一起工作的学生，我还强烈鼓励他们每个月至少看两场电影，我自己也会尽最大努力做到这一点。

接下来，就是要每天提醒自己，焦虑不是你的朋友。当学术贡献的领域很狭窄但却很深入时，我想大家都理所当然地认为焦虑是件好事，它会驱使你早出晚归，助力你在竞争中占据优势。因此，你会发现自己周围的人实际上认为焦虑是有益的，或者至少是生活的一部分，可这对你而言是不健康的。别让这些人影响到你！用大字写下（也许可以贴在你浴室的镜子上）"焦虑不是我的朋友"，并且每当你感到呼吸变浅、肩膀不自觉地向耳朵靠拢时，就对自己重复这句话。然后去跑步、去跳莎莎舞，或者做点别的什么。

这里还有其他一些有助于你成为一名莎莎舞式的社会学家的小窍门。第一点是，要有自己的生活。确保你有工作之外的朋友，以及与工作没有直接关联的兴趣爱好。这一点的重要性再怎么强调都不为过。当我还是一名年轻的助理教授时，很幸运，我在加州大学圣迭戈分校结识了一群优秀的政治学家，这是发生在我身上的一件大好事。我收获了友谊、支持，还有智识上的激励，和他们交流时，我从来没有过和社会学同事们交谈时那种仿佛胃里有个黑洞的感觉。（我必须补充说明一下，我的社会学同事们都是很不错的人，那种黑洞般的感觉完全是我自己的问题，和他们的所作所为毫无关系。总体而言，他们都是真正善良且友好的人。）此外，我很幸运地拥有一群来自不同行业的朋友，比如艺术家、心理医生、记者、全职妈妈，等等，他们有时能让我以轻松的心态看待学术上的荒谬之处。

回到我在这本书中一直强调的一个观点，我对学术部门之外朋友的需求，不仅仅是个人层面的，更是结构性的。在一群最终会对你进行评判的人面前，承担智识上的风险需要极为强大的心理素质。所以我强烈建议你找一个能让你感到安全的人或环境，去进行这样的冒险。（有时候，如果彼此投缘，研究生可以在由本学科人员组成的论文小组中找到这种支持，但就我个人的经验而言，由邻近学科的严谨学者组成的小组也是很不错的选择。）

另一条关于生活的建议来自安妮·拉莫特，她说"完美主义是压迫者的声音。"她说得没错。拉莫特建议你先写出"糟糕的初稿"，我非常支持她的这个观点。我们每个人都会遇到这样的情况，尤其是当我们感到焦虑的时候，那就是不知道从何入手。再加上完美主义作祟，最后你的心理状态就会变得一团糟。（我得说，对于你是一个完美主义者这一点，我是默认的，因为不具备这类特质的人很少能进入研究生院。）就我自己而言，如果不是突然有人告诉我，我的研究项目资金快没了，再过一个月我就要失业了，我是不会好好坐下来写论文的。在我万分着急的时候，项目主管告诉我他已经为我安排好了一个博士后职位作为备选。但我没有告诉他（或其他人）的是，我的博士论文当时只写好了一个章节，而且我知道必须先成为"博士"才能成为"博士后"。手头没钱的压力促使我坐下来继续写论文，我记得我只用了六个星期就完成了。（这听起来或许很厉害，但实际上，在那之前的四到六年时间里，我虽然没有动笔写论文，但从来没有停止过对论文的思考。）

那段经历对我来说很是艰难，你不应该把自己置于那样的压力下去写作。而且，基于我前面提到的所有原因，你确实需要摒弃旧有的先收集数据、分析数据，然后才写论文的模式。

你需要在项目开展的早期就开始写作，而且恰恰是你的写作，尤其是去写那些令你感到惊讶的事情，会为你指明新的研究方向。这条特别建议的难点在于，你要不断地写作，反复地写作，然后再重写。但从积极的方面来看，既然你清楚自己只是在把一些想法记录下来，那么你就明白，即便写得不好，也不会有人知道。

我会要求我所有的研究生都去读一读拉莫特的书，她在书的结尾处提到——尽管她当时说的是关于小说的写作——你应该写一些一英寸画框大小的内容。[1]（她在桌子上放置了一个一英寸的画框，以此来提醒自己这件事。）借用她的说法，你可以回想一下，在最近某一天进行采访、做实地笔记、做考察记录，或者开展其他数据收集工作时，最令你感到惊讶、不安或困惑的事情是什么。牢记这个关于一英寸画框的隐喻，

---

① 指从细微处入手写作。——译者注

详细地将其写下来。写下你的发现,写下这件事为何会让你感到惊讶、不安或困惑。有哪些"推测性理论"或者基于常识的预期,被你的所见所闻和发现所推翻？倘若这个推测性理论或预期与相关的社会科学理论存在联系,那么这种联系是怎样的？为了向自己和他人证明,你所发现的是涂尔干所说的真正的"社会事实",而非某个富有创造力的人想出的独特即兴之作,你需要做些什么？

把所有这些内容都写下来,并且在写作时尽可能投入十足的热情,同时进行自我反省式的批判("为什么这件事会让我感到吃惊？""有哪些情况被我忽视了？"最重要的是,"这是关于什么的一个典型案例？"),如此一来,你就会积累起大量可供写作的素材。

顺着这个思路,我还有两条建议：有一个非常实用的策略,那就是设置厨房计时器,每天只写作一个小时；或者,要是你感到格外紧张和焦虑,那就把写作时间限定在 15 分钟以内。实际上,这本书的大部分内容就是通过这种方式完成的,所以,根据我的经验,让计时器成为你最新结交的好朋友吧。既然我能够每次花一个小时（或 15 分钟）完成一整本书,你也同样可以做到。

另一件事是要发现乐趣,不仅在研究中要找到乐趣（我常常对我的本科生和研究生说,如果他们无法从研究中获得哪怕一丝乐趣,那他们的做法就是不正确的）,在写作中同样如此。我常跟我的研究生们讲,研究院是产生写作瓶颈（wirters block）的高发地。只有心理最为强大、自信的人,才能够在承受研究生院或助理教授所带来的压力的同时,不产生对写作的极度恐惧与焦虑。我在这里想告诉你,当那些围绕在你身边无形的人——他们打断你、主动"帮忙",还会给出未经你请求且往往十分苛刻的建议时——相比你平常写作的空间,卧室近乎是一座禅寺。

你的父母、你的导师、你初二时的英语老师、关于你研究主题的最重要那本书的作者,还有你所在地区的长者,他们都围在你身边,想要插上几句。在这些嘈杂的声音干扰下,如果你还能听到自己内心的思考,那简直是个奇迹,而通常情况下你很难做到这一点。[2]

这就是我从另一本我坚持要求我的每一位研究生都必须阅读的书——简·安妮·斯托（Jane Anne Staw）所著的《逃脱》（*Unstuck*）中获得的启示。[3] 斯托说,每一个向她寻求帮助的作家,也就是那些需要"摆脱困境"的人,都坚信自己所需要的仅仅是有人推自己一把、有人对自己严厉些,从而逼自己写出东西来。

斯托认为这是一种完全错误的方法——我自己以及我学生的写作经历都证实了这一点。作家需要给予自己更多的宽容,而非更多的苛责。说实话,写作,即便是撰写一篇永远都不会发表的博士论文（当然这绝不会发生在你身上）,都是一件令人心生畏惧的事情。这就如同站在公共广场上宣称（并且有可能成功证明）广场那边的皇帝像个傻子一样赤身裸体地站在那里。我在本书前面就曾提到过，我们所有人，就像我心爱的狗一样，都有一种根深蒂固的想要融入群体的需求。还有什么比指出（哪怕是委婉地指出）这个群体在某些关键方面的行事方式是错误的更危险的呢？

这还不是最糟糕的情况。你不仅要做好站在公众面前发表一些有争议的言论的准备，而且，要是你的导师是一位典范社会科学家，他还会坚持让你以一种特定的方式来表达观点，而这种方式与你内心深处那想要随性舞动（跳莎莎舞在这里可理解为一种自由、随性的表达冲动）的冲动相悖。

那么，你该如何应对这种情况呢？

你必须善待自己（kindnewss to self）。我目睹了这条建议是如何改变我的学生们的生活的。没错，如果你试着对自己好一点，真的会彻底改变你的工作状态。试着像对待一位正在进行危险且极具挑战性、精神层面要求极高的冒险的朋友那样善待自己，就如同对待一个计划仅靠 200 美元去攀登珠穆朗玛峰或者搭便车环游世界的人一样。尽情地关注自己。就像我的一位老朋友常说的："对于工薪阶层来说，没有什么是过于美好的！"

我个人觉得，所有作家都有点轻度躁狂抑郁症（双向情感障碍）的倾向，本来我不想跟你说的，但身为一名莎莎舞式的社会科学家，从本质上来说你内心也是个作家。我发现自己在早年的时候，写作顺利时就会兴奋不已，坚信自己是上帝赐予社会科学领域的一份厚礼。可往往仅仅过了几个小时（有时候甚至只有几分钟），一旦遭遇写作瓶颈，我就会陷入极度沮丧之中，觉得自己能拿到博士学位，或许是因为当时负责学生注册的主任生病在家，疏忽了才让我侥幸获得的。而这种情绪极大地扰乱了我的思维：在写作进展顺利的日子里，我觉得自己写的所有内容，甚至是前几天完成的，看起来都还不错；可当写作不顺利时，我却认为每一页上的每一个字都荒谬至极。

我从简·安妮·斯托那里学到的是，要进行规律的写作练习——坐下来，让双手在键盘上自如地敲击（或者让笔在纸上畅快地书写）。一旦你下定决心要定期写作，哪怕每天只写 15 分钟，你也会在写作、思考以及数据收集这条充满曲折的道路上取得更大的进展。所以，试着在生活中给自己设定一个固定的写作时间，让自己在不写作的日子里，感觉就像忘记了刷牙一样不自在。

这就又回到了善待自己这个问题上。我坚信，将不同事物跨界融合的能力，以及大胆的信念飞跃都源自我们内心深处，这一点对于莎莎舞式的社会科学家而言比对于典范社会科学家来说更为确切。你内心的那个深层部分并非愚蠢，也并非总想着轻易显现出来仅仅是为了遭受苛责与批判。所以，练习掌握善待自己的艺术，不仅体现在去跳莎莎舞、看电影这些方面，还应包括尊重自己哪怕只是坐下来处理数据或撰写研究备忘录的意愿。斯托认为,解决写作瓶颈的唯一有效方法,就是保持善良、具备自律精神,以及对写作本身怀有敬重之情。她的观点是正确的。倘若研究生院让你陷入了困境,那就现在去读一读她(以及拉莫特)的书吧。你会庆幸自己做了这样的选择。

练习

我原本打算将让你去跳莎莎舞当作这部分的练习,可我想到了一个更绝妙的点子。

仔细翻阅这本书,把所有看起来对你有帮助的话都记录下来——"完美主义是压迫者的声音"(安妮·拉莫特);"焦虑不是你的朋友";"更聪明地工作,而非更卖力地工作",然后用 24 号字体将这些话打印出来,分别贴在浴室的镜子以及你的电脑上。每天都看看这些话,一旦你对它们太过熟悉,仿佛它们已经和周围的环境融为一体、不再引起你的注意时,就用其他有价值的话来替换掉它们。(我这么说可是有认知科学方面的依据的,并非出于一时的情感冲动。)现在,去跳莎莎舞吧!

附录一

没有案例怎么办？

这本书中的大部分内容都基于这样一个假设：你碰到了一个极具吸引力的现象，这时你的直觉告诉你，围绕这个现象能够写出一篇优秀的博士论文（或者一部著作）。我之所以这么说，是因为我的大多数学生——认同并投身于莎莎舞式的社会科学的学生——都是在这样的情形下来找我的。他们留意到一些现象，认为这些现象是绝佳的研究案例，是社会科学理应重点关注的内容；然而，他们却不清楚该如何将其转化为一篇博士论文。（对于一位需要指引的年轻教授而言，或许考虑的是如何将其写成下一部著作。）

不过，为了便于讨论，我们不妨假设你并未遇到这样的情形。相反，你对某些领域有着广泛的兴趣，比如全球化，但却不知道该如何将这种兴趣转化为一个切实可行的研究项目。你满心羡慕嫉妒地看着那些有具体案例可研究的同学，因为与你所面临的状况相比，他们的案例研究看起来轻松多了。至少他们能够前往一些陌生的地方，甚至只是在一间办公室里，就可以开始收集数据。"可我该怎么办呢？"你心里暗自思忖，"我究竟该怎么做？"这部分内容就是专门为你准备的。

你要做的事情，与那些有具体案例的人所采取的步骤或多或少有些相似。首先，你需要思考自己的研究兴趣究竟是什么。要是你的答案是"全球化"，那就再深入思考一下；你现在应该明白，"全球化"仅仅是一个宽泛的标签，并非一个具体的研究问题。倘若你给出这样的答案，很可能只是因为你一时感到无助和迷茫。

保持冷静。当你的同事们为自己找到了一个生动有趣且合适的案例时，他们需要做的是从案例中提炼出要素（关于这一点的讨论可参考第十章），而你需要做的则是从要素入手去寻找合适的案例。那么，究竟是全球化的哪个方面吸引了你呢？我总是会追问我的学生们，究竟是什么引发了他们对某个研究课题的"求知欲"。有时候，经过我和他们的深入探讨，我们会发现其中隐藏着一个案例，而这个案例或许是学生们起初不好意思提及的。("好吧,我看到一个十岁的孩子在蒂华纳的街头售卖糖胶,我不禁好奇他为什么没有去上学,因为墨西哥北部,尤其是与美国接壤的边境地区,如今是经济十分活跃的区域。为什么学校没有对他进行管理,而且学校为什么没有对他实行强制性的小学义务教育呢?")

一旦挖掘出了隐藏的案例,你就很容易大致梳理出这个特定研究兴趣所包含的要素。再次强调,这是属于你的研究项目,而不是我的,但至少我从中看到了有关经济发展、国家建设、人才培养(比如学校教育)等方面的问题,以及将年轻人排除在劳动力市场之外的相关政策问题。当然,我必须提醒你,即便确定了这些要素,也并不意味着你就拥有了一个完整的研究项目,因为你可以通过成百上千种不同的方式来研究这些要素之间的相互关系。你可以去采访教育部的官员;可以对其他工业化国家的义务教育历史展开研究,进而分析蒂华纳的情况与这些国家在国家建设和教育扩张模式上的契合点或差异之处;还可以采访一些家长,了解他们是如何做出让孩子上学或不让孩子上学的决定的;等等。

所以现在,至少你拥有了一些"积木"(也就是"要素")可供摆弄。你可以躺在地板上,开始在纸上挪动实物(或者如果你选择借助电脑辅助的方式,也可以使用 Inspiration 软件),以此来构思你想要讲述的故事。Inspiration 是一款智能的思维导图程序,它能够让你以电子化的方式,完成我过去在地板上用厚纸和彩笔所做的事情,也就是将你论点中可变动的部分以可视化的形式呈现出来。你可以绘制自由联想的流程图,用凌乱且粗略的视觉近似图来表达你的想法。因为我基本上是一个偏右脑思维的人,它真的能够帮助我直观地展现各种关系。然后,只要按下一个键,我就可以在典型的八年级英语老师所使用的那种大纲形式和我的视觉图像之间自由切换,从而让我察觉到论点中存在的不平衡和缺失之处。(想要了解更多信息,请访问 www.inspiration.com。)最近有人向我介绍了一款类似的产品,名叫 Mind Manager(www.mindjet.com),其"精简版的价格与 Inspiration 差不多"。这两款软件都提供免费下载,所以你可以尝试使用一下。

不过,为了便于论证,我们不妨假设你不仅没有挖掘出隐藏在背后、能引发案例研究的那种"求知欲",甚至连一个潜在的案例都没有,也就是没有一件曾引起你注意并促使你思考的事情,而且在我刚才引导你开始思考之前,你就已经把这个问题抛诸脑后了。

所以,你有着广泛的研究兴趣,但却还没有与之相匹配的案例研究。在这种情形下,你应该按照一种稍有不同的顺序来开展我在第十章提到的莎莎舞式的社会科学研究。在这个初始阶段,你要尽可能清晰地界定你的要素。你可以通过告诉我,为什么我应该关注你认为会出现的那些要素的特定组合,以此来"推动"你的研究进展。你要认真思考，在哪些地方有可能找到你所需的那种要素的"数据切头"。然后，你要在这些"数据切头"中，找到包含这些要素并且"能够明确界定"它们的情况。

这听起来确实很让人畏惧，事实也的确如此，仅带着研究兴趣却处于孤立无援的状态，尤其是身边没有其他莎莎舞式的社会学家可以交流探讨的时候。对你而言，要把你的研究内容浓缩成一个有着自变量和因变量的、具体的、先验的研究项目，会让人感到无比压抑。

在坚持自我和违背自己内心真正想做的事情之间，你唯一能做的就是听从自己的直觉：每当有人刁难你，非要你提前告知他你的研究模式是什么的时候，你就礼貌地微笑，然后去喝杯咖啡。实际上，你可以多喝一些咖啡（或者花草茶，气泡水也行）。接着，你可以去和很多很多人聊聊天，并在每次交谈后提炼出你觉得有意思的内容。

我在此要引用沃尔特·华莱士书中的一句话：思考一个悖论、一个谜题，或是一个有待解释的"待解释事物"。许多出色的研究项目都是在试图理解某个难题的过程中逐步发展起来的。还有一个类似的方法，就是去寻找一个反常的案例，即事情的发展没有按照理论所预期的那样进行的例子。

根据我的经验，如果你以足够的善意和耐心去对待自己的研究兴趣，并且坚持了足够长的时间，一个研究问题自然而然就会浮现出来。要相信自己以及你所从事的工作，最终一切都会朝着好的方向发展。

附录二

一些好用的工具

尽管在本书的大部分篇幅中，我一直在谈论隐喻意义上的"工具"，但实际上，在现实生活中，有一些工具能够让你这位莎莎舞式的社会科学家的工作变得更加轻松。这些都是我历经艰辛才掌握的经验，在此与大家分享，希望能对大家有所助益。

首先，你确实应该投资购买一些引用书目软件，这是一种关系型数据库，它能让你仅需要输入一次所引用的书目信息。这种数据库以电子方式将引文（或称为"记录"）的各个部分（即"字段"）关联起来，所以当你对其中一项进行排序时，所有相关内容都会随之排序。这听起来似乎是理所当然的事情，但在我刚开始使用数据库时，为了让工作更轻松，我在两百名本科生提交论文时手动在电脑上输入了他们的成绩。随后，我按字母顺序对学生姓名进行排序，结果软件只是愉快地对姓名这一列进行了排序，却完全忽略了下一列的成绩内容。简言之，它给每个人都分配了一个新的、错误的成绩！

然而，在引用书目软件中，关系型数据库的特性决定了不会出现这种情况。一旦你输入了作者、标题、出版商、城市、日期、页数等信息，你就可以按照自己的需求对这些内容进行任意排序，并且每个"记录"中的所有"字段"都能保持其关联性。

具体来说，这意味着一旦你输入了信息，只要按下一个按钮，这些"字段"就会按照《美国社会学杂志》《现代语言协会》或几乎任何其他已知的引用格式整齐排列。更令人欣喜的是，通过几次按键操作，你就能够创建属于自己的引用格式，就像我为本书的注释和参考书目所做的那样。

更棒的是，这类程序可以直接从计算机中提取（我认为用"导入"这个词更为恰当）引文。如果你使用 JStor（一种电子期刊存储系统）或任何可用的图书馆电子数据库（比如我非常喜爱的伯克利中心的 Melvyl），只要按几下键盘，就能指令计算机将引用文献直接下载到你的引用书目软件中。这样一来，你不仅无须再多次输入引文，在某些情况下,甚至根本无须手动键入引文!

目前有许多专有的引用书目软件包,我个人使用的是 EndNote,不过还有其他很多选择,如 Biblioscape 和 ProCite 等。至少在我的大学里,还有一款名为 RefWorks 的免费软件(注意到这些软件名称喜欢在单词中间使用大写字母的特点了吗?),你可以免费下载并使用。就像生活中的其他事物一样,通常你投入的资金越多,获得的功能也就越多。但从另一方面来看,我的大多数软件都具备很多我从未使用过的功能,这让我感觉仿佛被一群天赋异禀的孩子围绕,却没能帮助他们充分发挥潜力。

其次,我会把钱花在那些能够使研究工作更便捷,并减少我们预想中可能出现的麻烦的工具上。对于那些接受我们访谈的人来说,一台优质的数字录音机是很值得拥有的,尽管我有很多学生信誓旦旦地表示,他们通过在 iPod 上连接一个廉价的麦克风,同样能够获得高质量的录音。但这与我的经验不符,不过倒也值得一试。

最后,如果你还没有性能良好的文字处理软件和电子表格程序来记录数据,那你应该尽快购置。正如我之前跟你说过的,我的一位朋友常说:"对于工薪阶层来说,没有什么东西是过于好的。"我建议你把这句话铭记于心。任何能够让你作为一名莎莎舞式的社会科学家更愉悦、更高效地开展工作的工具,都是一项不错的投资,而且很可能是你有生以来回报率最高的投资。

附录三

具体方法的参考文献

我在本书中已多次表明,我不会浪费你的时间,去那些在讲述任何一本普通的方法类书籍中都能学到的内容。为了给你在这方面提供指引,我将列出一份介绍具体方法的书目清单。你会发现,这些书籍对于你探索如何运用莎莎舞式的方法来进行定性研究设计,会有很大的帮助。

需要说明的是,在方法和方法论领域,我是世哲系列(Sage series)的忠实推崇者,该系列由位于加利福尼亚州千橡市的世哲出版社(Sage Publications)出版。这些书籍通常篇幅简短、文笔出色,而且极具针对性。你可以随时浏览他们有关研究方法的目录(www.sagepub.com);这里的书籍将是你探寻关键方法的核心要点以及具体细节的理想开端。

下面列出的书籍探讨了研究中的元问题;这些书籍的排列顺序,与我在本书中所探讨问题的顺序是相对应的。

"大思想"(认识论及其他)

Abbott, Andrew. 2004. *Methods of Discovery: Heuristics for the Social Sciences*. New York: W. W. Norton. 这本书要求我们考虑是什么使一个解释成为一个好的解释。作者是一位受人尊敬的理论家,该书可读性强且对研究者很有帮助。

Abbott, Andrew. 1988. "Transcending General Linear Reality." *Sociological Theory* 6: 169-186. 我在正文中引用了这篇文章;它是该领域专家对主要定量方法(线性模型及其衍生物)的弱点进行严格评估的一本书。

Brady, Henry E., and David Collier. 2004. *Rethinking Social Inquiry: Diverse Tools, Shared Standards*. Lanham, Md.: Rowman & Littlefield. 本书是参照与下

面提到的 King、Keohane 和 Verba 的直接对话撰写的。如果我必须在荒岛上进行研究且只能读一本书，那这本书就是我的选择。该书几乎没有提供关于"如何去做研究"方面的建议，除非你把如何确定研究重点也视为"如何去做"的一部分。书中揭露定量研究假设的部分价值极高。布雷迪（Brady）和科利尔（Collier）是杰出的政治科学家，因此定量研究领域的批评者必须认真对待他们所揭露的内容。

Burawoy，Michael. 1998."The Extended Case Method."*Sociological Theory* 16：pp.4-33. 我在书中多次引用了这篇文章，它概述了如何让微观与宏观相联系的过程看起来不那么困难。

King，Gary，Robert O. Keohane，and Sidney Verba. 1994. *Designing Social Inquiry：Scientific Inference in Qualitative Research*. Princeton，N.J.：Princeton University Press. 这三位是我们这个时代最著名的政治学家。在我看来，他们唯一的不足在于，他们认为定性研究若能更像定量研究那样开展会好得多。然而，就像禅僧一样，他们的一些习惯和做法非常值得我们效仿。我借助这本书来让自己保持严谨，并与一些极为聪慧且思维缜密的人保持思想上的联系。

Lieberson，Stanley. 1985. *Making It Count：The Improvement of Social Research and Theory*. Berkeley：University of California Press. 这是一本充满智慧且颇具气魄的书，作者是社会学领域杰出的定量研究者之一，他对论证和证据的关键问题进行了深入且深刻的思考。

Smith，Dorothy E. 1998. *Writing the Social：Critique，Theory，and Investigations*. Toronto：University of Toronto Press；Smith，Dorothy E. 1981. *The Experienced World as Problematic：A Feminist Method*. Saskatoon：University of Saskatchewan. 这两本书尽管在某些方面有些过时，但却彻底改变了我的观念。它们以一种深刻的、女权主义的视角，探讨了我在本书其他部分提到的"鱼在水中研究鱼"的问题（即研究者身处研究对象所处的环境中进行研究时面临的问题）。

Steinmetz，George，ed. 2005.*The Politics of Method in the Human Sciences：Positivism and Its Epistemological Others*. Durham，N.C.：Duke University Press. 这本编著的书从政治和历史的角度来审视各种社会科学方法，就如同我在本书中尝试去做的那样。实际上，这是一本"对科学进行社会研究"的书（这里的科学特指社会科学），书中所有内容都值得一读。或许是因为我身为社会学家的缘故，我觉得菲利普·米罗夫斯基（Philip Mirowski）的文章十分发人深省，斯坦梅茨（Steinmetz）本人撰写的社会学文章亦是如此。

研究设计

Alford, Robert R. 1998. *The Craft of Inquiry: Theories, Methods, Evidence*. New York: Oxford University Press.

Becker, Howard. 1998. *Tricks of the Trade: How to Think About Your Research While You're Doing It*. Chicago: University of Chicago Press. 霍华德·贝克尔实际上开创了复杂的定性研究领域。本书分享了一些经过长期实践检验的方法，能让你以一种比自己原本想象中更具智慧的方式去思考研究工作。

Charmaz, Kathy. 2006. *Constructing Grounded Theory: A Practical Guide through Qualitative Analysis*. Thousand Oaks, Calif.: Sage Publications. 本书对扎根理论方法进行了清晰且具有现代视角的阐述。就我的研究需求而言，其内容过于聚焦微观层面，不过书中所提供的实践性建议十分出色，也极具实用价值。

Creswell, John W. 1994. *Research Design: Qualitative and Quantitative Approaches*. Thousand Oaks, Calif.: Sage Publications. 克雷斯威尔的书好比《瑞士军刀手册》。本书没有特别花哨的内容，但包含了你需要的大多数工具。

Denzin, Norman K. 1978. *Sociological Methods: A Sourcebook*. New York: McGraw-Hill.

Glaser, Barney G., and Anselm L. Strauss. 1967. *The Discovery of Grounded Theory Strategies for Qualitative Research*. Chicago: Aldine.

Lofland, John. 2006. *Analyzing Social Settings: A Guide to Qualitative Observation and Analysis*, 4th ed. Belmont, Calif.: Wadsworth.

田野调查的普遍问题

Lofland, John. 1971. *Analyzing Social Settings: A Guide to Qualitative Observation and Analysis*. 这本书虽篇幅简短，但对访谈和参与者观察进行了很好的概述。在1971年版的第六章"材料、方法与分析"（Materials, Mechanics, and Analysis）中，有关于管理和分析定性数据的特别实用的信息。

Shaffir, William, Robert A. Stebbins, and Allan Turowetz. 1980. *Fieldwork Experience: Qualitative Approaches to Social Research*. New York: St. Martin's Press. 这本书主要假定研究者会开展更多的人类学研究工作，而非侧重于理论生成方

面的工作。尽管如此,书中仍包含一些很不错的内容,介绍了一些你需要了解的实用"诀窍",例如在采访掌权者时怎样让自己看起来准备充分,以及如何以恰当的方式结束实地调研工作。[注:本书的几位作者(该书于 1980 年出版)对于秘密研究的容忍度远高于我的接受程度,也比大多数研究伦理委员会所能接受的程度要高得多。]

参与式观察

Emerson, Robert M., Rachel I. Fretz, and Linda L. Shaw. 1995. *Writing Ethnographic Fieldnotes*. Chicago: University of Chicago Press. 虽然名义上是关于做田野笔记的(这一点它写得很好),但这本书也教了你很多关于分析的知识。这并不太令人意外——你知道对于莎莎舞式的社会科学家来说,分析数据和收集数据是相辅相成的——但这本书在这方面做得特别好。

访谈

Gubrium, Jaber F., and James A. Holstein. 2002. *Handbook of Interview Research: Context and Method*. Thousand Oaks, Calif.: Sage Publications. 该书的作者很谦虚。这不仅是一本访谈方法的"手册",它的重量超过了现在大多数笔记本电脑的重量,是一本关于访谈的"你想知道但不敢问的一切"的书。

焦点小组

Krueger, Richard A., and Mary Anne Casey. 2000. *Focus Groups: A Practical Guide for Applied Research*, 3rd ed. Thousand Oaks, Calif.: Sage Publications.

关于写作

我之前可能已经说过这句话——研究生院就像一个虚拟的培养皿,专门滋生写作瓶颈。除非你非常幸运,否则如果你入学时就没有写作灵感,那么很可能在研究生院期间会遇到写作瓶颈。要成为一位优秀的作者,所需要的一切——信心、耐心、幽默感、有条理的写作方法——通常会在你读研究生的时候(和/或做助理教授、副教授,以及在一些极端情况下,做正教授的时候)被消磨掉。令我特别震惊的是,精英研究生院经常会培养出这样一些人，他们认为自己成不了下一个马克斯·韦伯，所以觉得自己没什么可说的。这里有一些补救措施：

Becker, Howard. 1986. *Writing for Social Scientists: How to Start and Finish Your Thesis, Book, or Article*. Chicago: University of Chicago Press. 霍华德·贝克尔是我们这个时代最杰出的定性社会科学家之一，他在如何进行概念化（见上文）以及撰写社会科学相关内容方面的思想，非常值得关注。贝克尔在这本书中倡导并展示了他那著名的、明晰且看似简洁的文风，同时也向我们揭示了这种文风背后所付出的艰辛。

Lamott, Anne. 1995. *Bird by Bird: Some Instructions on Writing and Life*. New York: Anchor Books. 这是一本有趣、富有同情心和智慧的写作指南。虽然拉莫特的目标是小说作家，但我发现她说的几乎所有内容都对社会科学领域的作家有用。这是一本精彩的书。

Staw, Jane Anne. 2003. *Unstuck: A Supportive and Practical Guide to Working Through Writer's Block*. New York: St. Martin's Press. 这是我所知道的最好的一本书，它确实做到了书名所承诺的事情，那就是帮你摆脱困境。斯托说，她见过的每个人都遭遇过写作障碍，她断言他们所需要的并非只是被"狠狠推一把"，而是更多的同情心。并且，在书中实用性的章节里，她会告诉你如何摆脱写作上的困境。

Zerubavel, Eviatar. 1999. *The Clockwork Muse: A Practical Guide to Writing Theses, Dissertations, and Books*. Cambridge, Mass.: Harvard University Press. 与斯托和拉莫特相比，泽鲁巴维尔就像是一位秉持耐克"只管去做"（Just do it!）理念、能督促你完成写作的教练。当我在写作中自我纠结时，斯托和拉莫特会给予我安慰，并鼓励我继续前行。而在少数情况下，当我想要对自己"狠"一点时，我就会向泽鲁巴维尔的方法求助，让自己振作起来，鼓足勇气，坚持写下去。不过，仔细研读后你会发现，这三本书都主张将同情心与自律相结合。我建议把这三本书并排摆放在你的书架上。

有关最新的能帮助莎莎舞式的社会科学家的资源，请访问 http://sociology.berkeley.edu/faculty/luker/publications.htm。

附录四

搜索日志

日期	使用的数据库	使用的搜索词	命中数	是否有用？	下一步	注释

资料来源:改编自"Bruin Success With Less Stress"(http://unitproj.library.ucla.edu/col/bruin-success/04/06.cfm),使用已经过许可。

注 释

第一章 莎莎舞式的社会科学?

1. 如今,"实践"一词(如同早期的"结构"一词)是社会科学中最复杂且最能引起共鸣的词汇之一。简言之,在本书中,"实践"指的是信念与行动的结合,人们思考,然后将思考付诸行动,以此来赋予事物意义。参见 Pierre Bourdieu, *Outline of a Theory of Practice* (Cambridge: Cambridge University Press, 1977),特别是第 164 页,以及 Pierre Bourdieu and Loïc J. D. Wacquant, *An Invitation to Reflexive Sociology* (Chicago: University of Chicago Press, 1992)。

2. 我一直在谈论这两种研究之间的"平衡点",因此我很高兴在维基百科中发现"平衡点"可以表示"一个地方,通常是数值层面而非物理层面的地方"。综合考虑多种因素后,我们提出了一种特别合适的解决方案。"太棒了!"

3. 在学习本书的过程中,你将更加准确地理解我所说的这些术语。目前,你只需要思考它们可能对你而言意味着什么。可以肯定的是,这些术语描述了所有优秀的研究,但是随着我们不断深入探讨,我希望指导你如何实现目标,而不要被关于优秀研究应该是什么样的传统假设所束缚。

4. 确实,柏拉图首先用"doxa"(常识成见)来表示被视为理所当然的智慧,但我想起了布迪厄所描述的内容,这意味着我们世界中的某些部分,其真实性的观点被普遍接受,以至于质疑它们会显得荒诞可笑(布迪厄,《实践理论纲要》)。

5. 我们在开展优秀研究的同时,也要承认最好的研究行为是深深植根于社会的,这就是为什么社会学家认为优秀的研究是"反思性的"。我必须告诉你,我个人认为唯一值得去做的研究就是反思性研究。太多的研究只是在证实人们在开始研究之前就有的想法,这不仅对解决社会问题毫无帮助,而且也十分无趣——为何要去研究你已经知道的东西呢?

6.尽管你可能已经有了这样的观念,即很多时候假设性研究并不那么有趣,但你错了。请注意,乐趣和轻松愉快与纪律、严谨和严肃的态度并非完全相互矛盾。

7.根据前面的段落,你可能会问自己这样一个经典的后现代难题:如果关于研究的传统方法和传统假设陷入了困境,那么本书中的方法和假设又怎样呢?好吧,碰巧它们同样存在问题,而你的任务就是弄清楚问题出在哪里(这又体现了反思性)。我经常告诉我的学生,让他们忽略我讲给他们的内容的一半,但好笑的是我不知道是哪一半。不过,如果你认真对待本书中的指导原则,至少你会知道从何处开始。

8.研究的完整性对我而言至关重要。在这个智库几乎能够提出任何符合政治需求的观点的时代,我对研究完整性的追求会愈发热忱。研究中的机缘巧合(serendipity)和说服力(persuasiveness)体现在诸多方面。倘若你在自己的学术研究中秉持诚实的态度,就会发现马克斯·韦伯所说的"不便事实",并为之感到惊奇。(或者,就像我常对学生们说的那样:"没有什么比一些数据搅乱一个完美的理论更糟糕的事情了。"事实证明,托马斯·赫胥黎在我之前就曾提及一个事实能扼杀一整个理论的悲剧情形,而我在并不知晓他这番话的时候就已经有过类似表述了。)此外,如果你严谨细致地开展自己的研究工作,便能够避免一些可能会对研究发现造成破坏的逻辑和方法上的错误。这听起来似乎很简单——既要让人感到惊讶,又要有说服力——但本书的其余部分将致力于助力你实现这两个目标。

9. 安妮·拉莫特在这个主题上有一个不同观点。她引用多克托罗的话提醒人们,当你在漆黑的夜晚开车时,头灯只能照亮前方二十英尺的区域。然而,即便照明范围有限,你依然能够驾车横跨整个国家 。(Anne Lamott, *Bird by Bird*: *Some Instructions on Writing and Life*. New York: Anchor Books, 1995, p.18.)

10. AZT 是抗逆转录病毒药物,是当前艾滋病毒/艾滋病治疗的核心药物。这种药在许多情况下可以让艾滋病从绝症转变为慢性疾病。

11. 我在政治和知识层面最深刻、最坚定的承诺之一,就是让每一个关心社会的人都能接触到学术研究成果。我深知那种感受:当你读到一些本应感兴趣的内容时,却发现自己被拒之门外,原因是有些作者认为我理应知晓的东西实际上我并不了解。我不禁想象,这些作者坐在摆满书籍的老式房间里,身着斜纹软呢外套,肘手打着皮革补丁,抽着烟斗,彼此交流着只有他们圈子里才懂的术语。正如你在接下来的几页中将会看到的,我深受皮埃尔·布迪厄研究工作的影响。他指出,在这个时代,"文化资本"在社会生活的诸多方面比普通的传统资本(也就是金钱)更为重要。关于这个问题,我们之后会深入探讨。现在我只是想让你知道,如果你对某个术语或名字感到陌生,这绝非你一个人独有的情况。倘若在本书的任何地方,你碰到一个不熟悉的术语、概念或者名字,比如马丁·布伯(Martin Buber,著名神学家和哲学家,1965年去世),又或是"十二个步骤"(Bill W. 和 Bob 博士在 20 世纪 30 年代设计的自助方案,最终发展成了"匿名戒酒互助会",此后其他团体也基于 AA 的"十二个步骤"相继建立),你只须在谷歌上搜索,然后记录下搜索到的信息。你最终会发现,就像我很晚才意识到的那样,这并不意味着你愚笨,而是说明许多作者根本不知道如何与外界有效沟通。而且,对于你这样一位研究方式灵活的(类似莎莎舞式的)社会科学家而言,更关键的是要清楚何时可以假定人们理解你所写的内容,何时需要为他们提供一些帮助,这是个充满挑战且棘手的问题。人们对克利福德·格尔茨(Clifford Geertz)所说的"隐性知识"(tacit knowledge)已经有了颇为不错的认识。谷歌搜索并非你了解未知知识的终点,仅仅是个开端,你还得有一个能够容纳这些知识的框架。

12.我当然清楚,在这种语境下,我所说的众多"福柯主义者"的观点,实际上源于许多其他思想家,其中最著名的当属雅克·德里达(Jacques Derrida)。不过,回到我之前用的弗洛伊德隐喻,类似情况也发生过,因为很多被认为是弗洛伊德提出的观点,实际上并非出自他之手。

13.这里有个不错的博士学位论文选题等着有人去做,那就是研究 20 世纪后现代性意识在不同学科领域之间的传播情况。顺便说一下,要是你感兴趣,可以读一读米谢勒·拉蒙特(Michèle Lamont)的《如何成为一位有影响力的法国哲学家:以雅克·德里达为例》["How to Become a Dominant French Philosopher: The Case of Jacque Derrida," *American Journal of Sociology* 93, 3(1987):pp.548-622]。

14.见 Kathy Charmaz, *Constructing Grounded Theory: A Practical Guide Throuth Qualitative Analsis* (Thousand Oaks, Calif.: Sage Publications, 2006), p.13。

15.正常情况下,老师应该比学生更精通相关知识。但事实并非如此,正如我稍后会谈到的,由于时代的缘故,我们这些站在讲台这头从事教学工作的老师,大多数人的能力都比不上大多数学生。

16.如果你不愿意牢记我常和所有学生分享的我最喜欢的那句话——"要更聪明地做事,而非更拼命地做事",那你根本无法在这个超信息的世界立足。这就是这本书想要教给你的,无论如何都要记住这句话。

17.杰克·古迪(Jack Goody)和伊恩·瓦特(Ian Watt)在《识字的后果》["The Consequences of Literacy", *Comparative Studies in Society and History* (1963):pp.

304-345.]中指出,在口头文化(oral culture)中,人们总是对过去的"真相"进行编辑和改编,以反映当下的情况,所以过去与现在之间不存在矛盾。然而,一旦"过去"以书面形式固定下来,矛盾就会出现,同时还会出现处理复杂抽象概念的能力与在非文化背景下尚未开发的能力之间的矛盾。

18.关于社会科学哲学的文献数量众多,以至于可能需要再写一本书来梳理传统的认识论。我的观点是那些书通常不会提及的,即在一个以印刷为主导的世界里,大多数社会科学哲学家(以及大多数社会科学家)都认为现实是线性的。但在网络主导的世界中成长起来的年轻人,不一定会有这样的假设。我们会继续探讨其他科学哲学相关内容,我推荐你将乔治·施泰因梅茨(George Steinmetz)所著的《人文科学中方法的政治:实证主义及其认识论的他者》(*The Politics of Method in the Human Sciences: Positivis and Its Epistemological Others*, Politics, History, and Culture (Durham, N.C.: Duke University Press, 2005)作为研究的起点。

19.安德鲁·阿伯特(Andrew Abbott)提出了一个类似但复杂得多的案例,阐述了社会科学中广泛运用的一种技术(一般线性回归),是如何促使社会学家及其他人认为世界以一种契合该方法论的方式运转的。阿伯特明确指出,从某种理想层面而言,一般线性回归是一种"启示"(即关于世界的"假设性"模型),原则上无须设立任何假设。然而,线性回归的使用者,恰恰因其优雅与简约,忘记了它只是一种启发式方法,并非对现实的真实写照。[Andrew Abbott, "Transcending General Linear Reality," *Sociological Theory* 6, no. 7 (1988): pp.169-186.]

20.实际上,传统类型的社会研究人员往往会在几杯酒下肚后告诉你,传统研究很少像我所描述的那样呈线性或井然有序。但我在此要说明的是,有序(order)和线性是传统研究的理想状态,并且在某种程度上已融入方法本身。毕竟,在收集完所有数据之前就对调查进行分析毫无意义,而在本书所概述的方法中,我们从开始收集数据的那一刻起就会同步展开分析。正如你在后续内容中将会看到的,我深受巴尼·格拉泽和安塞尔姆·斯特劳斯"扎根理论"的影响,该模型与我所说的"莎莎舞式的"研究最为接近。然而,即便如此,正如他们最具说服力和同理心的当代拥护者所表明的,这种研究仍被视为线性的。(Charmaz, *Constructing Grounded Theory*, p.14.)

21.罗伯特·贝林(Robert Berring)是伯克利大学博尔特·霍尔法学院的法学学者兼图书馆馆长,他曾撰写过一篇关于惠兰斯的文章,惠兰斯是加利福尼亚大学附近的一个小报摊。他在文中指出,当你前往报摊时,你能够辨别出哪些内容可靠,哪些不可靠,这是因为在成长过程中,你自然而然地形成了一套社会"过滤器"。廉价的纸张、裸露的胸膛、入侵的外星人——从经验可知,对于带有这些特征的"新闻",不必过于当真。然而,这类过滤器在网络上几乎完全缺失。(Robert Berring,"Extra, Extra: World Wide Web Swallows Whelans!"*California Monthly*, November 1998, pp.15-17.)在贝林《理论信息与寻求认知权威》中,从理论层面描述的情况大致相同。[Robert Berring,"Legal Information and the Search for Cognitive Authority,"*California Law Review* 88, no. 6 (2000):pp.1673-1708.]

22.这是为增强表达效果而采用的夸张手法,但它点明了我在此描述的社会领域的某些特征,我打算在本书后续部分进一步探讨。当然,当我说只有少数人比我"懂得"更多时,我的意思是,在这个领域发表过论文或专著的人中,只有少数比我知道得多。也可能存在比我知道得更多的人,但这些人不属于我关注的"领域"。当我说"这个星球"时,我又在夸大其词了——不过在 20 世纪 70 年代的美国,像我这个年龄段的社会学家很少阅读美国以外的资料,即便有人阅读,通常也仅限于英文出版物。如今,随着越来越多的社会科学家频繁阅读其他语言的文章,探讨世界性知识的可能性也越来越大。20 世纪 80 年代末的一天,当一位同事兴奋地讲述他在《南非犯罪学杂志》上发现的一篇精彩文章时,我才真正有了危机感,对于如何评估一个全新的(国际)学术领域,我感到不知所措。

23.Betty Fussell, *My Kitchen Wars* (New York: North Point Press, 1999). 这本精彩的回忆录生动地记录了自 20 世纪 50 年代以来一代女性(以及男性)生活的变迁。

24.指出使用线性回归法通常会致使社会学家认为世界呈线性的安德鲁·阿伯特(Andrew Abbott)将这种观点称为"可移植的新事物",我则称之为明目张胆的借用。但不管怎样,都是把一个领域的简洁性引入另一个领域。(Andrew Abbott, *Methods of Discovery: Heuristics for the Social Sciences*. New York: W. W. Norton, 2004, p.6.)作为一个典型例子,本书稍后会提到的查尔斯·拉金(Charles Ragin)采用了工程师为绘制电气开关表所开发的概念,并将其转化为一种用以检查数据中肉眼难以察觉模式的极佳方法。

25.理查德·彼得森(Richard Peterson)和罗杰·肯恩(Roger M. Kern)在《高雅品位的变化:从势利眼到杂食者》["Changing Highbrow Taste: From Snob to Omnivore,"*American Sociological Review* 61 (1996):pp.901-907.]一文中提到,"区别"是皮埃尔·布迪厄所提出的用于界定人与人之间差异的一种做法。在"莎莎舞式的"学术界,"区分"(distinction)意味着其他人认为你极其聪明、极有才华,是那种人们渴望聘用或想要成为的人。所以,请仔细思考我的这一社会学观点,即社会科学中的"区别"很可能源自跨越边界。若想了解更多关于"区别"的阐述,可参阅皮埃尔·布迪厄的《区隔：品味判断的社会批判》[*Distinction：A Social Critique of the Judgment of Taste* (Cambridge, Mass.：Harvard University Press, 1984)]。

26. 这里设置了几个笑话,目的是引起你的注意。我知道莫扎特并没有太多所谓的"晚年",我选择卡特家族,是为了在传统的"高雅"艺术和"通俗"艺术之间找到我所能想到的最大差异。梅贝尔(Maybelle)和卡特家族在1927年至1943年间录制了乡村音乐和"老式"音乐。他们是琼·卡特·卡什(June Carter Cash)和约翰尼·卡什(Johnny Cash)的亲属。

27. "文化资本"这一概念在布迪厄早期的作品中就已出现,并且引发了诸多争议。若想了解社会学家是如何阐释这一概念的,可参阅米谢勒·拉蒙特(Michèle Lamont)和安妮特·拉罗(Annette Lareau)的《文化资本：近期理论发展中的暗示、空白与滑音》["Cultural Capital：Allusions, Gaps and Glissandos in Recent Theoretical Developments," *Sociological Theory* 6.2 (1988)：pp.153-168.]。(布迪厄的合著者之一卢瓦克·华康德并不认同这篇文章,所以你只要阅读布迪厄的相关内容,然后自行判断即可。)

28. "社会闭合"(social closure)这一术语源自马克斯·韦伯；这一概念的最新发展通常被认为是弗兰克·帕金(Frank Parkin)的贡献[见帕金的《马克思主义与阶级理论》(*Marxism and Class Theory*, London：Tavistock, 1979)]。

29. 对于这种断言,有些读者觉得显而易见,而另一些读者则认为荒谬可笑。这一观点与科学社会学中一些新出现的研究方向相契合,即隐性的社会障碍是如何使一些群体和个人被接纳,而另一些人则被排斥在外的。我建议你阅读杰罗姆·卡拉贝尔(Jerome Karabel)的文章《地位群体斗争、组织利益与制度自主性的限度：1918—1940年哈佛、耶鲁和普林斯顿的变革》["Status-Group Struggle, Organizational Interests, and the Limits of Institutional Autonomy：The Transformation of Harvard, Yale, and Princeton, 1918-1940", *Theory and Society* 13, no. 1 (1984)：pp.1-40],以及他的新书《被选中者：哈佛、耶鲁和普林斯顿录取与排斥的隐秘历史》[*The Chosen：The Hidden History of Admissions and Exclusion at Harvard, Yale, and Princeton* (New York：Houghton Mifflin, 2005)]。(我在此完全坦诚地说明：这是一本非常优秀的书,书中有大量的文献和资料能够支持我的观点,但我很可能存在偏见,因为我是作者的妻子。)

30. 换种说法就是,你必须具备一种能够跨越边界的能力,并且这种能力要得到相关"知识社区"的认可。就如同卡尔·波普尔(Karl Popper)在《猜想与反驳：科学知识的增长》[*Conjectures and Refutations：The Growth of Scientific Knowledge* (New

York：Basic Books，1962)]中所阐述的那样,也如同让·拉夫(Jean Lave)和埃蒂安·温格(Etienne Wenger)在《情境学习：合法的边缘性参与》[*Situated Learning：Legitimate Peripheral Participation* (Cambridge：Cambridge University Press，1991)]中所提到的实践社区的概念。

31.在这种情境下,不妨看看我在圣迭戈的同事默里·戴维斯(Murray Davis)的文章["That's Interesting,"Philosophy of the Social Sciences 1 (1971)：pp.309-344]。感谢斯科特·哈里斯(Scott Harris)让我留意到这篇文章。

32.马尔科姆·格拉德威尔(Malcolm Gladwell)所著的《引爆点:如何引发流行》[*The Tipping Point：How Little Things Can Make a Big Difference* (Boston：Back Bay Books，2002)]在2007年10月之前,已在《纽约时报》畅销书排行榜上停留了164周[见克拉克·霍伊特(Clark Hoyt)的《虽非为畅销书榜单而生,但堪称时代佳作》(*Books for the Ages，If Not for the Best-Seller Lists*,New York Times，October 21，2007)]。而他的另一本新作《眨眼之间:不假思索的决断力》[*Blink：The Power of Thinking Without Thinking* (New York：Little，Brown，2005)]在畅销书排行榜上则停留了一年多的时间。

33."专业化项目"这一术语出自玛加丽·萨法蒂·拉尔森(Magali Sarfatti Larson)所著的《职业化的兴起：一项社会学分析》[*The Rise of Professionalism：A Sociological Analysis* (Berkeley：University of California Press，1977)]。自那以后,涌现出了一系列丰富且有活力的文献,这些文献阐释了知识性"领域"是如何通过排斥他人来寻求并获得社会认可的。

34.可参考克里斯汀·卢克(Kristin Luker)的《学术社会学在政治上已过时了吗?》["Is Academic Sociology Politically Obsolete?"*Contemporary Sociology* 28 no. 1 (January 1999)：pp.5-10]。我最喜欢的一个例子是：在威斯康星州决定实施"从福利到工作"计划后,带有"右倾"倾向的布拉德利基金会(Bradley Foundation)迅速提交了一份引人入胜且文笔出色的报告,声称该计划(W2)取得了成效。这份报告中积极的评价经常被人引用,并被用作1996年关于福利改革法案辩论的依据,而该法案终结了"我们所熟知的福利制度"。随后,备受推崇的贫困问题研究所(institute for Research on Poverty)开展的后续研究呈现出了一幅更为严峻的画面,揭示了该计划是如何促使领取福利的母亲们开始工作的。然而,等到这份分析报告发表时,《福利改革法案》已通过。相关内容可见萨莉·科温顿(Sally Covington)的《推动公共政策议程：保守派基金会的战略慈善行为》[*Moving a Public Policy Agenda：The Strategic Philanthropy of Conservative Foundations* (Washington，D.C.：National Committee for Responsive Philanthropy，1998）]。[既然我称布拉德利基金会为"右倾"性质的，那我或许需要指出，全国响应性慈善委员会（NCRP）是具有自由派倾向的。]更多这方面的信息可查阅威斯康星州政策研究所的资料，尤其是其关于福利改革的系列文章（网址：www.wpri.org）；关于威斯康星大学贫困问题研究所（网址：www.irp.wisc.edu），可特别参考威斯康星大学麦迪逊分校贫困问题研究所的《特别报告 69：评估全面的州福利改革》（"Special Report 69：Evaluating Comprehensive State Welfare Reforms,"Madison，Wisconsin，November 21-22，1996）。

35.我的同事迈克尔·布洛维一直致力于让"公共社会学"受到关注，这一议题也成了 2004 年在旧金山举行的美国社会学协会年会的核心内容。若想了解相关信息，可访问网址：www.asanet.org/convention/2004/，也可阅读迈克尔·布洛维的《公共社会学：矛盾、困境与可能性》["Public Sociologies：Contradictions，Dilemmas，and Possibilities,"*Social Forces* 82，no. 4（2004）：pp.1603-1618]以及对该文章的回应。如果想从不同角度进行了解，请参阅罗伯特·C. 普鲁斯（Robert C. Prus）所著的《符号互动与民族志研究：主体间性与人类生活经验的研究》[*Symbolic Interaction and Ethnographic Research：Intersubjectivity and the Study of Human Lived Experience*（Albany：State University of New York Press，1996）]。严格来讲，我的研究方法处于布洛维所说的"批判"社会学和"公共"社会学的边界地带。

36.你或许还记得，用来描述那种像被车灯照射后无法动弹的感觉的术语是"tharn"（Richard Adams，*Watership Down*，New York：Avon，1975）。"tharn"这种状态是学术生活中常见的一部分，但并非必然如此。我发现，定期运用"莎莎舞式的"研究技巧是一种行之有效的解决办法。

第二章　这一切的目的是什么？

1.这部分的许多内容都受到了玛丽·乔·迪根那本具有开创性的著作《简·亚当斯与芝加哥学派的男人们（1892—1918）》的启发[Mary Jo Deegan，*Jane Addams and the Men of the Chicago School*，1892-1918，New Brunswick（U.S.A.）：Transaction Books，1988]。在方法和机构分析方面，我的论述借鉴了迪根首次提出的"性别计划"。实际上，如果没有她做出的巨大贡献，就没人能够就这个话题展开写作。迪根的情况确实是一个典型例子，展现了一个人如何将一个全新的话题纳入研究议程之中。

2.芝加哥大学是美国第一所同时设有社会学博士学位和学士学位授予点的大学。然而，在 20 世纪初，该校所教授的社会学知识并未被大多数现代社会学家所认可，这些知识涵盖了"慈善与矫正"以及"基督教社会主义"等内容。（从某种程度上来说，你可以翻阅《美国社会学杂志》最初几年的期刊，以此了解我们前辈们的思想。该杂志于1895年创刊，同年芝加哥大学及其社会学系成立。）如今，关于首个社会学系的研究文献众多，其中不乏一些批判性的观点。有一种早期的、在很大程度上是积极的观点（由该大学一位创始成员的儿子撰写，他本人也是一名社会学家），该观点所针对的时期比我所提及的稍晚一些，具体可参阅罗伯特·E. 李·法里斯（Robert E. Lee Faris）所著的《芝加哥社会学：1920—1932》（Chicago Sociology, 1920-1932, San Francisco：Chandler, 1967）。若想了解更具现代性（因而也更具反思性）的观点，请阅读马丁·布尔默（Martin Bulmer）的《芝加哥社会学派：制度化、多样性与社会学研究的兴起》（The Chicago School of Sociology: Institutionalization, Diversity, and the Rise of Sociological Research, Chicago：University of Chicago Press, 1984）。至于介于这两种观点之间的内容，可参考安德鲁·阿伯特（Andrew Abbott）的《系与学科：芝加哥大学社会学系百年史》（Department & Discipline: Chicago Sociology at One Hundred, Chicago：University of Chicago Press, 1999）。需要注意的是，尽管这本书讲述的是芝加哥大学社会学系最初一百年的历史，但其中却未提及简·亚当斯，这也恰好印证了我的观点。

3. 阿尔比恩·斯莫尔（Albion Small）致简·亚当斯的信存于亚当斯的论文中，DG1，第4盒，斯沃斯莫尔学院和平收藏馆。

4. 玛丽·乔·迪根指出，亚当斯在出版她的著作时，她的出版商询问她需要将免费样书寄给哪些人。亚当斯回答说，她只想把新书寄给她认识的人，这便是当时的那份名单。[参考迪根所著《简·亚当斯与芝加哥学派的男人们（1892—1918）》。]

5. 我们在智识领域前辈们的"典范性"并非如表面看起来那么简单，实际上它也是各种社会和知识潮流不断演变的结果。在这种情况下，一定要读一读 R.W. 康奈尔（R. W. Connell）的《为什么经典理论是经典的？》["Why Is Classical Theory Classical?"*American Journal of Sociology* 102, no.6 (1997)：pp.1511-1557]。康奈尔探讨了我们的前辈是如何成为典范的，尽管人们可能会对他的观点存在争议（兰德尔·柯林斯（Randall Collins）就曾发表过不同意见：《一种社会学的负罪感之旅：对康奈尔的评论》["A Sociological Guilt Trip: Comment on Connell," *American Journal of Sociology* 102, no.6 May 1997：pp.1558-1564)]，但这一讨论着重阐明了我们为何将某些前辈视为"创始人"，而像简·亚当斯这样的人却未获此殊荣。毫不意外，典范的形成（以及有智慧的前辈们）本身就是一个社会过程，但这并不会轻易削弱前辈们所做出的贡献的价值。

6.(参考)玛丽·乔·迪根所著《简·亚当斯与芝加哥学派的男人们(1892—1918)》。

7.马丁·布尔默(Martin Bulmer)是研究芝加哥学派最重要的编年史家之一。他特别提到了芝加哥社会学系的早期创始人伯吉斯(Burgess)和纽康(Newcomb)。在他们所处的时期,芝加哥从1840年一个仅有4400人的小地方,发展成为1900年人口总数约达170万的城市。而在这170万人口中,有一半并非出生于此地。[参考Martin Bulmer, *The Chicago School of Sociology: Institutionalization, Diversity, and the Rise of Sociological Research The Heritage of Sociology* (Chicago: University of Chicago Press, 1984), pp.13-14; Ernest Watson Burgess and Charles Shelton Newcomb, *Census Data of the City of Chicago*, 1920 (Chicago: University of Chicago Press, 1931).]

8.在下一章中,我们将对这个主题展开深入探讨。但就目前而言,请记住,"客观性是'科学性'的先决条件"这一观点有其特定的历史背景,我们需要对其进行仔细考量。彼得·诺维克(Peter Novick)在他的著作《那高尚的梦想:"客观性问题"与美国历史学界》[*That Noble Dream: The "Objectivity Question" and the American Historical Profession* (Cambridge: Cambridge University Press, 1988)]中很好地阐述了相关观点。近期的研究成果还有洛林·达斯顿(Lorraine Daston)和彼得·加利森(Peter Galison)的《客观性的形象》["The Image of Objectivity," *Representations* 40 (1992): pp.81-128,以及艾伦·梅吉尔(Alan Megill)的《重新思考客观性》(*Rethinking Objectivity* (Durham, N.C.: Duke University Press, 1994).][感谢史蒂文·爱泼斯坦(Steven Epstein)向我介绍这些书籍并引起了我的关注。]简·亚当斯还是一位反对第一次世界大战的和平主义者,而这一立场使她在政治上被边缘化。可参阅琼·特龙托(Joan Tronto)所著的《道德边界:关于关怀伦理的政治论证》(*Moral Boundaries: A Political Argument for an Ethic of Care*, New York: Routledge, 1993), pp.5-8;另可参考艾伦·弗里曼·戴维斯(Allen Freeman Davis)所著的《美国女英雄:简·亚当斯的生平与传奇》(*American Heroine: The Life and Legend of Jane Addams*, London: Oxford University Press, 1975)。

9.有大量文献探讨了定量研究在社会科学领域,乃至更广泛的科学范畴内的兴起与持续发展。在早期,对科学(以及法律)论证的评判依据的是其内在的连贯性以及对正式修辞规则的遵循程度。比如芭芭拉·夏皮罗(Barbara Shapiro)所著的《17世纪英格兰的概率与确定性:自然科学、宗教、历史、法律及文学之间关系的研究》(*Probability and Certainty in Seventeenth-Century England: A Study of the Relationships between Natural Science, Religion, History, Law, and Literature*, Princeton, N.

J.: Princeton University Press, 1983)。从那以后, 西奥多·波特(Theodore Porter)的著作, 尤其是他的《信任数字:科学与公共生活中对客观性的追求》[*Trust in Numbers: The Pursuit of Objectivity in Science and Public Life*, Princeton, N.J.: Princeton University Press, 1995)以及更早出版的《统计思维的兴起(1820—1900)》[*The Rise of Statistical Thinking, 1820-1900* (Princeton, N.J.: Princeton University Press, 1986)]。研究了数字为何比叙述更具可靠性和"客观性"。同样,我认为玛丽·波维(Mary Poovey)的《现代事实的历史:财富与社会科学中的知识问题》[*A History of the Modern Fact: Problems of Knowledge in the Sciences of Wealth and Society* (Chicago: University of Chicago Press, 1998)]以及史蒂文·沙宾(Steven Shapin)的《真理的社会史:17 世纪英格兰的文明与科学》[*A Social History of Truth: Civility and Science in Seventeenth-Century England*, Science and Its Conceptual Foundations (Chicago: University of Chicago Press, 1994)]都极具启发性。回到正题,查尔斯·卡米奇(Charles Camic)和谢宇(Yu Xie)的论文《美国社会科学的统计学转向:哥伦比亚大学,1890 年至 1915 年》["The Statistical Turn in American Social Science: Columbia University, 1890 to 1915," *American Sociological Review* 59, no. 5 (1994): pp.773-805]关注了该社会学系在 20 世纪初是如何转向统计学方法的。[就我在此讲述的事例来说,芝加哥学派的"量化",也就是最初由亚当斯倡导的运用数字方法处理数据,通常可追溯到 1928 年来自哥伦比亚大学的威廉·奥格本(William Ogburn)的出现。]

10. *Hull-House Maps and Papers, a Presentation of Nationalities and Wages in a Congested District of Chicago, Together with Comments and Essays on Problems Growing out of the Social Conditions* (New York: T.Y. Crowell, 1895).该书出版于 1895 年,它对一个社区的生活和状况进行了一次极具现代意义的调查。我认为,其内容以及视觉呈现方式(用彩色编码图表标注出芝加哥街区每个建筑物居民的族裔血统)所体现的现代社会科学价值,尚未得到充分认可。

11. 威廉·艾萨克·托马斯(William Isaac Thomas)和弗洛里安·兹纳涅茨基(Florian Znaniecki)所著的《欧洲和美国的波兰农民:一个移民群体的专题研究》[*The Polish Peasant in Europe and America: Monograph of an Immigrant Group*, 5 vols. (Boston: Richard G. Badger, 1918)]。公平地说,芝加哥社会学系所抵制的"统计学"并非现代意义上的统计学,即那种为了检验变量之间关系的假设而对数据进行处理的方法,而是更类似于我们现在所说的"人口统计",也就是对数据进行数字描述,而非数字分析。不过,就西奥多·波特(Theodore Porter)等人提出的观点而言,芝加哥社会学系主张采用叙事方法而非定量方法还是有一定道理的。

12.这是我在撰写有关性别问题的内容时常常需要作出的说明。我所说的性别是一个社会建构的范畴,是一系列倾向的集合,而并非指生理性别。例如,查尔斯·祖布林(Charles Zueblin)是芝加哥学派中备受认可的一员,他曾与简·亚当斯(Jane Addams)密切合作,并在《赫尔之家地图与论文集:芝加哥拥挤地区的民族与工资状况展示,以及对社会状况引发问题的评论与论文》中撰写过一个章节,甚至似乎对那篇文章进行了长时间的思考。此外,佛罗伦萨·凯利(Florence Kelley)在瑞士接受教育,从文化资本的角度来看,她与芝加哥学派的成员旗鼓相当。[索尔菲尼斯巴·布雷肯里奇(Sophonisba Breckenridge)也是《赫尔之家地图与论文集:芝加哥拥挤地区的民族与工资状况展示,以及对社会状况引发问题的评论与论文》的作者之一,她获得了芝加哥大学的法学学位和博士学位。]参考罗宾·芒西(Robyn Muncy)所著的《在美国改革中创建女性主导地位(1890—1935)》[*Creating a Female Dominion in American Reform*,1890-1935 (New York:Oxford University Press,1991)]。因此,我所使用的"性别"是一个具有概率性的文化类别,并不总是能与我们所说的"男性"和"女性"的生理性别完全对应。

13.阿尔比恩·W. 斯莫尔(Albion W. Small)的《研讨课笔记:社会问题的方法论。第一部分:材料的来源与用途》["Seminar Notes:The Methodology of the Social Problem. Division I:The Source and Uses of Material,"*American Journal of Sociology* 4,no. 3 (1898):pp.380-394]。

14.芝加哥学派的男性成员的这种拒绝态度十分明确:19 世纪德国的统计学摒弃了英国人所热衷的量化的统计学("统计"一词的基础)。保罗·拉扎斯菲尔德(Paul Lazarsfeld)将这种差异归因于德国"国家"的分裂和巴尔干化特征,这与英国统一后"统计"方法取得的巨大成功形成了鲜明对比。可参考保罗·拉扎斯菲尔德所著的《社会学中量化的历史笔记——趋势、来源与问题》["Notes on the History of Quantification in Sociology—Trends,Sources and Problems,"*Isis* 52 (1961):pp.277-333]。

15.即便在这些领域里,物理人类学家(physical anthropologists)和考古学家也常常觉得自己比社会人类学家(social anthropologists)更为严谨。早在几年前,还曾短暂兴起过"计量史学"(量化历史)的热潮。在政治学领域,使用"数据集"(dataset)的政治学家通常认为自己比采用"过程追踪"方法的政治学家更加严谨。用"数据集"和"过程追踪"(process tracing)这样的术语来区分政治学家(political scientists),这一观点出自亨利·布雷迪(Henry Brady)和戴维·科利尔(David Collier),他们的观点与查尔斯·拉金(Charles Ragin)所说的"变量"派社会科学家和"案例"派社会科学家的划分十分契合。可参考亨利·布雷迪(Henry Brady)和戴维·科利尔(David Collier)所著的《重新思考社会探究：多样工具，共同标准》[*Rethinking Social Inquiry*: *Diverse Tools*, *Shared Standards* (Lanham, Md.: Rowman & Littlefield, 2004)]，以及查尔斯·拉金(Charles Ragin)所著的《比较方法：超越定性与定量策略》[*The Comparative Method*: *Moving Beyond Qualitative and Quantitative Strategies* (Berkeley: University of California Press, 1987)]。(这两本书我都督促学生购买了，我也同样建议你购买。)

16. 有些学者会完全不认同我在此的阐述。我在这些注释中列举了一些关于这个问题的经典参考文献，你可以自行判断。显然，在(20)世纪末到第二次世界大战期间，社会科学学科发展迅猛且争议不断，在这种背景下，我的这种概括应被视为我对这一时期社会科学发展模式的一种探寻表述。当然也存在一些特殊情况，比如前面提到的哥伦比亚大学相关学系的情况。但我认为，社会科学的任务之一就是识别模式，而这正是我所观察到的模式。我建议各位看看 Charles Camic and Yu Xie, "The Statistical Turn in American Social Science"; Martin Bulmer, *The Chicago School of Sociology*; George Steinmetz, *The Politics of Method in the Human Sciences*: *Positivism and Its Epistemological Others*, *Politics*, *History*, *and Culture* (Durham, N.C.: Duke University Press, 2005); Jennifer Platt, "The Chicago School and Firsthand Data," *History of Human Sciences* 7, no. 1 (1994): pp.57-80, and Platt's *A History of Sociological Research Methods in America*: *1920-1960* (Cambridge: Cambridge University Press, 1996). 另请参见 Anthony Oberschall, *The Establishment of Empirical Sociology*: *Studies in Continuity*, *Discontinuity*, *and Institutionalization* (New York: Harper & Row, 1972)。

17. 关于标准化调查的兴起，请参见 Jean M. Converse, *Survey Research in the United States*: *Roots and Emergence*, *1890-1960* (Berkeley: University of California Press, 1987); 以及 Martin Bulmer, Kevin Bales, and Kathryn Kish Sklar, *The Social Survey in Historical Perspective*, *1880-1940* (Cambridge: Cambridge University Press, 1991)。

18. 我在这里说的是定期重复举行的民意调查，例如，The General Social Survey (www.norc.org/projects/General+Social+Survey.htm)，The Youth Risk Behavior Surveillance System (www.cdc.gov/HealthyYouth/yrbs/index.htm)，The National Longitudinal Study of Adolescent health (www.cpc.unc.edu/addhealth)和 The National Longitudinal Survey of Youth (www.bls.gov/nls/)，这只是美国人所能获得且

易于获得的全国调查数据的冰山一角。

19. 在这方面特别重要的内容是 Steinmetz，*The Politics of Method in the Human Sciences*。

20. StephenSkowronek，*Building a New American State：The Expansion of National Administrative Capacities*，*1877-1920*（Cambridge：Cambridge University Press，1982）。另见 Michel Foucault，Graham Burchell，Colin Gordon，and Peter Miller，*The Foucault Effect：Studies in Governmentality：With Two Lectures by and an Interview with Michel Foucault*（Chicago：University of Chicago Press，1991）。

21. James Scott，*Seeing Like a State：How Certain Schemes to Improve the Human Condition Have Failed*（New Haven：Yale University Press，1998）。

22. 参见（除其他外）Arthur L. Norberg，"High-Technology Calculation in the Early 20th Century：Punched Card Machinery in Business and Government，"*Technology and Culture* 31，no.4（1990）pp.753-779；Leon E. Truesdell，*The Development of Punch Card Tabulation in the Bureau of the Census*（Washington，D.C.：U.S. Dept. of Commerce Bureau of the Census，U.S. Government Printing Office，1965）；Geoffrey Austrian，*Herman Hollerith，Forgotten Giant of Information Processing*（New York：Columbia University Press，1982）。

23. Barry D. Karl，"Presidential Planning and Social Science Research：Mr. Hoover's Experts，"*Perspectives in American History* 3（1969）：pp.347-409.

24. 据马丁·布尔默的估计，有五六十名社会学家第二次世界大战前在卡尔·泰勒(Carl Taylor)的支持下在农业部工作。Martin Bulmer，in Terence C. Halliday and Morris Janowitz，eds.，*Sociology and Its Publics：The Forms and Fates of Disciplinary Organization*（Chicago：University of Chicago Press，1992）p.320.另请参见上文注释 17 中引用的 Jean M. Converse's magisterial *Survey Research in the United States*。

25. Converse，*Survey Research*，pp.5 and 160.

26. 同上，第 160-161 页。

27. L. J. Rhoades，*A History of the American Sociological Association 1905-1980*（Washington，D.C.：American Sociological Association，1981）.另请参见 Katherine J. Rosich，*A History of the American Sociological Association*，*1981-2004*，Appendix 12，"Membership by Year，"p.140.

28. 参见 Irving Louis Horowitz, ed., *The Rise and Fall of Project Camelot: Studies in the Relationship Between Social Science and Practical Politics* (Cambridge, Mass.: MIT Press, 1967)。[该项目最终在社会科学家的抗议之后被取消，但请参见 Michael Latham, *Modernization as Ideology: American Social Science and "Nation Building" in the Kennedy Era* (Chapel Hill: University of North Carolina Press, 2000)，并使社会科学和意识形态在此期间更大范围地交织在一起。] 关于新泽西州收入维持计划，请参见 David Kershaw et al., *The New Jersey Income-Maintenance Experiment* (New York: Academic Press, 1976)。

29. 诚然，我在这本书中所做的工作包含对方法（methods，我们如何提出问题）的看法，以及对方法论（methodology，我们如何对提问有批判性反思）的观点。

30. 或者相反，根据你的阅读经验，首先是慈善基金会，然后是政府。芝加哥社会学学派的布尔默（Bulmer）致力于研究20世纪20年代慈善事业在创造社会学中的作用；另见 Edward Shils, *The Present State of American Sociology* (Glencoe, Ill.: Free Press, 1948), and Oberschall, The Establishment of Empirical Sociology。

31. 这又是社会闭合的想法。从某种意义上讲，这是下面注释32中引用的"专业化项目"。

32. 我之前提到过 Magali Sarfatti Larson 的著作 (Berkeley: University of California)，以及 Stephan Fuchs, *The Professional Quest for Truth: A Social Theory of Science and Knowledge* (Albany: State University of New York Press, 1992)。

33. 关于这一点，我读过的最具智慧的内容是伯特·辛格（Burt Singer）的著作，他分析了为何美国国家科学院女科学家的平均生产力要低于男科学家。要知道，能进入国家科学院学习，对于男性和女性而言，都是一项重要且杰出的职业成就标志。那么为什么女性发表的论文较少呢？答案是由于一系列非常小的挫折，其中没有一个是决定性的，但最终导致男性的生产力更高。（例如，如果课题申请被拒绝，女性通常会重新考虑整个研究项目，然后再将其提交给另一个机构。）参见 J. Cole and B. Singer, "A Theory of Limited Differences: Explaining the Productivity Puzzle I Science," in *The Outer Circle Women in the Scientific Community*, ed; H. Zukerman, J.R. Cole, and J.T. Bruer (New York: W.W.Norton, 1991, pp.277-310)。西奥多·波特（Theodore Porter）在引用利亚姆·哈德森（Liam Hudson）的一些研究时指出，数学可以作为一种将人们引进和推出学科的方式。波特称其为"自我证明的实验室"，即一个社会过程（数学的难度）将"较弱"的学生挤掉，从而重新创造等级制度。"但是，包括物理学和生物学中至少与心理学一样强烈的性别选择，提供了解释现代科学作为一种知识和实践形式的独特特征的重要部分。"见西奥多·波特所著的《对数字的信任：科学与公共生活中的客观性追求》[*Trust in Numbers*：*The Pursuit of Objectivity in Science and Public Life*(Princeton, N.J.：Princeton University Press, 1995, p.17)]。

34.但是，正如亚当·普热沃斯基(Adam Przeworski)和亨利·特恩(Henry Teune)所指出的那样，即使在定量研究中，海森堡的不确定性(uncertainty)原理也有一个版本，它正式表示你可以知道粒子的位置或粒子的运动，但不能同时知道粒子的位置和运动。普热沃斯基和特恩认为，在定量研究中，正如在定性研究中一样，总是在准确性、普遍性、简洁性和因果关系之间进行权衡。见亚当·普热沃斯基和亨利·特恩所著的《比较社会研究的逻辑》[*The Logic of Comparative Social Inquiry*(New York：Wiley Interscience, 1970, pp.20-23)]。(如果你对此该兴趣，这是另一本值得选择的最佳读物。)

35.卢瓦克·华康德(Loïc Wacquant)：《审视街道：贫困、道德与城市民族志的陷阱》[Loïc Wacquant, "Scrutinizing the Street：Poverty, Morality, and the Ptifalls of Urban Ethnography," *American Journal of Sociology* 107(2002)：pp.1468-1532]。虽然我完全同意瓦康关于建立理论的必要性的观点，但我不认为他在本文中引用的著作能证明他的观点。

36.一个"正弦曲线"看起来像是你童年时期玩过的那种滑溜溜的玩具，"阻尼"意味着滑溜溜的每一个驼峰都会随着它在图表上的移动而变得更小。如果你在制定了降低婴儿死亡率的计划后，绘制一个出生第一年就死亡的婴儿数据("婴儿死亡率")图表，在我所知道的不止一个案例中，它看起来就像一条缓慢放气的滑溜溜的曲线，或者准确地说，是一条受阻的正弦曲线。

37.我当然尝试过。我列出了旧金山湾区所有(非天主教)医院的清单，并从清单中随机抽取样本，获得了对在这些医院中生产的所有女性的采访权，然后对唯一一家提供堕胎服务的医院进行同样的处理。我甚至"记录"了堕胎女性的采访时间，以便让被访者的受孕日期大致相似。然后我碰到了调查研究的局限：进行数百次调查后，我真正了解了什么？我真正感兴趣的是布雷迪和科利尔所说的"过程跟踪"。

38.巴尼·格拉泽(Barney Glaser)，我从未见过他，他是在哥伦比亚大学接受的训练，量化的方法正是从哥伦比亚大学传入了芝加哥大学。正如凯西·查马兹(Kathy Charmaz)指出的那样，这意味着扎根理论是在本书所针对的同样的"平衡点"中成长起来的，介于定量社会科学的严谨性(格拉泽)和传统田野方法(斯特劳斯)的开放性、涌现性和实用性的模式之间——需要再次注意芝加哥和杜威在其中的作用。凯西·查马兹：《构建扎根理论：通过定性分析的实用指南》[Kathy Charmaz, *Constructing Grounded Theory：A Practical Guide throuth Qualitative Analysis* (Thousand

Oaks, Calif.: Sage Publications, 2006)].

39. Barney Glaser and A. L. Strauss, *Awareness of Dying* (Chicago: Aldine, 1965); Fred Dais, *Passage Through Crisis: Polio Vicitims and Their Families* (Indianapolis: Bobbs-Merrill, 1963).也许是因为格拉泽和斯特劳斯都身处医学领域,因此,扎根理论中许多知名的研究都是关于广义上的医疗过程的。这个清单很长,但我还是在这里举几个例子。

Kathy Charmaz, *The Social Reality of Death: Death in Contemporary America* (Reading, Mass.: Addison-Wesley, 1980); Charmaz, *Good Days, Bad Days: The Self in Chronic Illness and Time* (New Brunswick, N.J.: Rutgers University Press, 1991); Adele Clarke, *Disciplining Reproduction: Modernity, American Life Sciences, and "the Problems of Sex"* (Berkeley: University of Califonia Press, 1998).

40. 或者,用迈克尔·布洛维的话来说,"扎根理论研究者……常常……受困于当下,被紧紧束缚在自己所处的环境中。在这样的处境里,他们思考着有关历史变迁、社会进程等更为广泛的问题,以及理论传统和他们与研究对象之间的关系。"Michael Burawoy,"Revisits: An Outline of a Theory of Reflexive Ethnography," *American Sociological Review* 68 (2003): p.646.

41. 布洛维做参与式观察时,重点是参与者一词——他在工厂工作的次数几乎超过我在从芝加哥到西伯利亚之间所能提名的任何其他社会学家。见 Michael Burawoy, *Manufacturing Consent: Changes in the Labor Process under Monopoly Capitalism* (Chicago: University of Chicago Press, 1979)和 Jeff Byles,"Tales of the Kefir Furnaceman," *The Village Voice*, New York, April 10, 2001, p.76.

42. Nina Eliasoph and Paul Lichterman, "We Begin with Our Favorite Theory... Reconstructing the Extended Case Method," *Sociological Theory* 17, no. 2 (1999): 228.

43. 基金会长期以来与社会科学家之间存在着复杂的关系。在一定程度上,基金会希望"行善济世",因而他们倾向于求助于社会科学家,以协助界定和评估社会问题。例如,Donald Fisher, *Fundamental Development of the Social Sciences: Rockefeller Philanthropy and the United States Social Science Research Council* (Ann Arbor: University of Michigan Press, 1993).

44. 定性方法不能免除治理术的诱惑。正如你将在本书后面看到的,我们理所当然地使用的许多方法是在第二次世界大战期间由社会科学家开启的,目的是助力战争。目前,有关民族志在平叛中的用途的争论非常激烈。关于后者,请参见 David Rohde,"Army Enlists Anthropology in War Zones," in *New York Times*, October 5, 2007;以及 Richard A. Shweder, "A True Culture War," *New York Times*, October 27, 2007。

45. 历史比较社会学家作为社会学奠基人的继承者,常常提出一些能够引出重大答案的关键问题,因此我并不将这种概括与历史比较社会学家联系起来。尽管他们通常运用定性方法,但这些方法并不能很好地契合我的理论架构,因为构建理论本身就是他们的追求。稍后我会专门为他们撰写一整章内容,所以,如果你迫不及待想了解,不妨直接去阅读那一章。

46. Frank L.Luntz, "Focus Group Research in American Politics," *The Polling Report* 10, no. 10 (1994): p.7.

47. 例如,在接受成为典范社会科学家的训练时,我曾被告知,良好的变量构建(也可称为对概念的良好操作化)意味着要提出一系列"相互排斥且详尽无遗"的取值(即可能的答案)。也就是说,对于问题的回答只能归属于所提供的可能答案中的某一个,并且这些答案必须涵盖该问题所有可能的回答情况。请结合上面引用的弗兰克·伦茨的话来思考这一要求。

第三章 典范社会科学的颂歌

1. 你不妨重读一下第一章注释 19 中提到的安德鲁·阿伯特(Andrew Abbott)的文章,以此刷新你对线性回归相关固有假设的认知,这些假设包括:类别保持不变、语境无关紧要、时间与你正在研究的内容无关。或许你就是那种很难摒弃对社会生活固有假设的人。

2. 请记住,出于修辞的需要,我假定,至少自第二次世界大战以来,典范社会科学是定量性质的,它以调查问卷研究积累起来的数据库为基础,并且能够应用线性模型。我们可以想到一些例外情形,但是出于修辞的考量,我将实际上相互重叠的三个方面归并成了一个体系。迈克尔·布洛维提醒我们,"实证科学"(positive science)是此处所依据的模型,而调查则是相应的研究方法。[Michael Burawoy, "The Extended Case Method," *Sociological Theory* 16, no.1 (1998): pp.4-33.]

3. "zafu"是禅修者所坐的黑色小枕头,"zabuton"则是放在这个黑色小枕头下面较大的黑色垫子。或者情况可能相反;我曾告诉过你,我不会把时间耗费在我认为无关紧要的细节上。但我得提醒你,我已经坚持冥想多年,并且做了更多的研究,所以我有理由相信,那些我认定为无关紧要的细节确实无关紧要。然而,在你打算偷工减料之前,我强烈建议你与其他志同道合的人一同核实。我不想陷入我在第一章中提到的"华兹华斯曾在哪所学校上学"这类琐碎的测试中,但有些细节,尽管看似微不足道,实则至关重要,请务必谨慎对待。

4.当拉比·希勒尔(Rabbi Hillel)被要求单独总结《律法》时,他说道:"己所不欲,勿施于人。这便是整个律法的核心概念。其余的一切皆为注解。"我也能够做出类似的总结。

5.关于概率的发现,伊恩·哈金(Ian Hacking)的《驯服机会》[*The Taming of Chance* (Cambridge:Cambridge University Press,1990)]很棒。有关社会科学这些发展的更多社会背景,请务必阅读 Theodore M. Porter, *The Rise of Statistical Thinking*, *1820-1900* (Princeton, N.J.:Princeton University Press,1986)。如果你想从野兽的内心深处读到一个真正具有破坏性的评论(经济学),请仔细阅读 Deirdre N. McCloskey, *The Rhetoric of Economics* (Madison:University of Wisconsin Press,1985)。

6. Lisa Remez,"Oral Sex among Adolescents:Is It Sex or Is It Abstinence?" *Family Planning Perspectives* 32,no. 6 (2000):pp.298-304.

7.例如,参见 Sharon Thompson, *Going All the Way:Teenage Girls' Tales of Sex, Romance, and Pregnancy*,1st ed. (New York:Hill and Wang,1995)。

8. William Blake, *Auguries of Innocence*:"To see a world in a grain of sand,/ And a heaven in a wild flower,/ Hold infinity in the palm of your hand,/ And eternity in an hour."

9."表面效度"指的是,从直观上看,你确实是在测量自己所认为正在测量的事物。

10.换句话说,你要为各种可能出现的情况做好准备。无论你正在探究的是何种关系,比如教育对日后收入的影响,这种影响可能在 40 岁以下的贫穷白人女同性恋群体中有所体现,而在 30 岁以上的富有黑人异性恋群体中却不明显,诸如此类的情况都需考虑。

11.严格来讲,你并非是在"舍弃"这些类别,而是对它们进行抽样,以便获得足够的样本数量,从而对其他变量进行检验。

12."过度抽样"(oversampling)指的是所搜集的元素("个体")数量,比从随机抽样中预期得到的数量要多。例如,在一个随机抽取的美国样本中,你可能会发现其中约有 12%的人是非裔美国人,因为这大致符合非裔美国人在总人口中的占比(当然,这里是假设"非裔美国人"这一类别在一定程度上是稳定的,但这种假设如今越来越受到质疑)。如果你基于先前的研究和(或)理论,有理由相信对于非裔美国人和白人而言,A 与 B 之间的关系存在显著差异,那么你可能会希望对非裔美国人进行"过度抽样",使他们在样本中的比例达到 25%,而不是原本的 12%。这样一来,你就能确保拥有足够数量的非裔美国人样本,且这些样本在阶级、教育程度、性别、宗教信仰以及其他任何你认为重要的方面存在差异。我之前提到的大型数据集之一,即收入动态面板研究(PSID),通常会对领取福利的人群进行过度抽样,因为这一群体特别能引起那些研究"收入动态"的研究人员的兴趣。

13.当然,最糟糕的情况可能是,我们有意或无意地筛选了观察对象,以证实我们的观点。

14.我认为这是霍华德·贝克尔(Howard Becker)所说的"信用等级"(hierachy of credibility)的一种衍生形式。这意味着,你的研究工作越符合被广泛认可的、主流的文化规范,就越显得"合理"且"直观"。显然,你的研究工作和发现对这些规范的挑战越大,你就越需要付出更多努力来赢得认可。(Howard S. Becker,"Whose Side Are We On?"*Social Problems* 14.1967:pp.239-247.)

15.如果你仔细研读了前面几页的内容,就会记得我所说的是理论层面的概括,而非统计学意义上的概括。换句话说,你可以推测这是"……的情形"。从理论角度看,它涉及比你所研究的少数几个个体或环境更广泛的范畴,但你无法对此进行证明。这一步需要依赖其他人,比如那些进行理论检验的人,或者留待你自己的下一个研究项目来完成。

16.这并非真正意义上的便利样本,而是一个理论样本。我们稍后会再深入讨论这个问题。

第四章 这是一个关于什么的案例?

1.我发现弗雷德里克·克鲁斯(Frederick Crews)对所谓研究兴趣与研究问题之间区别的讨论很有帮助。相关内容可参见弗雷德里克·C.克鲁斯(Frederick C. Crews)所著的《兰登书屋手册》(第 2 版)[*The Random House Handbook*, 2nd ed. (New York:Random House, 1977)]。这本书名义上是一本关于修辞学的著作,但它也介绍了在写作中如何提出观点,因此颇具实用价值。

2.这就是我家人所说的"龙虾问题",即你得付出诸多努力,才能寻觅到好的成果。

3.沃尔特·L.华莱士(Walter L. Wallace)所著的《社会学理论:导论》[*Sociological Theory:An Introduction* (Chicago:Aldine, 1969)]。在过去的一年里,我的一位学生想出了一种方法来记住其中的差异——"解释要素"就是用于解释的。

4. 这里存在一个有点棘手的问题,因为采用"莎莎舞"式研究方法的社会科学家,他们的许多工作是提出假设(或理论),而非检验这些假设(或理论)。所以,通常在研究项目的起始阶段,你不会列出一系列可能的答案。实际上,正如我刚刚所提到的,以及在本书其他部分所阐述的那样:从最明确的角度来讲,一个完整的研究问题往往是你在研究过程中最后才发现的,而不是最先确定的。不过,我在此所考虑的是一个至少在原则上逻辑上可证伪的研究问题,因为你可以证明自己的答案优于传统观点,或者对于所观察到的模式,你有其他符合逻辑的解释,并且你的观点比其他解释更具说服力。

5. 有人碰巧确实写了一本关于可卡因交易商的书:Patricia A. Adler, *Wheeling and Dealing: An Ethnography of an Upper-Level Drug Dealing and Smuggling Community* (New York: Columbia University Press, 1985)。

6. 当科学家形容某个解释具有"固定性"时,他们所表达的含义是,相较于其他解释而言,该解释能够对更多的数据做出合理的阐释。

7. 加里·金(他本人是一本重要方法论著作的作者,在该书中他提出,如果定性社会科学家能够像定量社会科学家那样思考,他们的工作会完成得更出色)认为,发表成果的方式不仅是为了复现已发表文章的研究发现,同时还要对其进行一些微调。这是实践中"常规科学"的一个经典且极具价值的例子。相关内容可参见加里·金(Gary King)的《发表,发表》["Publication, Publication,"PS: *Political Science and Politics* 39, no.1 (January 2006): pp.119-125]。关于更广泛的问题,可参阅加里·金(Gary King)、罗伯特·O. 基欧汉(Robert O. Keohane)和西德尼·维巴(Sidney Verba)所著的《设计社会研究:定性研究中的科学推断》[*Designing Social Inquiry: Scientific Inference in Qualitative Research* (Princeton, N.J.: Princeton University Press, 1994)]。你已经了解过金等人主张定性研究应更趋近于定量研究的书籍,即亨利·E. 布雷迪(Henry E. Brady)和戴维·科利尔(David Collier)所著的《重新思考社会探究:多样工具,共同标准》[*Rethinking Social Inquiry: Diverse Tools, Shared Standards* (Lanham, Md.: Rowman & Littlefield, 2004)]。在认同金等人的观点之前,请务必仔细研读该书。不过,你依然没有理由不去思考金关于成果发表的见解。

8. 若要了解使用由真实实验得出的技术(统计学方法)来评估准实验设计中所固有的知识和认识论问题,可参考威廉·R. 沙迪什(William R. Shadish)、托马斯·D. 库克(Thomas D. Cook)和唐纳德·托马斯·坎贝尔(Donald Thomas Campbell)所著的《用于广义因果推断的实验和准实验设计》[*Experimental and Quasi-*

Experimental Designs for Generalized Causal Inference (Boston：Houghton Mifflin，2002)]。

9.这可能看似是一个医学问题,但正如我们的讨论将清晰表明的那样,我认为这些问题实际上具有社会属性,这也让我能够以其为例,撰写一本关于社会科学中"莎莎舞式"研究的书籍。

10.典范型社会科学家并非没有意识到这些问题,对他们而言,解决这些问题就如同追求圣杯一般重要。如今,使用匹配效果的模型是典范型研究者正在尝试的方法之一,并且匹配算法也在不断完善。

11.托马斯·S.库恩(Thomas S. Kuhn)所著的《科学革命的结构》[*The Structure of Scientific Revolutions* (Chicago：University of Chicago Press，1962；3rd edition，1996)]。

12.在这种情况下,可参阅史蒂文·沙宾(Steven Shapin)所著的《真理的社会史》[*A Social History of Truth* (Chicago：University of Chicago Press，1994)，pp.xv-xxiv]。

13.参见齐格蒙特·鲍曼(Zygmunt Bauman)所著的《立法者与阐释者:论现代性、后现代性与知识分子》(*Legislators and Interpreters：On Modernity ，Post-modernity, and Intellectuals* (Cambridge：Polity Press in association with B. Blackwell，1987)]。

14.是的,我知道格里高利·贝特森(Margaret Mead 的前夫)在 1972 年提出了这个概念。但至少在我看来,是社会学家欧文·戈夫曼(Erving Goffman)让这一理念得以广泛传播。可参考欧文·戈夫曼所著的《框架分析:关于经验组织的一篇论文》[*Frame Analysis：An Essay on the Organization of Experience* (Boston：Northeastern University Press，1986)]。

15.丹尼尔·西蒙斯(Daniel Simons)和克里斯托弗·查布里斯(Christopher Chabris)所著的《我们中间的大猩猩:对动态事件的持续性无意视盲》["Gorillas in Our Midst：Sustained Inattentional Blindness for Dynamic Events," *Perception* 28 (1998)：pp. 1059-1074]。若想亲自观看相关视频,请访问网址：http://viscog.beckman.uiuc.edu/grafs/demos/15.html。

16.我在此要明确指出:非洲的艾滋病毒／艾滋病问题是一场具有世界历史意义的人类与社会悲剧,关于它,还有许多内容有待了解和书写。然而,就撰写关于这个问题的文章而言,恰恰是因为这一现象的严重性和影响力极大,你必须提出一些新颖的观点,即"亮点",才能吸引他人的关注。同样,我对这个问题了解并不多,但我能想到一两种新的研究视角来探讨它。这里举个例子：事实表明，在南非，有很多人从事着我们可能认为是卖淫的活动，但他们并不认为自己是职业性工作者（commercial sex workers）。至少其中一些人与长途卡车司机保持着性关系。假设我在寻找一个"亮点"（也就是"框架"），我会探究那些不认为自己是性工作者的女性，与那些和在非洲大陆上奔波的众多不同男性发生性关系的女性之间的关联。看看我是如何添加一些元素，然后提出一种关系的。若想了解关于这些参与作者称之为"生存性行为"的女性（以及一些男性）的精彩文章，可参阅克里斯汀·瓦尔加（Christine Varga）、埃莉诺·普雷斯顿-怀特（Eleanor Preston-Whyte）、赫尔曼·奥斯特惠曾（Herman Oosthuizen）、瑞秋·罗伯茨（Rachel Roberts）和弗雷德里克·布洛斯（Frederick Blose）所著的《非洲城市中的生存性性行为与艾滋病毒／艾滋病》（"Survival Sex and HIV/AIDS in an African City,"），收录于雷吉娜·玛丽亚·巴尔博萨（Regina Maria Barbosa）、理查德·帕克（Richard Parker）和彼得·阿格leton 编著的《构建性主体：性别、性与权力的政治》[Framing the Sexual Subject: The Politics of Gender, Sexuality, and Power（Berkeley：University of California Press，2000）]。

17."In the Room the woman come and go/Talking of Michelangelo"（T. S. Eliot，"The Love Song of J. Alfred Prufrock"）。

18.若想全面了解相关辩论的情况，请参阅罗伯特·D. 本福德（Robert D. Benford）和大卫·A. 斯诺（David A. Snow）所著的《框架化过程与社会运动：概述与评估》["Framing Processes and Social Movements：An Overview and Assessment," *Annual Review of Sociology* 26（2000）：pp.611-639]。

19.请记住，实际上你不必只选择其中一个研究方向而完全忽略其他所有方向。事实上，你既可以称自己是性别社会学家，也可以是研究工作领域的社会学家，这样一来，你有可能获得的工作机会数量就增加了一倍。但在研究的现阶段，重要的是只突出其中一个或两个子专业方向，而让其他子专业暂时退居次要位置。如果你宣称自己是上述我所列出的所有子专业领域的社会学家，那么人们可能会认为你要么是不切实际，要么就是自认为无所不知。

20.多年来，我多次引用过这句话，但我不确定最初是从哪里读到的。埃里卡·琼（Erica Jong）曾写道，尽管缪斯女神按照自己的节奏行事，但她不会降临到一个杂乱无章或毫无准备的地方。我忘记了具体的阅读出处，遗憾的是，琼自己也不记得是在哪里写下这段话的（我给她发了电子邮件询问过）。不过，她在最新著作《诱惑恶魔：为生命而写作》[*Seducing the Demon：Writing for My Life*（New York：Jeremy P. Tarcher/Penguin，2006）]中分享了她一生对于写作的感悟。顺便说一句,缪斯不过是灵感的代名词,或者随便你怎么称呼它都行。请记住埃里卡·琼的这句忠告。

21.尽管皮埃尔·布迪厄在许多著作中都反复提及这一点,但我认为他在《帕斯卡尔沉思录》中阐述得最为简洁明了。他观察到:"成功的启蒙……确保了所有'出身良好'之人的基本特权,对游戏的适应是如此直接且彻底,仿佛这是与生俱来的,并且赋予其拥有者最大的优势,即无须为了获取游戏所能提供的最稀缺的利益而去精打细算。"(Pierre Bourdieu, *Pascalian Meditations*, Stanford, Calif.: Stanford University Press, 2000, p.36.)

22.艾莉森·施耐德(Alison Schneider)引用了哈佛大学社会学家芭芭拉·雷斯金(Barbara Reskin)的话。Alison Schneider, "Gender Gap in Scholarly Publishing: Why Don't Women Publish as Much as Men?" *Chronicle of Higher Education*, September 11, 1998, p.A14.

23.我收集这两篇评论已有很长时间,久到我完全忘记了它们的作者是谁。如果这其中有你撰写的作品,请告知我,我保证会在后续版本中为你加上署名。

24.迈克·霍特(Michael Hout)、克莱姆·布鲁克斯(Clem Brooks)和杰夫·曼扎(Jeff Manza)所著的《美国的民主阶级斗争,1948至1992》["The Democratic Class Struggle in the United States, 1948-1992," *American Sociological Review* 60, no.6 (December 1995):pp.805-828.]

第五章　回顾文献

1.本书的这一部分主要参考了托马斯·曼(Thomas Mann)所著的《图书馆研究模型:分类、编目与计算机指南》[*Library Research Models: A Guide to Classification, Cataloging, and Computers* (New York: Oxford University Press, 1993)]。你或许会觉得我推荐的书籍太多了,但请相信我,所有这些书都堪称《消费者报告》所说的"最值得购买的产品"。托马斯·曼写的这本书(据我所知,这位托马斯·曼与创作《魔山》(*The Magic Mountain*)的托马斯·曼并非同一人)能够让作为信息使用者的你变得更加明智,你确实应该给自己买一本。

2.杜威十进位制是由一个叫 Melvil Dewey(与 John Dewey 无关)的人设计的。实际上,伯克利的在线图书馆目录称其为 Melvyl。

3. Mann, Library Research Models.

4.芭芭拉·克里斯蒂安(Barbara Christian)所著的《黑人女性小说家:1892年至1976年传统的发展》[Barbara Christian, *Black Women Novelists: The Development of a Tradition*, 1892-1976 (Westport, Conn.: Greenwood Press, 1985)].

　　5. Patricia Ianuzzi, quoted in the *Berkeley Daily Planet*, August 10, 2004.

　　6. www.annualreviews.com. 来自他们网站的声明:"《年度综述》很荣幸能在生物医学、物理学以及社会科学领域的 30 个重点学科上发表具有权威性的分析评论。《年度评论》系列出版物是科学文献中被引用率最高的出版物之一。

　　7. 1979 年,安东尼·吉登斯(Anthony Giddens)所著的《社会理论的核心问题》[*Central Problems in Social Theory*, London: Macmillan, 1979]出版。1971 年出版的《资本主义与现代社会理论》(*Capitalism and Modern Social Theory*)一书已对此有所暗示,但在这本书中,相关内容得到了更充分的阐述。(当然,随后你可以进一步去查阅社会学词典,了解他的全部参考书目。)

　　8. 我认为,如今学术书籍和学术论文之间的差异越来越明显地体现在受众方面。论文面向的是业内人士,即那些"我们确实是你所在领域的专业学术群体"的人,而书籍的受众范围更广,这些读者(audience)不一定只对所在领域所关注的有限问题抱有局限的兴趣。我的直觉是,你可能会被书籍所吸引,对丰富的案例感兴趣,但没有理由强迫自己去阅读书籍。我觉得期刊同样需要像采用"莎莎舞式"研究方法的社会科学家所做的那种研究成果。

　　9. 吉恩·伯恩斯(Gene Burns)所著的《道德否决权:美国避孕、堕胎问题的框架构建与文化多元主义》。[*The Moral Veto: Framing Contraception, Abortion, and Cultural Pluralism in the United States* (Cambridge: Cambridge University Press, 2005).]

　　10. http://wwwlib.umi.com/dissertations.

　　11. "第二班"(The Second Shift)由阿里·霍奇希尔德(Arlie Hochschild)在她的书中命名,与家庭成员(通常但并非总是女性)从事的工作同名。[Arlie Russell Hochschild and Anne Machung, *The Second Shift: Working Parents and the Revolution at Home* (New York: Viking, 1989).]

　　12. 我假设每一位从事学术工作的人都能够访问互联网,但这并非是一个毫无破绽的假设。安妮塔·席勒(Anita Schiller)在 20 年前就曾指出,信息的数字化程度日益加深,尤其是对于以营利为目的的公司而言,这意味着曾经可以免费获取的信息(这些信息通常是由公共支出收集或编目的)已变成了一种商品,如今人们需要付费才能使用。她担忧有一天,当代的卡尔·马克思那样的人物想要在大英图书馆进行研究时,会因为无力承担查阅那些曾被认为对同等地位的人免费的文献所需的费用而受到限制。参见 Anita Schiller, "Shifting Boundaries in Information," *Library Journal*

106 (1981): p.705。

13. www.library.ucla.edu/bruinsuccess/.

14. Mortimer Adler and Charles Van Doren, *How to Read a Book* (New York: Simon and Schuster, 1972).

第六章 抽样,操作化和普遍化

1. 老实说,尽管我们一起接受过训练,而且他们也是我所在校园志愿者团队的成员,但我们从未投入过大量的、集中的时间——每天大概几个小时——来让我们有资格成为一个真正的(获得美国联邦应急管理署(FEMA)认证的)驯犬及操作处理团队。由于当时整个伯克利市只有一只经过官方认证的 K-9 搜救犬,所以我所在校园志愿者搜救队的其他成员认为,在地震造成大规模破坏的情况下,我们所能提供的帮助虽然有限,但或许能派上用场。

2. 这是对"重要的新颖性"[安德鲁·阿博特(Andrew Abbott)的术语]的直接运用,或者说是对格拉泽和斯特劳斯所提出的扎根理论抽样模型的大胆借鉴(这是我采用的表述方式)。

3. Michael Burawoy, *The Colour of Class on the Copper Mines, from African Advancement to Zambianization* (Manchester: Manchester University Press for the Institute for African Studies University of Zambia, 1972).

4. Reva B. Siegel, "'The Rule of Love': Wife Beating as Prerogative and Privacy," *Yale Law Journal* 105 (1996): pp.2117-2207。这是所有有抱负的社会科学家,不仅是社会法律学者,都应该阅读的文章。

5. Seymour Martin Lipset, *Union Democracy: The Internal Politics of the International Typographical Union* (Glencoe, Ill.: Free Press, 1956); Kim Voss and Rachel Sherman, "Breaking the Iron Law of Oligarchy: Union Revitalization in the American Union Movement," *American Journal of Sociology* 106, no. 2 (September 2000): pp.303-349.

6. Annette Lareau, *Unequal Childhoods: Class, Race, and Family Life* (Berkeley: University of California Press, 2003).安德鲁·卡内基(Andrew Carnegie)称学校为"攀登阶梯"。

7. 关于家庭教育,请见 Mitchell L. Stevens, *Kingdom of Children: Culture and Controversy in the Homeschooling Movement*, Princeton Studies in Cultural Sociology (Princeton: Princeton University Press, 2001).

8. 这个特殊的错误称为"对因变量采样"。

9. 它的发音是"Sin EK doak ee",令人感到困惑的是,它还表示用整体代替部分的修辞手法。比如当你说"我们头上有屋顶"时,这里是用部分(屋顶)代表整体(房子),意思是你有房子可住;而当你喊"法律来了!(如'滚,法律来了!')"时,却是用整体(法律体系)代表部分(警察个体),实际指的是一个个警察。我最初是在海登·怀特(Hayden White)有关元史学的著作中了解到这一概念的。

10. "或多或少相似"具体指什么呢?同样,这需要从理论层面来界定。假设你认为,由于硅谷的工作场所组织架构呈"扁平化"(即层级制度较少),所以存在大量打情骂俏的行为。那么,你可能会想要对另一个具有类似组织架构的群体展开抽样调查,除非你选择一个组织架构呈金字塔状的对比案例。不过要注意,如果选择了对比案例,研究问题就会从"人们如何看待职场中的调情行为?"转变为"组织结构对调情行为有何影响?"这当然也没问题,但由于抽样是基于理论考量的,所以选择特定类型的样本(在这个例子中,是不同组织风格的对比样本)会将你的研究引入一个新的理论维度。

11. Anna Lee Saxenian, *Regional Advantage: Culture and Competition in Silicon Valley and Route 128* (Cambridge, Mass.: Harvard University Press, 1994).

12. 这是阿兰·图海纳(Alain Touraine)曾经提出的一个论点的变体。Touraine, *The Post-Industrial Society*; *Tomorrow's Social History: Classes, Conflicts and Culture in the Programmed Society* (New York: Random House, 1971).

13. 斯蒂芬·杰伊·古尔德(Stephen Jay Gould)指出,叙事中三通常是一个神奇的数字,而认知心理学家认为他们可以告诉我们原因。参见 Gould, "Carrie Buck's Daughter," *Natural History*, July 1993, pp.14-18。

14. 严格来讲,这些是所有人工流产的数据,并非仅仅是第二次及后续流产的数据。尽管在很长一段时间里,我都未关注到第二次及之后的流产情况,但从相关文献中我确实了解到,在 20 世纪 60 年代,政府补贴的避孕用品的可获取性大幅提升,而且避孕药的使用也日益普遍。如果你有兴趣,请参阅 Jane Mauldon and Kristin Luker, "Does Liberalism Cause Sex?" *American Prospect* 24 (1996): p.80。

15. 出于研究伦理的考虑,我在人流后复诊时对她们进行了采访。(我担心如果我事先询问,人们可能会认为她们必须和我交谈才能进行人工流产。)并不是所有的女性都会回来复诊,所以在这方面存在抽样选择偏差,但我的直觉是,如果我能够找到所有这些女性,我的假设会得到加强而不是削弱。顺便说一句,我确实尝试过随访,但令人惊讶的是,有很多女性在堕胎后没有回来做检查,她们使用的是假名和/或地址。

16. 我有非常可靠的消息来源,两位杰出的教员(不在耶鲁大学)在20世纪60年代初曾互相打赌,看他们能勾引多少女人。然而,为了使这项挑战更有意义,他们同意,他们中的任何一个人都不会将毕业学生计算在最后的总数中。

17. Catharine A. MacKinnon, *Sexual Harassment of Working Women: A Case of Sex Discrimination* (New Haven: Yale University Press, 1979)。我最近重读了 MacKinnon, "Feminism, Marxism, and the State: An Agenda for Theory"(Signs 7 [1982]: 515-544),并为她的分析能力所震惊。关于这一点的一种变体是,为了拥有权利,你必须参与"命名、责备和主张"的过程。参见 William L. F. Felstiner, Richard L. Abel, and Austin Sarat, "The Emergence and Transformation of Disputes: Naming, Blaming, Claiming..." *Law & Society Review* 15 (1980): pp.631-654。

18. 好吧,我就直说了。我使用1990年的数据,因为这些数据能更清晰地说明问题,还让我能够把克里斯蒂娜·霍夫·索默斯当作我的"假想敌"。作为一个对比参照,2004年,联邦调查局在《统一犯罪报告》中称,向执法部门报案的强奸案有93 934起;而司法部的全国犯罪受害者调查(如今该调查会更直接地针对强奸案进行调查)发现,同年在美国发生了209 880起针对12岁及以上人群的强奸和性侵犯案件。

19. FBI, Uniform Crime Reports (Washington, D.C., 1990); Department of Justice, Bureau of Justice Statistics, Criminal Victimization (Washington, D.C., U. S. Department of Justice); Christina Hoff Sommers, *Who Stole Feminism? How Women Have Betrayed Women* (New York: Simon & Schuster, 1994), pp. 209-226.

20. Katie Roiphe, The Morning After: Sex, Fear, and Feminism, 1st paperback ed. (Boston: Little, Brown, 1994); Neil Gilbert, "Realities and Mythologies of Rape," *Society* 29 (4) (May-June 1992): pp.4-10; Sommers, *Who Stole Feminism?*; Camille Paglia, *Sex, Art, and American Culture* (New York: Vintage Books, 1991); Heather MacDonald, "What Campus Rape Crisis?" *Los Angeles Times*, February 24, 2008.

21. 毫不奇怪,这表明了机构在创造和验证数据(creation and validation)中扮演的角色。比我们想象中更多的情况下,数据在进入我们的视线之前就已经经历了人类活动的筛选。

22. Jane Gross, "203 Rape Cases Reopened in Oakland as the Police Chief

Admits Mistakes," *New York Times*, September 20, 1990, p. 14. Gross 报告指出,奥克兰警方通常会对涉及妓女和吸毒者的强奸案置之不理,甚至连最基本的调查都不开展。

23. 这种观点对你而言,要么极具意义,要么就是女性主义"政治正确(PC)"的又一典型例子。但就我的观点来说,你不必认同这就是实际情况;你只要明白,在过去,强奸被视为一种二元事件,被强奸和未被强奸之间的界限划分得极为分明。

24. Siegel, "The Rule of Love."

25. 有关性教育方面的更多信息,请参见 Kristin Luker, *When Sex Goes to School: Warring Views on Sex—and Sex Education—Since the Sixties* (New York: W. W. Norton, 2006)。

26. Mary Koss, "Hidden Rape: Sexual Aggression and Victimization in a National Sample of Students in Higher Education," in Ann Wolbert Burgess, ed., *Rape and Sexual Assault* (New York: Garland, 1985)。另请参见 Mary Koss, Christine A. Gidycz, and Nadine Wisniewski, "The Scope of Rape: Incidence and Prevalence of Sexual Aggression and Victimization in a National Sample of Higher Education Students," *Journal of Consulting and Clinical Psychology* 55, no. 2 (1987): pp. 62-170。

27. Koss, "Hidden Rape."

28. Edward O. Laumann et al., *The Social Organization of Sexuality: Sexual Practices in the United States* (Chicago: University of Chicago Press, 1994), pp. 333-338。Laumann 的调查极富争议性(参见 Edward O. Laumann, Robert T. Michael, and John H. Gagnon, "A Political History of the National Sex Survey of Adults," *Family Planning Perspectives* 26 [1994]: pp.34-38),与20世纪40年代末和50年代初 Kinsey 的研究不同,该研究基于成年人的随机样本。

29. 同上,第 333 页。

30. Pierre Bourdieu and Jean Claude Passeron, *The Inheritors: French Students and Their Relation to Culture* (Chicago: University of Chicago Press: 1979)。

31. 或者换一种说法,这是一个关于什么的案例?作为读者,我们如何才能"发展"拉罗(Lareau)的研究成果?

第七章 深入核心细节

1. 不相信我吗?读读这篇文章:Joshua Guetzkow, Michèle Lamont, and

Gregoire Mallard,"What Is Originality in the Humanities and the Social Sciences?" *American Sociological Review* 69, no. 2 (2004): pp.190-212。

2. Eleanor Rosch et al.,"Basic Objects in Natural Categories," *Cognitive Psychology* 8 (1976): p.382.

3. 关于日常生活神经学的新研究实在是太多了,我都不知该从何处入手。神经递质的迷人之处在于,在这个层面上,"自然"与"养育"之间的界限逐渐模糊。因为我们的大脑(代表"自然")始终在对外部事件(代表"养育")作出反应并进行重新连线——对于社会学家而言,还有什么比这更令人着迷的呢?你可能想看看这本书:Candace B. Pert, *Molecules of Emotion*: *Why You Feel the Way You Feel* (New York: Scribner, 1997)。

4. 我真的相信,在某种程度上,所有研究都是自传性的(autobiographical),尽管这种联系可能是间接性的。例如,我有一个研究生物发光的朋友,但我知道他的内心是一个对萤火虫着迷的八岁男孩。在这一步中,我需要知道的是,为什么除了你自己之外,其他人也应该并且会关心你的研究问题。

5. 威廉·K.缪尔(William K. Muir)在他那本见解深刻且精妙的书中讲述了一个社区在20世纪60年代初对学校祷告决定的响应与未响应情况。他提到,政治家和记者的区别在于,记者报道已然发生之事,而政治学家则阐述未曾发生之事。这不过是一种巧妙的表述,意思是记者关注的是表面事实,而社会科学家关注的是(理论层面的)深度。William K. Muir, *Prayer in the Public Schools*: *Law and Attitude Change* (Chicago: University of Chicago Press, 1967).

6. Susan Moller Okin, *Women in Western Political Thought* (Princeton, N.J.: Princeton University Press, 1979).

276

7. 我现在认为,很多相同的事情也会发生在婚姻里。请参阅 Luker, When Sex Goes to School。

8. Roe v. Wade, 410 U.S. 113 (1973).

9. 有时,针对历史比较数据,你依然需要获取使用许可。可能某些人持有关键文档,或者能够批准你使用某个档案,又或者会给你设置难以逾越的障碍。(我曾听闻一位学者在档案馆工作,档案管理员要求所有信件被引用的当事人提交信件,若当事人已去世,则要求其继承人提交信件。)

10. Burawoy,"Extended Case Method," p.22.

11. Tom W. Smith,"Developing Nonresponse Standards," presented at the National Opinion Research Center, University of Chicago International Conference on

Survey Nonresponse，1999.

12. 实际上，加利福尼亚最高法院曾在判决中明确指出，研究人员不可向研究对象谎报自身身份。我们能够淡化或者委婉说明研究动机，然而绝不能主动对自己的身份进行歪曲。因此，以志愿者、临时工等身份在某地工作，与此同时积极收集研究数据，对我来说，就如同在危险边缘游走。这并非主动进行虚假陈述，可无疑是一种因不作为而引发的虚假陈述。参见 Taus v. Loftus, California Supreme Court，40 Cal. 4th 683，2007。

13. Mark Granovetter,"The Strength of Weak Ties：A Network Theory Revisited,"Sociological Theory 1（1983）：pp.201-233.

14. 克洛德·列维-斯特劳斯（Claude Lévi-Strauss）是一位法国人类学家，在我所处的那个时代，社会学家们都热衷于阅读他的著作。列维-斯特劳斯借鉴了另一位法国人类学家马塞尔·莫斯（Marcel Mauss）的观点，指出了互惠这一主题。其观点认为，人类生活的深层原则是"以公平换公平"——倘若你与我分享你的时间和见解，那么我也需要给予你一定的回报。

15. 如果你想了解相关内容，可以读一读我的书《堕胎与母性政治》（Abortion and the Politics of Motherhood）。归根结底，重要的并非"事实"本身，而是人们对这些事实的评判，我想这一观点也适用于我所撰写的大多数书籍。

第八章　实地调查（和其他）方法

1. Janet Lever,"Sex Differences in the Complexity of Children's Play and Games,"*American Sociological Review* 43，no. 4（1978）：471-483.若想了解更现代的版本，请参见 Barrie Thorne, Gender Play：Girls and Boys in School（New Brunswick, N.J.：Rutgers University Press, 1993）。

2. 遗憾的是，许多从业者将"民族志"与"参与式观察"或"P/O"这几个概念交替使用。但我想在此明确将二者加以区分，帮助你思考在实地研究中可能面临哪些问题，而你所面临的问题取决于你深入实地的程度。

3. 关于这一点，请参阅罗伯特·M. 爱默生（Robert M. Emerson）、雷切尔·I. 弗雷茨（Rachel I. Fretz）和琳达·L. 肖（Linda L. Shaw）所著的《撰写民族志田野笔记》（*Writing Ethnographic Fieldnotes*, Chicago：University of Chicago Press，1995），尤其是第 2 章。

4. 我知道我曾提醒过你不要这么做——以做其他事情为名，让同事帮忙进行社会学调查，这属于隐蔽研究，会让人有被欺骗之感。然而，许多社会学家一直在这么做，并且他们不会分享自己对于开展"卧底"研究在"研究伦理"方面的看法。(不过,公平地讲,也有些人确实对这些问题进行过深入思考。)例如,参见 Judith Rollins, *Between Women* [Philadelphia: Temple University Press, 1985]。人们可以提出一个很长的名单,列出其他写过他们的"日常工作"社会学家的名单。这里有两个例子:Jennifer L. Pierce, *Gender Trials: Emotional Lives in Contemporary Law Firms* (Berkeley: University of California Press, 1995); Fred Davis, "The Cabdriver and His Fare: Facets of a Fleeting Relationship," *American Journal of Sociology* 65, no. 2 (1959): pp.158-165。

5. 我一直认为这是实地研究方法的天才之处,它要求人们正式打破游戏规则,以注意到其本身被规则所约束的深度。

6. Lynne Haney, "Homeboys, Babies, Men in Suits: The State and the Reproduction of Male Dominance," *American Sociological Review* 61, no.5 (1996): pp. 759-778。

7. 保罗·威利斯(Paul Willis)在他的经典著作《学习劳动》[*Learning to Labor* (New York: Columbia University Press, 1981]中指出,英格兰一些工人阶级年轻男性中的"反对文化"使他们能够保持自己的自我形象,并且反对学校的主流文化。不过,这种生存策略最终使他们处于不利境地,致使他们无法利用学校所提供的任何有限的上升流动机会。

8. Elijah Anderson, *A Place on the Corner* [Chicago: University of Chicago Press, 2003 (1978)], p.14.

9. 有趣的是,老师们对这两组信号的解读截然不同,尽管最终得出的结论都是"las chicas"不尊重他们。贝蒂告诉我们,实际上两组女孩之间几乎没有差异,但老师们却认为"Las chicas"比大学预科班的女孩在性方面更加活跃。Julie Bettie, *Women Without Class: Girls, Race, and Identity* (Berkeley: University of California Press, 2003).

10. Howard S. Becker, "Problems of Inference and Proof in Participant Observation," *American Sociological Review* 23, no. 6 (1958): pp.652-666. 这是社会科学家做的一个"最佳购买"的选择,你应该将其作为永久的收藏。

11. 同上,第 656—657 页。严格来讲,贝克尔要求你在第二步中评估事件发生的可能性。不过,鉴于他文章中所阐述的更宏观的论点,我觉得他或许会认可对一个事件的理论核心地位进行评估,而非仅考量其统计发生频率。相关详细信息请参阅该书第 656 页。

12. 因此,要具体说明公立学校的儿童与整个年龄段儿童的不同方式也相对容易,因为关于有多少孩子在私立学校或宗教学校,或接受家庭教育的数据,通常可以通过一些努力获得。但是,当涉及研究者进入许可的时候,学校可能会让研究者们抓狂。

13. Renée R. Anspach, *Deciding Who Lives: Fateful Choices in the Intensive-Care Nursery* (Berkeley: University of California Press, 1993). 关于另一种观点,请参见 Carol Anne Heimer and Lisa R. Staffen, *For the Sake of the Children: The Social Organization of Responsibility in the Hospital and the Home*, Morality and Society (Chicago: University of Chicago Press, 1998)。

14. 如果你想吹毛求疵,或许会觉得安斯波的书并非专门论述理论构建的,但我却认为它是。在安斯波的书出版以前,父母和医生都认为,新生儿护理部门所做的决策完全严格依据医疗原则。然而,安斯波指出,医疗"事实"的构建以及将其应用于决策的方式,实则是一个极为深刻的社会过程。

15. 我早些时候提到了这一宝贵资源,但我要再次提醒莎莎舞式的社会科学家另一项"最值得购买的书":罗伯特·爱默生等人所著的《撰写民族志田野笔记》[Robert Emerson et al., *Writing Ethnographic Field Notes* (Chicago: University of Chicago Press, 1985)]。作者在书里面告诉你各种秘密,这些通常是教授会告诉学生的内容。

16. 顾名思义,"民主人士"是试图改变国家机构结构的澳大利亚官僚。见 Hester Eisenstein, *Inside Agitators: Australian Femocrats and the State*, Women in thePolitical Economy (Philadelphia: Temple University Press, 1996)。

17. 调查问卷研究人员通常用"采访"一词,来指代由采访者执行、包含固定问题和封闭式回答的调查问卷。(例如:"你如何评价布什总统的工作——很好、好、不太好、一点都不好,或者你对此没有看法?")不过,在本文语境中,我将用这个词来表示有时被称作相对"长"或"非结构化"的访谈。当然,这两种说法其实都不准确,因为许多这类访谈并不冗长,而且它们实际上都是有结构的,尽管结构可能较为松散。

18. 最近,我听说特里·格罗斯(Terry Gross,主持节目 *Fresh Air*)采访了导演维尔纳·赫尔佐格(Werner Herzog)。这位导演刚完成一部纪录片,影片讲述的是一个年轻人的故事。这个年轻人花费多个夏天与灰熊共同生活,成为灰熊的守护者,最终却命丧熊口。格罗斯询问赫尔佐格,鉴于他以往主要拍摄虚构电影,拍摄这样一部纪录片是否算是一种转变。赫尔佐格说出了一句颇具智慧的话,强调不要将事实与真相混为一谈,这一点至关重要。采访也是如此。在采访过程中,我们关注的并非事实本身,而是社会真相。

19. Ann Swidler, "Culture in Action: Symbols and Strategies," *American Socio-*

logical Review 51, no. 2 (1986): pp.273-286; Elisabeth S. Clemens, "Organizational Repertoires and Institutional Change: Women's Groups and the Transformation of U.S. Politics, 1890-1920," *American Journal of Sociology* 98, no. 4 (1993): pp. 755-798.

20. 有关概述，请参见 Robert D. Benford and David A. Snow, "Framing Processes and Social Movements: An Overview and Assessment," *Annual Review of Sociology* 26 (2000): pp.611-639。

21. 我从加利福尼亚大学圣迭戈分校的一位优秀的实地研究人员、也是我的同事杰奎琳·怀斯曼(Jacqueline Wiseman)那里学到了这种技术。她运用这种技术来分析数据(后续会详细阐述)，而我将其应用于研究项目的记录备份工作中，并且还把它用于数据生成。有关 Wiseman 的一些作品，请参见 Jacqueline P. Wiseman, *Stations of the Lost: The Treatment of Skid Row Alcoholics* (Englewood Cliffs, N. J.: Prentice-Hall, 1970)。

22. 这项特殊技术，如同本书中的许多其他技术一样，是杰奎琳·怀斯曼传授给我的。当时我还是一名年轻的助理教授，而她是我的资深同事。她是我所认识的田野工作经验最为丰富的研究者之一，几乎所有从事社会学工作的人都能从她的获奖著作《失落的车站》(*Stations of the Lost*)中有所收获。

23. 阿尔弗雷德·希区柯克(Alfred Hitchcock)在1951年拍摄了一部令人印象深刻的同名惊悚电影，以至于人们常常提及"火车上的陌生人"，实际上他们指的就是这部伟大的黑色电影《火车上的陌生人》。在影片中，两个男人探讨着各自生活中与家庭成员(一个是父亲，另一个是妻子)相处的困扰，他们设想，如果彼此"解决"对方的问题，那么两人都能置身事外，因为他们肯定都有不在场证明。其中一人以为另一个人在开玩笑，然而，想象一下当……他会多么惊讶。

24. 见 Barrie Thorne, "'You Still Takin' Notes'? Fieldwork and Problems of Informed Consent," *Social Problems* 27 (1980): pp.284-297。

25. 有关此问题清晰而全面的讨论，请参见 Robert M. Groves, Survey Methodology, *Wiley Series in Survey Methodology* (Hoboken, N.J.: J. Wiley, 2004), pp. 226-236。

26. Frank L. Luntz, "Focus Group Research in American Politics," *The Polling Report* 10, no. 10 (1994): p.7.

27. 我写 marxist 用的是小写的"m"，表示这是一种学术认同，而不是政治认同。

28. Stanley B. Greenberg, *Middle Class Dreams: The Politics and Power of*

the New American Majority（New York：Times Books，1995），reporting on focus groups he ran in 1985 and 1989；Edward G. Carmines and James A. Stimson，*Issue Evolution：Race and the Transformation of American Politics*（Princeton，N.J.：Princeton University Press，1989）。

29.你可能会像我一样心存疑虑：一个或几个特别能言善辩的人，是否会营造出一些实际上并不存在的"空当"（在此情境下，指能引起其他人共鸣的类别）。换言之，有没有可能是一两个人热烈讨论某件事，而小组里的其他人其实并不在意，只是出于礼貌配合参与？简言之，这种情况是有可能的。但就如同我们进行访谈一样，除非我们所假设的 X 是人们真正在意的事物，否则在绝大多数焦点小组中，即便有直言不讳的人关注 X，也无法引得其他人认同。但如果他们真的做到了（即你的很多小组中都有人能说服其他人关注 X），那么这同样属于社会数据。

30.我在本章前面已经提过，但有必要再重复一遍：参与者当然知道你在观察他们。我们不进行秘密研究！

31.我说内容分析在语言分析领域的研究者中有些过时，这一观点基于我对过去三十年来 JStor 数据库中含有"内容分析"一词的文章所做的一项不太系统的统计。让我感到意外的是，政治学家仍在使用内容分析，而社会学家却不再采用了。

32. Deanna L. Pagnini and S. Philip Morgan，"Racial Differences in Marriage and Childbearing：Oral History Evidence from the South in the Early Twentieth Century，"*American Journal of Sociology* 101（1996）：pp.1694-1718。我在 Kristin Luker 的 *Dubious Conceptions：The Politics of Teenage Pregnancy*（Cambridge，Mass.：Harvard University Press，1996）中列出了融合的证据。

第九章　历史比较的方法

1.实际上，沃奎特的确针对民族志做出了这样的评论，但我将其更多地应用于定性研究方法，以此阐明我的观点。

2."Tsuris"是一个常见的意第绪语词汇，表示悲伤、麻烦或压力。意第绪语的杰出专家利奥·罗斯滕（Leo Rosten）指出，这个词的意思是"麻烦；祸患；忧虑；痛苦"，并说明它是"tsorah"或"tsurah"的复数形式，"但麻烦很少以单数形式出现"。[Leo Rosten，*The Joys of Yiddish*（New York：Pocket Books，1968，p.415）。]

3.波特·斯图尔特大法官（1915—1985 年）因在一起涉及色情出版物的案件中发表的协同意见而闻名。他指出，尽管他无法给色情出版物下定义，但"我一看便知"。[这个案子是 Jacobellis v. Ohio，378 U.S. 184（1964）。]

4. Barrington Moore, *Social Origins of Dictatorship and Democracy: Lord and Peasant in the Making of the Modern World* (Boston: Beacon Press, 1993); Theda Skocpol, *States and Social Revolutions: A Comparative Analysis of France, Russia, and China* (Cambridge: Cambridge University Press, 1979).

5.我们都倾向于构建理论——或者说本应如此。确切地讲,我在此的意思是,历史和比较研究类型通常——但并非总是——倾向于采用理论测试模型,而非在"莎莎舞式的"社会科学中更为常见的理论生成模式。历史和比较研究方法的某些特质,会促使人们去证明关于某些事物的现有理论是错误或不充分的,这也是这些方法能够跨越典范研究方法和"莎莎舞式的"研究方法的另一个原因。

6.卡尔·波普尔是一位极具影响力的科学哲学家,正是他提出了"可证伪性"(falsifiability)这一作为探究关键的概念。他的观点是:即便你观察到数百只(甚至数千只)白色的天鹅,也不能就此得出"所有的天鹅都是白色的"这一结论。然而,只要出现一只黑天鹅,就足以证明并非所有的天鹅都是白色的。从这个层面来讲,你的特殊案例就如同一只黑天鹅,因为它表明——倘若一切合理的话——某些曾被认定为引发革命的因素,只是革命发生的必要条件,而非充分条件。

第十章 数据简化和分析

1.此外,萨里大学(University of Surrey)运营 CAQDAS 网站的杰出人物安·利文斯(Ann Lewins)和克里斯蒂娜·西尔弗(Christina Silver)有一篇免费的、可下载的、定期更新的关于如何选择 CAQDAS 软件包的文章。他们还出版了一本非常有用的书——《定性研究中的软件应用:分步指南》[Ann Lewins and Christina Silver, *Using Software in Qualitative Research: A Step-by-Step Guide* (Los Angeles: Sage Publications, 2007)]。没错,这又是一本"最值得购买"的书。

2. Steven Shapin, *A Social History of Truth: Civility and Science in Seventeenth-Century England* (Chicago: University of Chicago Press, 1994).

3. www.u.arizona.edu/cragin/ragin.htm.

4."Mensuration"指的是对事物进行测量的研究领域。我在此选用这个词,而非更直白的"measurement",是为了表明我们在此所开展的是一项社会实践活动,而并非是对某事物进行"客观"的评估统计。

5.对于具备技术思维的人而言,我的意思是,B 应当是 A 的函数。

6. Barney G. Glaser and Anselm L. Strauss, *The Discovery of Grounded Theory: Strategies for Qualitative Research* (Chicago: Aldine, 1967).

7. 例如，Barney G. Glaser and Anselm L. Strauss, *Awareness of Dying* (Chicago: Aldine, 1965); Barney G. Glaser and Anselm L. Strauss, *Status Passage* (Chicago: Aldine Atherton, 1971); Barney G. Glaser and Anselm L. Strauss, *Time for Dying* (Chicago: Aldine, 1968); Anselm L. Strauss and Barney G. Glaser, *Anguish: A Case History of a Dying Trajectory* (Mill Valley, Calif.: Sociology Press, 1970)。

8. Charles C. Ragin, *The Comparative Method: Moving Beyond Qualitative and Quantitative Strategies* (Berkeley: University of California Press, 1987); Charles C. Ragin, *Fuzzy-Set Social Science* (Chicago: University of Chicago Press, 2000)。

9. 可以从 www.nwu.edu/sociology/tools/qca/qca.html 下载软件和手册。

10. Ragin, *The Comparative Method*.

11. 道德冲击"这一术语源自詹姆斯·贾斯珀(James Jasper)所著的《道德抗议的艺术:社会运动中的文化、个人经历与创造力》[*The Art of Moral Protest: Culture, Biography, and Creativity in Social Movements* (Chicago: University of Chicago Press, 1997)]。

12. 其实我在那里的表述有些简略,你得通读《性在校园》(*When Sex Goes to School*)整本书,才能了解其间的所有关联步骤。大体而言,我认为"社会保守主义者"对性议题极为关注,并且美国社会在性方面已出现新的分歧。就本书所探讨的社会探究架构方式而言,性保守主义者属于社会保守主义者的范畴。也就是说,用维恩图的术语来讲,性保守主义者是社会保守主义者的一个子集。依据我的研究,目前尚不清楚性保守主义者是否就完全等同于社会保守主义者,这一点还需进一步深入研究。

13. 从事科学社会研究的人可能会对这个比喻提出异议,认为即使是有形的物体也是由他们所处的社会环境来塑造和选择的。不管怎样,问题是很清楚的:在我看来,我们的方法比有形的物体更具有深刻的社会性。

第十一章　去生活,像莎莎舞式的社会科学家那样

1. Anne Lamott, *Bird by Bird: Some Instructions on Writing and Life* (New York: Anchor Books, 1995).

2. 我所知道的对此最好的描述(同时也是最佳的应对方法),出自安妮·拉莫特(Anne Lamott)的《一步一步来:关于写作与生活的一些指导》第 16 页:"第一个有用

的理念是'短作业'。通常,当你坐下来准备写作时,你脑海中浮现的可能是一部关于你童年的自传体小说,或是一部关于移民经历的戏剧,又或者——比方说——一部女性史。但这就如同试图攀登冰川,你很难站稳脚跟,手指会被冻得通红、破裂。然后,你的内心恶魔来到你的书桌前,就像你那些最古怪、最隐秘的亲戚。它们在电脑旁拉过椅子,围成半圆,它们试图保持安静,但你知道它们就在那里,带着诡异、沉闷的呼吸,在你背后虎视眈眈。"如果我在本书其他地方还未能让你信服,我希望这段话能让你相信,对于各类作家而言,这本书都是"最值得入手"的佳作。

3.Jane Anne Staw, *Unstuck: A Supportive and Practical Guide to Working through Writer's Block*, 1st ed. (New York: St. Martin's Press, 2003).

参考文献

Abbott, Andrew. 1988. "Transcending General Linear Reality." *Sociological Theory* 6: 169–186.

—— 1997. "Of Time and Space: The Contemporary Relevance of the Chicago School." *Social Forces* 75: 1149–1182.

—— 1999. *Department & Discipline: Chicago Sociology at One Hundred*. Chicago: University of Chicago Press.

—— 2000. "Reflections on the Future of Sociology." *Contemporary Sociology* 29: 296–300.

—— 2004. *Methods of Discovery: Heuristics for the Social Sciences*. New York: W. W. Norton.

Addams, Jane, and Christopher Lasch. 1965. *The Social Thought of Jane Addams*. Indianapolis: Bobbs-Merrill.

Adler, Mortimer Jerome, and Charles Lincoln Van Doren. 1972. *How to Read a Book*. New York: Simon and Schuster.

Alexander, Jeffrey. 1990. "Analytic Debates: Understanding the Relative Autonomy of Culture." In *Culture and Society: Contemporary Debates*, ed. Jeffrey Alexander and Steven Seidman. Cambridge, Mass.: Harvard University Press.

Alonso, William, Paul Starr, and National Committee for Research on the

1980 Census. 1987. *The Politics of Numbers.* New York: Russell Sage Foundation.

Anspach, Renée R. 1993. *Deciding Who Lives: Fateful Choices in the Intensive-Care Nursery.* Berkeley: University of California Press.

Arensberg, Conrad M., and Solon T. Kimball. 1968. "Community Study: Retrospect and Prospect." *American Journal of Sociology* 73: 691–705.

Atkinson, Paul. 2001. *Handbook of Ethnography.* Thousand Oaks, Calif.: Sage Publications.

Ayer, Alfred Jules. 1936. *Language, Truth, and Logic.* New York: Dover.

Bailenson, Jeremy, et al. 2002. "A Bird's Eye View: Biological Categorization and Reasoning Within and Across Cultures." *Cognition* 84: 1–53.

Bannister, Robert C. 1987. *Sociology and Scientism: The American Quest for Objectivity, 1880–1940.* Chapel Hill: University of North Carolina Press.

——1988. *Social Darwinism: Science and Myth in Anglo-American Social Thought.* Philadelphia: Temple University Press.

——1991. *Jessie Bernard: The Making of a Feminist.* New Brunswick, N.J.: Rutgers University Press.

Bardach, Eugene. 1972. *The Skill Factor in Politics: Repealing the Mental Commitment Laws in California.* Berkeley: University of California Press.

——2005. *A Practical Guide for Policy Analysis: The Eightfold Path to More Effective Problem Solving.* Washington, D.C.: CQ Press.

Barnes, Harry Elmer. 1924. "Some Origins of Sociology." *Journal of Social Forces* 3: 157–160.

Bauman, Zygmunt. 1987. *Legislators and Interpreters: On Modernity, Post-Modernity, and Intellectuals.* Cambridge: Polity Press in association with B. Blackwell.

——1989. *Modernity and the Holocaust.* Ithaca, N.Y.: Cornell University Press.

——1993. *Postmodern Ethics.* Oxford: Blackwell.

——1997. *Postmodernity and Its Discontents.* New York: New York University Press.

Bauman, Zygmunt, and Tim May. 2001. *Thinking Sociologically.* Oxford: Blackwell.

Beck, E. M., and Stewart E. Tolnay. 1990. "The Killing Fields of the Deep South: The Market for Cotton and the Lynching of Blacks, 1882–1930." *American Sociological Review* 55: 526–539.

Beck, Ulrich. 1992. *Risk Society: Towards a New Modernity*. Newbury Park, Calif.: Sage Publications.

Becker, Howard S. 1958. "Problems of Inference and Proof in Participant Observation." *American Sociological Review* 23: 652–666.

——— 1967. "Whose Side Are We On?" *Social Problems* 14: 239–247.

Becker, Howard Saul. 1986. *Writing for Social Scientists: How to Start and Finish Your Thesis, Book, or Article*. Chicago: University of Chicago Press.

——— 1998. *Tricks of the Trade: How to Think About Your Research While You're Doing It*. Chicago: University of Chicago Press.

Berk, Richard. 1983. "An Introduction to Sample Selection Bias." *American Sociological Review* 48: 386–398.

Berk, Richard A. 1972. "Some Comments on Biological Models of Social Change." *American Sociological Review* 37: 237–238.

——— 1977. "Proof? No. Evidence? No. A Skeptic's Comment on Inverarity's Use of Statistical Inference." *American Sociological Review* 42: 652–656.

——— 1991. "Toward a Methodology for Mere Mortals." *Sociological Methodology* 21: 315–324.

Bernard, L. L. 1928. "Some Historical and Recent Trends of Sociology in the United States." *SPSSQ* 9: 264–293.

Bernstein, Basil B. 2003. *Class, Codes, and Control*. London: Routledge.

Bershad, Max A., and Benjamin J. Tepping. 1969. "The Development of Household Sample Surveys." *Journal of the American Statistical Association* 64: 1134–1140.

Bettie, Julie. 2003. *Women Without Class: Girls, Race, and Identity*. Berkeley: University of California Press.

Blank, Grant, James L. McCartney, and Edward E. Brent. 1989. *New Technology in Sociology: Practical Applications in Research and Work*. New Brunswick, N.J.: Transaction.

Blumberg, Dorothy Rose. 1966. *Florence Kelley: The Making of a Social Pioneer*. New York: A. M. Kelley.

Blumer, Herbert, and Read Bain. 1939. *An Appraisal of Thomas and Znaniecki's "The Polish Peasant in Europe and America."* New York: Social Science Research Council.

Bobbio, Norberto. 1996. *Left and Right: The Significance of a Political Distinction.* Chicago: University of Chicago Press.

Bogardus, Emory Stephen. 1913. *Introduction to the Social Sciences: A Textbook Outline.* Los Angeles: Ralston Press.

——— 1936. *Introduction to Social Research; A Text and Reference Study, Wherein Are Presented Various Methods of Social Research in a Compact, Convenient Form.* Los Angeles: Suttonhouse.

——— 1940. *The Development of Social Thought.* London: Longmans, Green.

Bordo, Susan. 1987. *The Flight to Objectivity: Essays on Cartesianism and Culture.* Albany: State University of New York Press.

Boucke, O. Fred. 1923. "The Limits of Social Science: II." *American Journal of Sociology* 28: 443–460.

Bourdieu, Pierre. 1977. *Outline of a Theory of Practice.* Cambridge: Cambridge University Press.

——— 1984. *Distinction: A Social Critique of the Judgement of Taste.* Cambridge, Mass.: Harvard University Press.

Bourdieu, Pierre, and Randal Johnson. 1993. *The Field of Cultural Production: Essays on Art and Literature.* New York: Columbia University Press.

Bourdieu, Pierre, and Jean Claude Passeron. 1979. *The Inheritors: French Students and Their Relation to Culture.* Chicago: University of Chicago Press.

Bourdieu, Pierre, and Loïc J. D. Wacquant. 1992. *An Invitation to Reflexive Sociology.* Chicago: University of Chicago Press.

Brady, Henry E., and David Collier. 2004. *Rethinking Social Inquiry: Diverse Tools, Shared Standards.* Lanham, Md.: Rowman & Littlefield.

Breslau, Daniel. 2003. "Economics Invents the Economy: Mathematics, Statistics, and Models in the Work of Irving Fisher and Wesley Mitchell." *Theory and Society* 32: 379–411.

Brint, Steven G. 1994. *In an Age of Experts: The Changing Role of Professionals in Politics and Public Life.* Princeton, N.J.: Princeton University Press.

Brinton, M. C., and V. Nee. 1998. *New Institutionalism in Sociology.* New York: Russell Sage Foundation.

Bryan, Mary Lynn McCree, Nancy Slote, Maree De Angury, and Jane Addams. 1996. *The Jane Addams Papers: A Comprehensive Guide.* Bloomington: Indiana University Press.

Bulmer, Martin. 1984. *The Chicago School of Sociology: Institutionalization, Diversity, and the Rise of Sociological Research.* Chicago: University of Chicago Press.

——— 1987. *Social Science Research and Government: Comparative Essays on Britain and the United States.* Cambridge: Cambridge University Press.

Bulmer, Martin, Kevin Bales, and Kathryn Kish Sklar. 1991. *The Social Survey in Historical Perspective, 1880–1940.* Cambridge: Cambridge University Press.

Burawoy, Michael. 1972. *The Colour of Class on the Copper Mines, from African Advancement to Zambianization.* Manchester: Manchester University Press for the Institute for African Studies, University of Zambia.

——— 1979. *Manufacturing Consent: Changes in the Labor Process Under Monopoly Capitalism.* Chicago: University of Chicago Press.

——— 1998. "The Extended Case Method." *Sociological Theory* 16: 4–33.

——— 2003. "Revisits: An Outline of a Theory of Reflexive Ethnography." *American Sociological Review* 68: 645–679.

——— 2004. "Public Sociologies: Contradictions, Dilemmas, and Possibilities." *Social Forces* 82: 1603–1618.

Burgess, Ernest Watson, and Charles Shelton Newcomb. 1931. *Census Data of the City of Chicago, 1920.* Chicago: University of Chicago Press.

Burns, Gene. 2005. *The Moral Veto: Framing Contraception, Abortion, and Cultural Pluralism in the United States.* Cambridge: Cambridge University Press.

Burstein, Paul. 1998. "Bringing the Public Back In: Should Sociologists Consider the Impact of Public Opinion on Public Policy?" *Social Forces* 77: 27–62.

Calhoun, Craig J. 1992. *Habermas and the Public Sphere.* Cambridge, Mass.: MIT Press.

Camic, Charles, and Yu Xie. 1994. "The Statistical Turn in American Social Science: Columbia University, 1890 to 1915." *American Sociological Review* 59: 773–805.

Carruthers, Bruce G., and Wendy Nelson Espeland. 1991. "Accounting for Rationality: Double-Entry Bookkeeping and the Rhetoric of Economic Rationality." *American Journal of Sociology* 97: 31–69.

Carver, T. N., John B. Clark, David Kinley, E. A. Ross, Lester F. Ward, Hutton Webster, and Albion W. Small. 1907. "The Relations of the Social Sciences: A Symposium." *American Journal of Sociology* 13: 392–401.

Chapin, F. Stuart. 1920. *Field Work and Social Research.* New York: The Century Co.

—— 1924. "The Statistical Definition of a Societal Variable." *American Journal of Sociology* 30: 154–171.

Clemens, Elisabeth S. 1992. "When Social History Meets Politics." *Contemporary Sociology: An International Journal of Reviews* 21: 460–462.

—— 1993. "Organizational Repertoires and Institutional Change: Women's Groups and the Transformation of U.S. Politics, 1890–1920." *American Journal of Sociology* 98: 755–798.

—— 1997. *The People's Lobby: Organizational Innovation and the Rise of Interest Group Politics in the United States, 1890–1925.* Chicago: University of Chicago Press.

Clifford, James, George E. Marcus, and School of American Research (Santa Fe, N.M.). 1986. *Writing Culture: The Poetics and Politics of Ethnography: A School of American Research Advanced Seminar.* Berkeley: University of California Press.

Cobb, John Candler. 1929. "A Study of Social Science Data and Their Use." *American Journal of Sociology* 35: 80–92.

Cohen, I. Bernard. 1994. *The Natural Sciences and the Social Sciences: Some Critical and Historical Perspectives.* Dordrecht: Kluwer Academic.

Cole, Jonathan, and Burton Singer. 1991. "A Theory of Limited Differences: Explaining the Productivity Puzzle in Science." In *The Outer Circle: Women in the Scientific Community,* ed. H. Zuckerman, J. R. Cole, and J. T. Bruer, pp. 277–310. New York: W. W. Norton.

Collins, Randall. 1997. "A Sociological Guilt Trip: Comment on Connell." *American Journal of Sociology* 102: 1558–1564.

Connell, R. W. 1997. "Why Is Classical Theory Classical?" *American Journal of Sociology* 102: 1511–1557.

Converse, Jean M. 1987. *Survey Research in the United States: Roots and Emergence, 1890–1960.* Berkeley: University of California Press.

Converse, Jean M., Stanley Presser, and NetLibrary Inc. 1986. *Survey Questions: Handcrafting the Standardized Questionnaire.* Beverly Hills, Calif.: Sage Publications.

Converse, Jean M., and Howard Schuman. 1974. *Conversations at Random: Survey Research as Interviewers See It.* New York: Wiley.

Cooley, Charles H., James Q. Dealey, Charles A. Ellwood, H. P. Fairchild, Franklin H. Giddings, Edward C. Hayes, Edward A. Ross, Albion W. Small, Ulysses G. Weatherly, and Jerome Dowd. 1912. "Report of the Committee of Ten." *American Journal of Sociology* 17: 620–636.

Creech, James C., Jay Corzine, and Lin Huff-Corzine. 1989. "Theory Testing and Lynching: Another Look at the Power Threat Hypothesis." *Social Forces* 67: 626–630.

Cuzzort, Raymond Paul. 1969. *Humanity and Modern Sociological Thought.* New York: Holt, Rinehart and Winston.

Daniels, P. J. 1986. *Cognitive Models in Information Retrieval: An Evaluative Review.* London: British Library.

Davis, Allen Freeman. 2000. *American Heroine: The Life and Legend of Jane Addams.* Chicago: Ivan Dee.

Davis, Fred. 1959. "The Cabdriver and His Fare: Facets of a Fleeting Relationship." *American Journal of Sociology* 65: 158–165.

Dean, Mitchell. 1999. *Governmentality: Power and Rule in Modern Society.* Thousand Oaks, Calif.: Sage Publications.

Deegan, Mary Jo. 1986. *Jane Addams and the Men of the Chicago School, 1892–1918.* New Brunswick, N.J.: Transaction Books.

——— 1991. *Women in Sociology: A Bio-bibliographical Sourcebook.* New York: Greenwood Press.

——— 2002. *Race, Hull-House, and the University of Chicago: A New Conscience against Ancient Evils.* Westport, Conn.: Praeger.

DeLamater, John. 1995. "The NORC Sex Survey." *Science* 270: 501–503.

Denzin, Norman K. 1978. *Sociological Methods: A Sourcebook.* New York: McGraw-Hill.

Derber, Charles. 1983. *The Pursuit of Attention: Power and Individualism in Everyday Life.* Oxford: Oxford University Press.

DeVault, Marjorie L. 1994. *Feeding the Family: The Social Organization of Caring as Gendered Work.* Chicago: University of Chicago Press.

Dewey, John. 1908. *Theory of the Moral Life.* New York: Holt, Rinehart and Winston.

Dibble, Vernon K. 1975. *The Legacy of Albion Small.* Chicago: University of Chicago Press.

DiMaggio, Paul, John Evans, and Bethany Bryson. 1996. "Have Americans' Social Attitudes Become More Polarized?" *American Journal of Sociology* 102: 690–755.

Durkheim, Emile, Sarah A. Solovay, John Henry Mueller, and George Edward Gordon Catlin. 1938. *The Rules of Sociological Method.* Glencoe, Ill.: Free Press.

Elmer, Manuel Conrad. 1939. *Social Research.* New York: Prentice-Hall.

Emerson, Robert M. 1995. *Writing Ethnographic Fieldnotes.* Chicago: University of Chicago Press.

——— 2001. *Contemporary Field Research: Perspectives and Formulations.* Prospect Heights, Ill.: Waveland Press.

Emigh, Rebecca Jean. 1997. "The Power of Negative Thinking: The Use of Negative Case Methodology in the Development of Sociological Theory." *Theory and Society* 26: 649–684.

——— 2002. "Numeracy or Enumeration? The Uses of Numbers by States and Societies." *Social Science History* 26: 653–698.

Epstein, Steven. 1996. *Impure Science: AIDS, Activism, and the Politics of Knowledge.* Berkeley: University of California Press.

Espeland, Wendy Nelson, and Mitchell L. Stevens. 1998. "Commensuration as a Social Process." *Annual Review of Sociology* 24: 313–343.

Esser, Hartmut. 1996. "What Is Wrong with 'Variable Sociology'?" *European Sociological Review* 12: 159–166.

Estrich, Susan. 1987. *Real Rape*. Cambridge, Mass.: Harvard University Press.

Faris, Robert E. Lee. 1967. *Chicago Sociology, 1920–1932*. San Francisco: Chandler.

Felstiner, William L. F., Richard L. Abel, and Austin Sarat. 1980. "The Emergence and Transformation of Disputes: Naming, Blaming, Claiming . . ." *Law and Society Review* 15: 631–654.

Fernandez, Ronald. 2003. *Mappers of Society: The Lives, Times, and Legacies of Great Sociologists*. Westport, Conn.: Praeger.

Fineman, Martha L., Anne Opie, and University of Wisconsin–Madison, Institute for Legal Studies. 1986. *The Uses of Social Science Data in Legal Policy Making: Custody Determinations at Divorce*. Madison: Institute for Legal Studies, University of Wisconsin–Madison Law School.

Fischer, Claude S. 1992. *America Calling: A Social History of the Telephone to 1940*. Berkeley: University of California Press.

Fisher, Donald. 1993. *Fundamental Development of the Social Sciences: Rockefeller Philanthropy and the United States Social Science Research Council*. Ann Arbor: University of Michigan Press.

Fosdick, Raymond. 1952. *The Story of the Rockefeller Foundation*. New York: Harper & Brothers.

Foucault, Michel. 1973. *The Order of Things: An Archaeology of the Human Sciences*. New York: Vintage Books.

——1977. *Discipline and Punish: The Birth of the Prison*. New York: Pantheon Books.

Foucault, Michel, Graham Burchell, Colin Gordon, and Peter Miller. 1991. *The Foucault Effect: Studies in Governmentality: With Two Lectures by and an Interview with Michel Foucault*. Chicago: University of Chicago Press.

Franzosi, Robert. 1998. "Narrative Analysis—Or Why (and How) Sociologists Should Be Interested in Narrative." *Annual Review of Sociology* 24: 517–554.

Fuchs, Stephan. 1992. *The Professional Quest for Truth: A Social Theory of Science and Knowledge*. Albany: State University of New York Press.

Furner, Mary O., and Organization of American Historians. 1975. *Advo-

cacy and Objectivity: A Crisis in the Professionalization of American Social Science, 1865–1905. Lexington: published for the Organization of American Historians by the University Press of Kentucky.

Furner, Mary O., and Barry Supple. 1990. *The State and Economic Knowledge: The American and British Experience.* Washington, D.C.; Cambridge: Woodrow Wilson International Center for Scholars; Cambridge University Press.

Fussell, Betty. 1999. *My Kitchen Wars.* New York: North Point Press.

Gamson, William A. 1999. "Beyond the Science-versus-Advocacy Distinction." *Contemporary Sociology* 28: 23–26.

Glaser, Barney G., and Anselm L. Strauss. 1967. *The Discovery of Grounded Theory: Strategies for Qualitative Research.* Chicago: Aldine.

Glassner, Barry. 2000. "Where Meanings Get Constructed." *Contemporary Sociology* 29: 590–594.

Goffman, Erving. 1974. *Frame Analysis: An Essay on the Organization of Experience.* New York: Harper & Row.

Goody, Jack. 1968. *Literacy in Traditional Societies.* Cambridge: Cambridge University Press

——1982. *Cooking, Cuisine, and Class: A Study in Comparative Sociology.* Cambridge: Cambridge University Press.

——1986. *The Logic of Writing and the Organization of Society.* Cambridge: Cambridge University Press.

——1987. *The Interface Between the Written and the Oral.* Cambridge: Cambridge University Press.

Goody, Jack, and Ian P. Watt. 1963. *The Consequences of Literacy.* Indianapolis: Bobbs-Merrill.

Gouldner, Alvin Ward. 1970. *The Coming Crisis in Western Sociology.* New York: Avon.

——1979. *The Future of Intellectuals and the Rise of the New Class: A Frame of Reference, Theses, Conjectures, Arguments, and an Historical Perspective on the Role of Intellectuals and Intelligentsia in the International Class Contest of the Modern Era.* New York: Seabury Press.

Granovetter, Mark. 1983. "The Strength of Weak Ties: A Network Theory Revisited." *Sociological Theory* 1: 201–233.

Grant, Linda, Kathryn B. Ward, and Xue Lan Rong. 1987. "Is There an Association between Gender and Methods in Sociological Research?" *American Sociological Review* 52: 856–862.

Greenberg, Stanley B. 1995. *Middle Class Dreams: The Politics and Power of the New American Majority*. New York: Times Books.

Griffin, Larry J. 1993. "Narrative, Event-Structure Analysis, and Causal Interpretation in Historical Sociology." *American Journal of Sociology* 98: 1094–1133.

Gubrium, Jaber F., and James A. Holstein. 2002. *Handbook of Interview Research: Context and Method*. Thousand Oaks, Calif.: Sage Publications.

Gusfield, Joseph R. 1963. *Symbolic Crusade: Status Politics and the American Temperance Movement*. Urbana: University of Illinois Press.

Haber, Samuel. 1964. *Efficiency and Uplift: Scientific Management in the Progressive Era, 1890–1920*. Chicago: University of Chicago Press.

Hacking, Ian. 1990. *The Taming of Chance*. Cambridge: Cambridge University Press.

——— 1999. *The Social Construction of What?* Cambridge, Mass.: Harvard University Press.

Hamel, Jacques. 1998. "The Positions of Pierre Bourdieu and Alain Touraine Respecting Qualitative Methods." *British Journal of Sociology* 49: 1–19.

Haney, Lynne. 1996. "Homeboys, Babies, Men in Suits: The State and the Reproduction of Male Dominance." *American Sociological Review* 61: 759–778.

Harcourt, Bernard E. 2000. "After the 'Social Meaning Turn': Implications for Research Design and Methods of Proof in Contemporary Criminal Law Policy Analysis." *Law and Society Review* 34: 179–211.

Harr, John Ensor, and Peter J. Johnson. 1988. *The Rockefeller Century*. New York: Scribner.

Hart, Hornell. 1921. "Science and Sociology." *American Journal of Sociology* 27: 364–383.

Haskell, Thomas L. 1977. *The Emergence of Professional Social Science: The American Social Science Association and the Nineteenth-Century Crisis of Authority*. Urbana: University of Illinois Press.

Hawthorne, Geoffrey. 1976. *Enlightenment and Despair: A History of Social Theory*. Cambridge: Cambridge University Press.

Hegner, Herman F. 1897. "Scientific Value of the Social Settlements." *American Journal of Sociology* 3: 171–182.

Hewes, Amy. 1899. "Seminar Notes: Social Institutions and the Rieman Surface." *American Journal of Sociology* 5: 392–403.

Hollinger, Robert. 1994. *Postmodernism and the Social Sciences: A Thematic Approach.* Thousand Oaks, Calif.: Sage Publications.

——1996. *The Dark Side of Liberalism: Elitism vs. Democracy.* Westport, Conn.: Praeger.

Hollinger, Robert, and David J. Depew. 1995. *Pragmatism: From Progressivism to Postmodernism.* Westport, Conn.: Praeger.

House, Floyd N. 1925. "The Concept 'Social Forces' in American Sociology. Section I: Introduction." *American Journal of Sociology* 31: 145–156.

——1927. "The Limitations of Economic Analysis." *American Journal of Sociology* 32: 931–936.

——1934. "Measurement in Sociology." *American Journal of Sociology* 40: 1–11.

Hout, Michael, and Claude S. Fischer. 2002. "Why More Americans Have No Religious Preference: Politics and Generations." *American Sociological Review* 67: 165–190.

Howerth, I. W. 1897. "A Programme for Social Study." *American Journal of Sociology* 2: 852–872.

Hull-House (Chicago, Ill.). 1895. *Hull-House, A Social Settlement; An Outline Sketch.* Chicago: Hull-House.

——1895. *Maps and Papers, A Presentation of Nationalities and Wages in a Congested District of Chicago, Together with Comments and Essays on Problems Growing Out of the Social Conditions.* New York: Crowell.

Hunt, Lynn Avery. 1984. *Politics, Culture, and Class in the French Revolution.* Berkeley: University of California Press.

Inglehart, Ronald. 1990. *Culture Shift in Advanced Industrial Society.* Princeton, N.J.: Princeton University Press.

Inglehart, Ronald, and Pippa Norris. 2003. *Rising Tide: Gender Equality and Cultural Change Around the World.* Cambridge: Cambridge University Press.

Jacobs, Struan. 1990. "Popper, Weber, and the Rationalist Approach to Social Explanation." *British Journal of Sociology* 41: 559–570.

Jacobus, Mary, Evelyn Fox Keller, and Sally Shuttleworth. 1990. *Body Politics: Women and the Discourses of Science*. New York: Routledge.

Karabel, Jerome. 1984. "Status-Group Struggle, Organizational Interests, and the Limits of Institutional Autonomy: The Transformation of Harvard, Yale, and Princeton, 1918–1940." *Theory and Society* 13: 1–40.

Karides, Marina, Joya Misra, Ivy Kennelly, and Stephanie Moller. 2001. "Representing the Discipline: 'Social Problems' Compared to 'ASR' and 'AJS.'" *Social Problems* 48: 111–128.

King, Gary, Robert O. Keohane, Sidney Verba, and ebrary Inc. 1994. *Designing Social Inquiry: Scientific Inference in Qualitative Research*. Princeton, N.J.: Princeton University Press.

Knorr-Cetina, K. 1981. *The Manufacture of Knowledge: An Essay on the Constructivist and Contextual Nature of Science*. Oxford: Pergamon Press.

Knorr Cetina, Karen. 1991. "Epistemic Cultures: Forms of Reason in Science." *History of Political Economy* 23: 105–122.

Kohlstedt, Sally Gregory, and Margaret W. Rossiter. 1986. *Historical Writing on American Science: Perspectives and Prospects*. Baltimore: Johns Hopkins University Press.

Kuhn, Thomas S. 1962 (3rd ed., 1996). *The Structure of Scientific Revolutions*. Chicago: University of Chicago Press.

Kurtz, Lester R. 1984. *Evaluating Chicago Sociology: A Guide to the Literature, with an Annotated Bibliography*. Chicago: University of Chicago Press.

Lacey, Michael James, and Mary O. Furner. 1993. *The State and Social Investigation in Britain and the United States*. Washington, D.C.; Cambridge: Woodrow Wilson Center Press; Cambridge University Press.

Lagemann, Ellen Condliffe. 1979. *A Generation of Women: Education in the Lives of Progressive Reformers*. Cambridge, Mass.: Harvard University Press.

Lamont, Michèle. 1987. "How to Become a Dominant French Philosopher: The Case of Jacques Derrida." *American Journal of Sociology* 93: 584–622.

―― 1992. "Boudon on Truth; or, Some Cognitive Explanations for Theoretical Seduction." *Contemporary Sociology* 21: 274–275.

―― 1992. *Money, Morals, and Manners: The Culture of the French and American Upper-Middle Class.* Chicago: University of Chicago Press.

―― 2000. "Meaning-Making in Cultural Sociology: Broadening Our Agenda." *Contemporary Sociology* 29: 602–607.

Lamont, Michèle, and Marcel Fournier. 1992. *Cultivating Differences: Symbolic Boundaries and the Making of Inequality.* Chicago: University of Chicago Press.

Lamont, Michèle, and Annette Lareau. 1988. "Cultural Capital: Allusions, Gaps, and Glissandos in Recent Theoretical Developments." *Sociological Theory* 6: 153–168.

Lamont, Michèle, and Virág Molnár. 2002. "The Study of Boundaries in the Social Sciences." *Annual Review of Sociology* 28: 167–195.

Lamont, Michèle, and Laurent Thévenot. 2000. *Rethinking Comparative Cultural Sociology: Repertoires of Evaluation in France and the United States.* Cambridge: Cambridge University Press.

Lamott, Anne. 1995. *Bird by Bird: Some Instructions on Writing and Life.* New York: Anchor Books.

Landheer, Barth. 1932. "Presupposition in the Social Sciences." *American Journal of Sociology* 37: 539–546.

Lareau, Annette. 2003. *Unequal Childhoods: Class, Race, and Family Life.* Berkeley: University of California Press.

Larson, Magali Sarfatti. 1977. *The Rise of Professionalism: A Sociological Analysis.* Berkeley: University of California Press.

Laslett, Barbara, and Barrie Thorne. 1997. *Feminist Sociology: Life Histories of a Movement.* New Brunswick, N.J.: Rutgers University Press.

Latour, Bruno, and Steve Woolgar. 1986. *Laboratory Life: The Construction of Scientific Facts.* Princeton, N.J.: Princeton University Press.

Laumann, Edward O. 1994. *The Social Organization of Sexuality: Sexual Practices in the United States.* Chicago: University of Chicago Press.

―― 1996. *Early Sexual Experiences: How Voluntary? How Violent?* Menlo Park, Calif.: Henry J. Kaiser Family Foundation.

―― 2004. *The Sexual Organization of the City.* Chicago: University of Chicago Press.

Laumann, Edward O., John H. Gagnon, Stuart Michaels, Robert T. Michael, and L. Philip Schumm. 1993. "Monitoring AIDS and Other Rare Population Events: A Network Approach." *Journal of Health and Social Behavior* 34: 7–22.

Laumann, Edward O., and Robert T. Michael. 2001. *Sex, Love, and Health in America: Private Choices and Public Policies*. Chicago: University of Chicago Press.

Lengermann, Patricia M. 1974. *Definitions of Sociology: A Historical Approach*. Columbus, Ohio: Merrill.

——— 1979. "The Founding of the American Sociological Review: The Anatomy of a Rebellion." *American Sociological Review* 44: 185–198.

Lengermann, Patricia M., and Jill Niebrugge-Brantley. 1998. *The Women Founders: Sociology and Social Theory, 1830–1930: A Text/Reader*. Boston: McGraw-Hill.

Lessig, Lawrence. 1998. "The New Chicago School." *Journal of Legal Studies* 27: 661–691.

Levine, Daniel. 1964. *Varieties of Reform Thought*. Madison: State Historical Society of Wisconsin.

——— 1980. *Jane Addams and the Liberal Tradition*. Westport, Conn.: Greenwood Press.

Lewis, J. David, and Richard L. Smith. 1980. *American Sociology and Pragmatism: Mead, Chicago Sociology, and Symbolic Interaction*. Chicago: University of Chicago Press.

Lichterman, Paul. 1998. "What Do Movements Mean? The Value of Participant-Observation." *Qualitative Sociology* 21: 401–418.

Lieberson, Stanley. 1985. *Making It Count: The Improvement of Social Research and Theory*. Berkeley: University of California Press.

——— 1991. "Small N's and Big Conclusions: An Examination of the Reasoning in Comparative Studies Based on a Small Number of Cases." *Social Forces* 70: 307–320.

——— 1994. "More on the Uneasy Case for Using Mill-Type Methods in Small-N Comparative Studies." *Social Forces* 72: 1225–1237.

Lindsay, Samuel McCune. 1898. "The Study and Teaching of Sociology." *Annals of the American Academy of Political and Social Science* 12: 1–48.

Lipset, Seymour Martin. 1956. *Union Democracy: The Internal Politics of the International Typographical Union.* Glencoe, Ill.: Free Press.

Luker, Kristin. 1975. *Taking Chances: Abortion and the Decision Not to Contracept.* Berkeley: University of California Press.

———1984. *Abortion and the Politics of Motherhood.* Berkeley: University of California Press.

——— 1991. "Dubious Conceptions: The Controversy over Teen Pregnancy." *American Prospect,* November 30.

———1996. *Dubious Conceptions: The Politics of Teenage Pregnancy.* Cambridge, Mass.: Harvard University Press.

———1998. "Sex, Social Hygiene, and the State: The Double-Edged Sword of Social Reform." *Theory and Society* 27: 601–634.

——— 1999. "Is Academic Sociology Politically Obsolete?" *Contemporary Sociology* 28: 5–10.

———2006. *When Sex Goes to School: Warring Views on Sex—and Sex Education—Since the Sixties.* New York: W. W. Norton.

Lundberg, George A. 1960. "Quantitative Methods in Sociology: 1920–1960." *Social Forces* 39: 19–24.

Lundberg, George Andrew. 1929. *Social Research: A Study in Methods of Gathering Data.* New York: Longmans, Green.

——— 1942. *Social Research: A Study in Methods of Gathering Data,* 2nd ed. New York: Longmans, Green.

Luntz, Frank L. 1994. "Focus Group Research in American Politics." *Polling Report* 10: 1, 7.

Lynch, Michael, and David Bogen. 1997. "Sociology's Asociological 'Core': An Examination of Textbook Sociology in Light of the Sociology of Scientific Knowledge." *American Sociological Review* 62: 481–493.

Mann, Thomas. 1993. *Library Research Models: A Guide to Classification, Cataloging, and Computers.* New York: Oxford University Press.

Manza, Jeff, and Clem Brooks. 1998. "The Gender Gap in U.S. Presidential Elections: When? Why? Implications?" *American Journal of Sociology* 103: 1235–1266.

——— 1999. *Social Cleavages and Political Change: Voter Alignments and U.S. Party Coalitions.* New York: Oxford University Press.

Massey, Douglas S., and Nancy A. Denton. 1993. *American Apartheid: Segregation and the Making of the Underclass*. Cambridge, Mass.: Harvard University Press.

Mayer, William G. 1993. *The Changing American Mind: How and Why American Public Opinion Changed between 1960 and 1988*. Ann Arbor: University of Michigan Press.

Maynard, Douglas W., and Nora Cate Schaeffer. 2000. "Toward a Sociology of Social Scientific Knowledge: Survey Research and Ethnomethodology's Asymmetric Alternates." *Social Studies of Science* 30: 323–370.

McDonald, Lynn. 1994. *The Women Founders of the Social Sciences*. Ottawa: Carleton University Press.

McFate, Montgomery. 2005. "Anthropology and Counterinsurgency: The Strange Story of Their Curious Relationship." *Military Review* (March–April 2005): 24–38.

Mead, Lawrence. 1988. "Why Murray Prevailed." *Academic Questions* 1: 23–31.

Melvin, Bruce L. 1927. "Methods of Social Research." *American Journal of Sociology* 33: 194–210.

Meyer, David S. 1999. "Tending the Vineyard: Cultivating Political Process Research." *Sociological Forum* 14: 79–92.

Miller, Peter V. 1995. "A Review: They Said It Couldn't Be Done: The National Health and Social Life Survey." *Public Opinion Quarterly* 59: 404–419.

Mirowski, Philip. 1989. *More Heat Than Light: Economics as Social Physics, Physics as Nature's Economics*. Cambridge: Cambridge University Press.

Montgomery, Andrew C., and Kathleen S. Crittenden. 1977. "Improving Coding Reliability for Open-Ended Questions." *Public Opinion Quarterly* 41: 235–243.

Nelson, Ralph W. 1924. "The Logical Method of Science." *American Journal of Sociology* 29: 553–570.

Nie, Norman H., Sidney Verba, and John R. Petrocik. 1976. *The Changing American Voter*. Cambridge, Mass.: Harvard University Press.

Niemi, Richard G., John Mueller, and Tom W. Smith. 1989. *Trends in Public Opinion: A Compendium of Survey Data.* New York: Greenwood Press.

Oberschall, Anthony. 1972. *The Establishment of Empirical Sociology: Studies in Continuity, Discontinuity, and Institutionalization.* New York: Harper & Row.

Odum, Howard Washington. 1951. *American Sociology: The Story of Sociology in the United States through 1950.* New York: Longmans, Green.

Odum, Howard Washington, and Katharine C. Jocher. 1929. *An Introduction to Social Research.* New York: H. Holt.

Palmer, Viven Marie, and University of Chicago. 1928. *Field Studies in Sociology: A Student's Manual.* Chicago: University of Chicago Press.

Park, Robert Ezra, and Ernest Watson Burgess. 1924. *Introduction to the Science of Sociology.* Chicago: University of Chicago Press.

——1969. *Introduction to the Science of Sociology, Including the Original Index to Basic Sociological Concepts.* Chicago: University of Chicago Press.

Parkin, Frank. 1979. *Marxism and Class Theory.* London: Tavistock.

Perrow, Charles. 1984. *Normal Accidents: Living with High-Risk Technologies.* New York: Basic Books.

Peterson, Richard A., and Roger M. Kern. 1996. "Changing Highbrow Taste: From Snob to Omnivore." *American Sociological Review* 61: 900–907.

Platt, Jennifer. 1994. "The Chicago School and Firsthand Data." *History of Human Sciences* 7: 57–80.

——1995. "The United States Reception of Durkheim's 'The Rules of Sociological Method.'" *Sociological Perspectives* 38: 77–105.

——1996. *A History of Sociological Research Methods in America: 1920–1960.* Cambridge: Cambridge University Press.

Plummer, Kenneth. 1997. *The Chicago School: Critical Assessments.* London: Routledge.

Polanyi, Karl. 1944. *The Great Transformation.* New York: Farrar & Rinehart.

Poovey, Mary. 1998. *A History of the Modern Fact: Problems of Knowledge* in the Sciences of Wealth and Society. Chicago: University of Chicago Press.

Popper, Karl Raimund. 1962. *Conjectures and Refutations: The Growth of Scientific Knowledge.* New York: Basic Books.

Porter, Theodore M. 1981. "The Calculus of Liberalism: The Development of Statistical Thinking in the Social and Natural Sciences of the Nineteenth Century." Ph.D. diss., Princeton University.

—— 1986. *The Rise of Statistical Thinking, 1820–1900.* Princeton, N.J.: Princeton University Press.

—— 1995. *Trust in Numbers: The Pursuit of Objectivity in Science and Public Life.* Princeton, N.J.: Princeton University Press.

Powdermaker, Hortense. 1967. *Stranger and Friend: The Way of an Anthropologist.* London: Secker & Warburg.

Przeworski, Adam, and Henry Teune. 1970. *The Logic of Comparative Social Inquiry.* New York: Wiley-Interscience.

Raftery, Adrian E. 2001. "Statistics in Sociology, 1950–2000: A Selective Review." *Sociological Methodology* 31: 1–45.

Ragin, Charles C. 1987. *The Comparative Method: Moving Beyond Qualitative and Quantitative Strategies.* Berkeley: University of California Press.

—— 1990. *Issues and Alternatives in Comparative Social Research.* Leiden: E. J. Brill.

—— 1994. *Constructing Social Research: The Unity and Diversity of Method.* Thousand Oaks, Calif.: Pine Forge Press.

—— 2000. *Fuzzy-Set Social Science.* Chicago: University of Chicago Press.

Ragin, Charles C., and Howard Saul Becker. 1992. *What Is a Case? Exploring the Foundations of Social Inquiry.* Cambridge: Cambridge University Press.

Ragin, Charles C., Thomas Janoski, and Northwestern University Center for Urban Affairs and Policy Research. 1992. *Introduction to Qualitative Comparative Analysis.* Evanston, Ill.: Northwestern University Center for Urban Affairs and Policy Research.

Ragin, Charles C., Joane Nagel, Patricia White, and National Science Foundation (U.S.) Sociology Program. 2004. *Workshop on Scientific Foundations of Qualitative Research.* Arlington, Va.: National Science Foundation.

Reichenbach, Hans. 1951. *The Rise of Scientific Philosophy*. Berkeley: University of California Press.

Remez, Lisa. 2000. "Oral Sex among Adolescents: Is It Sex or Is It Abstinence?" *Family Planning Perspectives* 32: 298–304.

Rhoades, Lawrence J. 1981. *A History of the American Sociological Association, 1905–1980*. Washington, D.C.: American Sociological Association.

Riessman, Catherine Kohler. 1993. *Narrative Analysis*. Newbury Park, Calif.: Sage Publications.

Ringer, Fritz K. 1997. *Max Weber's Methodology: The Unification of the Cultural and Social Sciences*. Cambridge, Mass.: Harvard University Press.

Rosch, Eleanor, et al. 1976. "Basic Objects in Natural Categories." *Cognitive Psychology* 8: 382.

Rose, Sonya. 1999. "Cultural Analysis and Moral Discourses: Episodes, Continuities and Transformations." In *Beyond the Cultural Turn*, ed. Victoria Bonnell and Lynn Hunt. Berkeley: University of California Press.

Ross, Dorothy. 1979. "The Development of the Social Sciences." In *The Organization of Knowledge in Modern America, 1860–1920*, ed. Alexandra Oleson and John Voss. Baltimore: Johns Hopkins University Press.

——— 1991. *The Origins of American Social Science*. Cambridge: Cambridge University Press.

——— 1994. *Modernist Impulses in the Human Sciences, 1870–1930*. Baltimore: Johns Hopkins University Press.

Ross, Edward Alsworth. 1896. "Social Control II: Law and Public Opinion." *American Journal of Sociology* 1: 753–770.

Rossiter, Margaret W. 1975. *The Emergence of Agricultural Science: Justus Liebig and the Americans, 1840–1880*. New Haven, Conn.: Yale University Press.

——— 1982. *Women Scientists in America: Struggles and Strategies to 1940*. Baltimore: Johns Hopkins University Press.

——— 1995. *Women Scientists in America: Before Affirmative Action, 1940–1972*. Baltimore: Johns Hopkins University Press.

Saxenian, AnnaLee. 1994. *Regional Advantage: Culture and Competition in Silicon Valley and Route 128*. Cambridge, Mass.: Harvard University Press.

Schiller, Anita. 1981. "Shifting Boundaries of Information." *Library Journal* 106: 705.

Scott, James. 1998. *Seeing Like a State: How Certain Schemes to Improve the Human Condition Have Failed*. New Haven, Conn.: Yale University Press.

Shanas, Ethel. 1945. "The American Journal of Sociology Through Fifty Years." *American Journal of Sociology* 50: 522–533.

Shapin, Steven. 1994. *A Social History of Truth: Civility and Science in Seventeenth-Century England*. Chicago: University of Chicago Press.

Shapiro, Barbara J. 1983. *Probability and Certainty in Seventeenth-Century England: A Study of the Relationships between Natural Science, Religion, History, Law, and Literature*. Princeton, N.J.: Princeton University Press.

——— 2000. *A Culture of Fact: England, 1550–1720*. Ithaca, N.Y.: Cornell University Press.

Sieber, Sam D. 1973. "The Integration of Fieldwork and Survey Methods." *American Journal of Sociology* 78: 1335–1359.

Siegel, Reva. 1992. "Reasoning from the Body: A Historical Perspective on Abortion Regulation and Questions of Equal Protection." *Stanford Law Review* 44: 261–381.

Siegel, Reva B. 1996. "'The Rule of Love': Wife Beating as Prerogative and Privacy." *Yale Law Journal* 105: 2117–2207.

Silverberg, Helene. 1998. *Gender and American Social Science: The Formative Years*. Princeton, N.J.: Princeton University Press.

Sklar, Kathryn Kish. 1995. *Florence Kelley and the Nation's Work*. New Haven, Conn.: Yale University Press.

Skocpol, Theda. 1984. *Vision and Method in Historical Sociology*. Cambridge: Cambridge University Press.

——— 1992. *Protecting Soldiers and Mothers: The Political Origins of Social Policy in the United States*. Cambridge, Mass.: Harvard University Press.

——— 1997. "The Tocqueville Problem: Civic Engagement in American Democracy." *Social Science History* 21: 455–479.

Sloane, Douglas, and S. Philip Morgan. 1996. "An Introduction to Categorical Data Analysis." *Annual Review of Sociology* 22: 351–375.

Small, Albion Woodbury, and George E. Vincent. 1894. *An Introduction to the Study of Society.* New York: American Book.

Small, Mario L. 1999. "Departmental Conditions and the Emergence of New Disciplines: Two Cases in the Legitimation of African-American Studies." *Theory and Society* 28: 659–707.

Smith, Daniel Scott. 1985. "Notes on the Measurement of Values." *Journal of Economic History* 45: 213–218.

Smith, Dennis. 1988. *The Chicago School: A Liberal Critique of Capitalism.* New York: St. Martin's Press.

—— 1999. *Zygmunt Bauman: Prophet of Postmodernity.* Cambridge: Polity.

Smith, Tom W. 1983. "The Hidden 25 Percent: An Analysis of Nonresponse on the 1980 General Social Survey." *Public Opinion Quarterly* 47: 386–404.

—— 1987. "The Art of Asking Questions, 1936–1985." *Public Opinion Quarterly* 51: S95–S108.

—— 1987. "A Report: The Welfare State in Cross-National Perspective." *Public Opinion Quarterly* 51: 404–421.

—— 1990. "A Report: The Sexual Revolution?" *Public Opinion Quarterly* 54: 415–435.

—— 1991. "A Critique of the Kinsey Institute/Roper Organization National Sex Knowledge Survey." *Public Opinion Quarterly* 55: 449–457.

—— 1999. "Review: The *JAMA* Controversy and the Meaning of Sex." *Public Opinion Quarterly* 63: 385–400.

Smith, Tom W., and Woody Carter. 1989. "Observing 'The Observers Observed': A Comment." *Social Problems* 36: 310–312.

Smith, Tom W., and Frederick D. Weil. 1990. "A Report: Finding Public Opinion Data: A Guide to Sources." *Public Opinion Quarterly* 54: 609–626.

Snow, David A., and Robert D. Benford. 1992. "Master Frames and Cycles of Protest." In *Frontiers in Social Movement Theory*, ed. Aldon D. Morris and Carol McClurg Mueller, pp. 133–155. New Haven, Conn.: Yale University Press.

Social Science Research Council (U.S.), Committee on Scientific Method in the Social Sciences. 1931. *Methods in Social Science, a Case Book*, compiled under the Direction of the Committee on Scientific Method in the Social Sciences of the Social Science Research Council, ed. Stuart A. Rice. New York.

Somers, Margaret R. 1998. "'We're No Angels': Realism, Rational Choice, and Relationality in Social Science." *American Journal of Sociology* 104: 722–784.

Staw, Jane Anne. 2003. *Unstuck: A Supportive and Practical Guide to Working through Writer's Block*. New York: St. Martin's Press.

Steinmetz, George. 2005. *The Politics of Method in the Human Sciences: Positivism and Its Epistemological Others*. Durham, N.C.: Duke University Press.

Stern, Bernhard J. 1932. "Giddings, Ward and Small: An Interchange of Letters." *Social Forces* 10: 305–318.

——— 1946. "The Ward-Ross Correspondence II, 1897–1901." *American Sociological Review* 11: 593–605.

——— 1947. "The Ward-Ross Correspondence III, 1902–1903." *American Sociological Review* 12: 703–720.

Stigler, George Joseph, Kurt R. Leube, and Thomas Gale Moore. 1986. *The Essence of Stigler*. Stanford, Calif.: Hoover Institution Press, Stanford University.

Stigler, Stephen M. 1986. *The History of Statistics: The Measurement of Uncertainty before 1900*. Cambridge, Mass.: Harvard University Press.

——— 1999. *Statistics on the Table: The History of Statistical Concepts and Methods*. Cambridge, Mass.: Harvard University Press.

Stouffer, Samuel Andrew. 1949. *The American Soldier: Adjustment During Army Life*. Princeton, N.J.: Princeton University Press.

Stovel, Katherine. 2001. "Local Sequential Patterns: The Structure of Lynching in the Deep South, 1882–1930." *Social Forces* 79: 843–880.

Swidler, Ann. 1986. "Culture in Action: Symbols and Strategies." *American Sociological Review* 51: 273–286.

Talbot, Marion. 1896. "Sanitation and Sociology." *American Journal of Sociology* 2: 74–81.

Thomas, William Isaac. 1909. *Source Book for Social Origins; Ethnological Materials, Psychological Standpoint, Classified and Annotated Bibliogra-*

phies for the Interpretation of Savage Society. Chicago: University of Chicago Press.

Thomas, William Isaac, and Florian Znaniecki. 1918 [1927]. *The Polish Peasant in Europe and America.* New York: Alfred A. Knopf; reprint, New York: Dover, 1958.

Thorne, Barrie. 1980. "'You Still Takin' Notes?' Fieldwork and Problems of Informed Consent." *Social Problems* 27: 284–297.

Tocqueville, Alexis de. 1969. *Democracy in America.* New York: Harper and Row.

Tolman, Frank L. 1902. "The Study of Sociology in Institutions of Learning in the United States. A Report of an Investigation Undertaken by the Graduate Sociological League of the University of Chicago." *American Journal of Sociology* 7: 797–838.

——— 1903. "The Study of Sociology in Institutions of Learning in the United States. IV." *American Journal of Sociology* 8: 531–558.

Turner, Jonathan H. 1988. "The Mixed Legacy of the Chicago School of Sociology." *Sociological Perspectives* 31: 325–338.

Turner, Stephen P. 1986. *The Search for a Methodology of Social Science.* Dordrecht, Holland: D. Reidel; Hingham, Mass.: Kluwer.

Turner, Stephen P., and Jonathan H. Turner. 1990. *The Impossible Science: An Institutional Analysis of American Sociology.* Newbury Park, Calif.: Sage Publications.

University of Michigan Survey Research Center, and Charles F. Cannell. 1977. *Experiments in Interviewing Techniques: Field Experiments in Health Reporting, 1971–1977.* Hyattsville, Md.: U.S. Department of Health, Education, and Welfare, Public Health Service Health Resources Administration, National Center for Health Services Research.

Vallas, Steven Peter. 2001. "Burawoy's Legacy." *Contemporary Sociology* 30: 442–444.

Vaughan, Diane. 1998. "Rational Choice, Situated Action, and the Social Control of Organizations." *Law and Society Review* 32: 23–61.

Vincent, George E. 1896. "The Province of Sociology." *American Journal of Sociology* 1: 473–491.

Wacquant, Loïc. 2002. "Scrutinizing the Street: Poverty, Morality, and the Pitfalls of Urban Ethnography." *American Journal of Sociology* 107: 1468–1532.

Wallace, Walter L. 1969. *Sociological Theory: An Introduction*. Chicago: Aldine.

Waller, Willard. 1934. "Insight and Scientific Method." *American Journal of Sociology* 40: 285–297.

Ward, Lester F. 1895. "Contributions to Social Philosophy: II. Sociology and Cosmology." *American Journal of Sociology* 1: 132–145.

——— 1895. "Contributions to Social Philosophy: III. Sociology and Biology." *American Journal of Sociology* 1: 313–326.

——— 1895. "The Place of Sociology among the Sciences." *American Journal of Sociology* 1: 16–27.

Weber, Max. 1946. *From Max Weber: Essays in Sociology*, ed. H. H. Gerth and C. Wright Mills. New York: Oxford University Press.

———1946. "Science as Vocation." In *From Max Weber*, ed. Gerth and Mills.

———1992 [1930]. *The Protestant Ethic and the Spirit of Capitalism*. London: Routledge.

Weber, Max, and Edward Shils. 1949. *The Methodology of the Social Sciences*. Glencoe, Ill.: Free Press.

White, Hayden V. 1973. *Metahistory: The Historical Imagination in Nineteenth-Century Europe*. Baltimore: Johns Hopkins University Press.

White, Leonard Dupee. 1956. *The State of the Social Sciences*, Papers Presented at the 25th Anniversary of the Social Science Research Building, the University of Chicago, November 10–12, 1955. Chicago: University of Chicago Press.

Wildavsky, Aaron B. 1989. *Craftways: On the Organization of Scholarly Work*. New Brunswick, N.J.: Transaction.

Williams, Raymond. 1976. *Keywords: A Vocabulary of Culture and Society*. New York: Oxford University Press.

Wood, Floris. 1990. *An American Profile—Opinions and Behavior, 1972–1989: Opinion Results on 300 High-Interest Issues Derived from the General Social Survey Conducted by the National Opinion Research Center*. Detroit: Gale Publishing.

Worms, Rene. 1895. "Sociology and Political Economy." *American Journal of Sociology* 1: 146–157.

Yonay, Yuval P. 1998. *The Struggle Over the Soul of Economics: Institutionalist and Neoclassical Economists in America Between the Wars*. Princeton, N.J.: Princeton University Press.

Zerubavel, Eviatar. 1999. *The Clockwork Muse: A Practical Guide to Writing Theses, Dissertations, and Books.* Cambridge, Mass.: Harvard University Press.

Znaniecki, Florian. 1934. *The Method of Sociology.* New York: Farrar & Rinehart.

——1968. *The Method of Sociology.* New York: Octagon Books.

作者注

你肯定注意到我非常喜欢故事。这本书充满了有关社会科学家和莎莎舞的轶事和美德故事。我有意识地更改了一些名称和细节,以保护无辜(或者有罪)的人。而且,我是那种总是记住一个笑话的点睛之笔的人,但我不一定记住了细节。最后,某些细节可能阻碍了我想提出的观点——现实总是如此混乱——所以我做了相应的改变。

所有这些加起来就是,如果你认为某个故事是关于你认识的人,或者你听过的事……它肯定不是。

致　谢

　　我多希望撰写致谢并非如此严苛的一门艺术。对于读者而言，这最后的、带有强制性的部分，读起来常常像是中等规模且或许乏味的城市电话簿，与糟糕的奥斯卡获奖感言（"我要感谢我的经纪人、导演，还有制片人和编剧……"）之间不伦不类的产物。

　　不过，对于作者来说，这部分内容源于纯粹的感激之情。每一本书，尤其是学术著作，都是众多人付出劳动与无私奉献的成果，要完整感谢所有人，所需篇幅大概得有曼哈顿、东京或者北京这样城市的电话簿那么厚。为了让读者真正理解作者对朋友和同事的感激，这份极长的名单（像曼哈顿电话簿那般长）还需详述每个人为这本书贡献的所有美好事物、想法、建议和评论。

　　最糟糕的是，当你试图感谢所有助力本书出版的人时，心里明白肯定会遗漏某个人，尤其是像本书这样历经长时间酝酿的作品。

　　所以，我只想感谢几位在诸多方面付出大量心血的人。首先是那些认真阅读并评论我手稿的人。这类名单常见的局限在此同样适用：这些坚定的伙伴竭尽全力让我看到自己的错误，剩下的任何差错完全是我自己愚笨所致。史蒂芬·布林特（Steven Brint）、史蒂文·爱泼斯坦（Steven Epstein）、琳恩·哈尼（Lynne Haney）、斯科特·哈里森（Scott Harrison）、迈克·霍特（Mike Hout）、戴维·柯普（David Kirp）、杰罗姆·卡拉贝尔（Jerome Karabel）、丽贝卡·克拉奇（Rebecca Klatch）、米歇尔·拉蒙特（Michèle Lamont）、基奇利·卢克尔（Kichly Luker）、钱德拉·穆克吉（Chandra Mukerji）、戴维·纳萨蒂尔（David Nasatir）、艾莉森·普格（Allison Pugh）、查尔斯·拉金（Charles Ragin）和卢瓦克·华康德（Loïc Wacquant），他们在阅读书稿以及提供一般作者难以企及的精彩反馈方面，给予了这本书无比热忱的关怀。

　　在本书中，我倡导人们尊重图书管理员并与其建立友谊，在此，我很乐意践行自己的建议。帕特·莫恩（Pat Maughan）不仅是图书管理员，还是一位敬业且无畏的老师,并且她只是庞大、高效得惊人且慷慨的专业群体中最为突出的一员,他们的工作让学术界比其他地方更美好。

玛戈·罗德里格斯(Margo Rodriguez)是一位慷慨的朋友和同事,他帮我摆脱深夜危机和电脑故障的次数多得超乎想象,我的感激之情难以言表。

我的经纪人维多利亚·普赖尔(Victoria Pryor)从一开始就对本书满怀信心,一人身兼编辑、知己和啦啦队长的角色。她从一开始就知晓我的创作意图,并支持我付诸实践。

谈及编辑,我期望能有更多机会与伊丽莎白·诺尔(Elizabeth Knoll)合作,因为她阅读深入,既能把握整体,更不用说洞察其中的生态关联,同时对细节也有敏锐的眼光。

我的文字编辑是玛丽·埃伦·格尔(Mary Ellen Geer),她是一位珍视文字的诗人,如同文字本就应被珍视的那样。伊丽莎白·克诺尔告诉我,应当崇敬和喜爱格尔女士,因为在书籍已沦为公司审计中的一个"单元"的当下,她属于濒临消失的那类人。因此,我深感幸运,能与两位(若算上伊丽莎白就是两位)极为出色的人共事。

我的朋友兼导师简·安妮·斯托(Jane Anne Staw)将她对写作的见解传授给我,还写了一本每位作家都应拥有的书《摆脱困境》(Unstuck)。每位作家都该有像简·安妮这样的教练和导师。

我的家人——杰罗姆、亚历山大、卡拉贝尔,以及吉姆、劳里和卢克——让我深知家人为何如此重要,以及一个美满家庭是多么幸福的恩赐。埃迪特和尤里·图尔钦斯基也是家庭生活这场冒险中的伙伴,我对他们的感激超乎他们的想象。

当然,我的狗狗——米沙(Misha)和莫(Mo)点亮了我的生活,正如诗人马克·多蒂(Mark Doty)所言,"解开了时间扭曲的线"。我由衷地感谢它们。

索 引

（索引标注页码均为原书页码，即本书边页码）

Abbott, Andrew，安德鲁·阿伯特，247n19，248n24
abortion，堕胎，111—113，144—145
abstraction，抽象，126—127
accessibility, of research，研究的可读性，245n11
accumulation, problem of，研究积累的问题，129—132
Addams, Jane，简·亚当斯，22—24，253n8
Adler, Mortimer，莫提默·艾德勒，96
administrative capacity，行政能力，27
American Journal of Sociology，《美国社会学杂志》，23，252n2
American Sociological Association，美国社会学协会，22，28，73，258n27，304
American Sociological Review，《美国社会学评论》，73
American Sociological Society，美国社会学学会，22，29
Anderson, Elijah，以利亚·安德森，159
Annual Reviews，年度综述，87，269n6
Anspach, Renée，蕾妮·安斯波，162
anxiety，焦虑，217—219
audience, for scholarly publications，读者群，学术书籍，269n8
autobiographical element, in research，自传性的研究，275n4

Bart, Pauline，宝琳·巴特，19
Bateson, Gregory，格里高利·贝特森，266n14
Becker, Howard，霍华德·贝克尔，159，264n14

"bedraggled daisy,""凌乱的雏菊",81—83

Benford, Robert, 罗伯特·本福德, 66

Berring, Robert, 罗伯特·贝林, 11, 247n21

Bettie, Julie, 朱莉·贝蒂, 159

bias, 偏见, 43, 46—48, 110—111

book publishing, 图书出版, 74—75

book reviews, 书评, 95

books, in literature review, 书籍, 文献回顾, 89—90

Boole, George, 乔治·布尔, 208

Boolean algebra, 布尔代数, 208—209

boundaries: of social categories, 社会类别的边界, 118; of elements, 要素的边界, 139

bounded sample, 有限样本, 128

Bourdieu, Pierre, 皮埃尔·布迪厄, 3, 68, 126, 245n11, 249n25, 27, 268n21

Bradley Foundation, 布拉德利基金会, 250n34

Brady, Henry, 亨利·布雷迪, 256n15

Breckenridge, Sophonisba, 索尔菲尼斯巴·布雷肯里奇, 255n12

"bright line,"vs. continuum, "明线"与连续体, 119, 123

Brooks, Clem, 克莱姆·布鲁克斯, 72—73

Bulmer, Martin, 马丁·布尔默, 253n7, 257n24

bumping up a level of generality, 提高普遍化的层次, 126—127, 134, 136, 138

Burawoy, Michael, 迈克尔·布洛维, 34—36, 104, 146, 251n35, 261n40, 262n2

Burns, Gene, 吉恩·伯恩斯, 89, 97

California Supreme Court, 加利福尼亚最高法院, 276n12

canine search and rescue (K-9 SAR), 犬类搜救行动 (K-9 SAR), 102

principles of canonical social science, 典范社会科学, 17—18, 36, 262n2; advantages of, 优点, 40—42, 59; 原则, 42—48; inadequacy of, 缺陷, 49—50; and sampling, 抽样, 99—102; 普遍化, 124—125; and cumulation, 累积, 130—131. See also quantitative methods, 参见定量方法

can-opener response, 开罐器反应, 143—145

索 引

CAQDAS（computer assisted qualitative data analysis），CAQDAS（计算机辅助定性数据分析），200—202，282n1

Carmines, Edward，爱德华·卡明，182

case of something，关于某件事情的案例，106，131—134

categories, defining，定义类别，131—134，188—189

causality，因果关系，52，192，205—206. See also QCA，参见 QCA

Censor, Internal，内部传感器，1

Census, U.S.，美国人口普查，27

Charmaz, Kathy，凯西·查马兹，260n38

Chicago School，芝加哥学派，22—24，206—207，252n2，255n11

Christian, Barbara，芭芭拉·克里斯蒂安，80—82

citations, tracing，引文追踪，69，92

Clemens, Elisabeth，伊丽莎白·克莱门斯，167—168

coding of data，数据编码，200—203

coercive sexuality，强制性行为，114

Collier, David，戴维·科利尔，256n15

Columbia University, Bureau of Applied Social Research，哥伦比亚大学应用社会研究局，180—181

comparative methods. See historical comparative methods comparison, theoretically driven，比较研究法。参考历史比较分析法的比较，理论驱动，106

computer assisted qualitative data analysis (CAQDAS)，计算机辅助定性数据分析，200—202，282n1

Connell, R.W.，R.W.康奈尔，253n5

content analysis，内容分析，187—189，281n31

contingency, QCA and，定性比较分析与偶然性，212—213

continuum, vs. "bright line,"连续体与"明线",119，123

convenience sample，便利样本，48

conventional wisdom, as comparison，传统观点，作为对照 105

Converse, Jean，让·孔韦尔塞，28

cool-down, at close of interview，访谈结束时的冷却，171—172

covert research，隐蔽研究，148，181，276n12，277n4，281n30

critical sociology，批判社会学，2

Cronbach's alpha, 克隆巴赫系数, 203

cultural capital, 文化资本, 14, 245n11, 249n27

cultural templates, 文化模板, 168

Current Population Survey (CPS), 当前人口调查（CPS）, 100

Damnation of the Ten Thousand Index Cards, 万条检索诅咒, 19, 52, 54, 61, 132

data, creation and validation of, 创建和验证数据, 273n21

data analysis, 数据分析, 174, 199—200

data collection: preparation for, 数据收集；gaining entrée, 获得入场许可, 140—142; 开始, 145—153; participant observation, 参与式观察, 160—167

data outcropping, 数据切头, 103, 139—140, 145, 161; locating, 定位, 107—110

data reduction, 数据简化, 200—203

dataset, use of term, 数据集, 专用术语, 256n15

Deegan, Mary Jo, 玛丽·乔·迪根, 23, 251n1, 252n4

Demography,《人口学》, 71—72

Department of Agriculture, U.S., 美国农业部, 28, 258n24

Derrida, Jacques, 雅克·德里达, 246n12

Dewey Decimal System, 杜威十进制系统, 78—80, 91

dictionaries, of social sciences, 社会科学词典, 87—88

Digital Dissertations-ProQuest (University Microfilms), 电子学位论文数据库（大学缩微胶卷出版公司）, 90

discovery, 发现, 18. See also logic of discovery, 参见发现的逻辑

discursive shifts, 话语转变, 188—189

discussion, of work in progress, 讨论正在进行中的研究, 164—165, 200

dissertation: as scholarly monograph, 论文：作为学术专著, 74—75; in literature review, 在文献综述中, 90

distinction, use of term, 区分, 专用术语, 249n25

dominant culture, challenge to, 对主流文化的挑战, 40—41

doxa, "常识成见", 3, 9, 244n4

elements, of category，类别中的要素，122—123，131—134，137—139，191—192

Eliasoph, Nina，妮娜·埃里亚索夫，35

encyclopedias of social sciences，社会科学的百科全书，87—88

epistemology，认识论，10，247n18

Epstein, Steven，史蒂文·爱泼斯坦，6，212

Estrich, Susan，苏珊·埃斯特里奇，115，118

ethnography，民族志，155—167，277n2

ethnomethodology，民族志方法，277n5

explanandum，被解释的事物，52—55

explanans，解释要素，52—53

explanation, robust，固定性解释，265n6

Extended Case Method，扩展案例法，34—36

face validity，表面效度，263n9

facilitator, role of，主持人的角色，184—185

falsifiability，可证伪性，282n6

Federal Emergency Relief Agency，联邦紧急救济署，28

federal government, and survey research，联邦政府,问卷调查研究 100

feminism，女权主义，114—119

filters，过滤器，11，248n21

focus groups，焦点小组，180—187，281n29

Foucauldian, use of term，福柯主义者,专用术语，8，246n12

Foucault, Michel，米歇尔·福柯，7—8，27，113

foundations, role of，基金会的角色，261n43

frame analysis，框架分析，62—64，66—67，188—189

framing, and development of research question，框架,及研究问题的提出，67—69

friends, importance of，朋友的重要性，219—220

gaining entrée，获得入场许可，145—153

gatekeeping，把关人，30

Geertz, Clifford，克利福德·格尔茨，246n11

gender, use of term，性别，专用术语，255n12

gender issues，性别议题，21—26，30，113—114，255n12，259n33

generalizability，可普遍化，43—48

generalization，普遍化，52，101—102，124—127. See also bumping up a level of，参见提高普遍化层次

Generality General Social Survey，一般社会调查，100

Gilbert, Neil，尼尔·吉尔伯特，115

Glaser, Barney，巴尼·格拉泽，32—34，104，207，247n20，260n38，247n20，260n38

Goffman, Erving，欧文·戈夫曼，62，267n14

Goody, Jack，杰克·古迪，9，246n17

Google Scholar，谷歌学术，92

Googling，谷歌搜索，60—61，245n11

Gould, Stephen Jay，斯蒂芬·杰伊·古尔德，272n13

governmentality，治理术，27—29，36，261n44

Granovetter, Mark，马克·格兰诺维特，148

Great Depression，大萧条，27—28

Greenberg, Stan，斯坦·格林伯格，182

grounded theory，扎根理论，33，39，207，247n20，260n38，261n40，271n2

habitus，惯习，126

Haney, Lynne，琳恩·哈尼，158—160，166—167

"Harvarding"，"哈佛读书法"，93—96

Harvard Nurses' Health Study，哈佛护士健康研究，57—58

Herzog, Werner，维尔纳·赫尔佐格，279n18

hierarchy of credibility，信用等级，264n14

historical-comparative methods，历史比较法，190—197，262n45，276n9

Hochschild, Arlie，阿里·霍奇希尔德，270n11

Hoff Sommers, Christina，克里斯蒂娜·霍夫·索默斯，114—115，273n18

Hollerith card (IBM card)，霍列瑞斯卡片（IBM卡），27

"hook," designing，设置"吊钩"，61—63，72，149，151，168，171

Hoover, President Herbert，赫伯特·胡佛总统，28

Hout, Mike，迈克·霍特，72—73

human agency, QCA and，QCA 与人类的主观能动性，212—213

Human Subjects, Committee on，研究伦理委员会，147—148，239

Huxley, T.H.，T.H.赫胥黎，96

image, professional，专业形象，178—180

info-glut，超信息，4，15，60，77—78，92，94，246n16

information overload，信息过载，7，9，60

information retrieval and storage，信息检索和存储，85—86. See also library classification systems，参见图书馆分类系统

information scarcity，信息匮乏，7，9，11. See also info-glut，参见超信息

informed consent，知情同意，171

Institute for Research on Poverty，贫困问题研究所，251n34

institutions：gaining entrée to，获得机构的入场许可，147—149；role in creating and validating data，机构在创造和验证数据中扮演的角色，273n21

intellectual conversation, joining，参与学术交流，65—75，131—134

intellectual kindred spirit, identifying and approaching，发现并接近在智识上与你志同道合的人，90—91

intellectual nodal point, identifying，发现智识节点人物，84—85

intellectual reference group, and development of research question，智识上的参照组，与研究问题的发展，64—66

Internet access，访问互联网，270n12

interview, use of term，访谈，专用术语，279n17

interview questions, formulating，制定访谈问题，168—169

interviews，访谈，113，167—180

interview schedule，访谈流程，169—172

ISI Web of Knowledge，92，ISI Web of Knowledge，92

iterative process, for development of research question，研究问题发展的迭代过程，61—62，64

Jasper, James，詹姆斯·贾斯珀，283n11

Jong, Erica, 埃里卡·琼, 268n20

journal article: synthetic, 期刊文章：合集, 86—87; in literature review, 在文献综述中, 88—89

journal editor, 期刊编辑, 73—74

journal reading, as field work, 实地研究中的期刊阅读, 70—73

journals, peer-reviewed, 同行评议期刊, 69—73

JStor, JStor(数据库), 92, 95

Kelley, Florence, 佛罗伦萨·凯利, 255n12

Kern, Roger, 罗杰·肯恩, 13—14

kindness to self, 善待自己, 223—224

King, Gary, 加里·金, 265n7

Koss, Mary, 玛丽·科斯, 119—120

Kuhn, Thomas, 托马斯·库恩, 58—59

Lamott, Anne, 安妮·拉莫特, 220—221, 245n9, 284n2

language, power of, 语言的力量, 113—114

Lareau, Annette, 安妮特·拉罗, 107, 125

Larson, Magali Sarfatti, 玛加丽·萨法蒂·拉尔森, 250n33

Lasswell, Harold, 哈罗德·拉斯韦尔, 187

Laumann, Edward, 爱德华·劳曼, 121—122, 274n28

Lazarsfeld, Paul, 保罗·拉扎斯菲尔德, 180, 187, 255n14

leading questions, in interviews, 访谈中的引导性问题, 176—177

Lever, Janet, 珍妮特·利弗, 135

Lévi-Strauss, Claude, 克洛德·列维-斯特劳斯, Claude, 276n14

Lewins, Ann, 安·利文斯, 282n1

librarian, role of, 图书管理员的角色, 85—86

Library of Congress Subject Heading List, 国会图书馆主题标目, 78—80, 91—92

Lichterman, Paul, 保罗·利希特曼, 35

linearity, 线性, 7, 9—11, 247n18, 20

linear model, for research, 研究的线性模型, 56. See also normal science, 参见

常规科学

 linear regression，线性回归，25，247n19，262n1

 Lipset, Seymour Martin，西摩·马丁·利普塞特，105

 literature, professional: broadening of，文献，专业定义的扩展，14—15; international scope of，国际范围内，248n22

 literature review，文献综述，76—80，133—134; as field work，作为实地研究，69—73; tips for，建议，84—96; formal version of，97—98，正式的，97—98

 literature search, and information scarcity，文献检索与信息匮乏，11—13

 "lobster problem,""龙虾问题,"265n2

 logic of discovery，发现逻辑，59—60，125

 logic of verification，验证逻辑，56—57，59—60，125

 Luntz, Frank，弗兰克·伦茨，37—38，181—182

 lying and deception，说谎和欺骗，152

 MacDonald, Heather，希瑟·麦克唐纳，115

 MacKinnon, Catharine，凯瑟琳·麦金农，114

 Mann, Thomas，托马斯·曼，80

 manuscript submission，投稿，73—74

 Manza, Jeff，杰夫·曼扎，72—73

 mapping the terrain，绘制地形图

 market research，市场调查

 Marxism，马克思主义，35

 matching algorithms，匹配算法，266n10

 Mauss, Marcel，马塞尔·莫斯，276n14

 McClelland, David，大卫·麦克莱伦，187

 Mead, George Herbert，乔治·赫伯特·米德，23，148

 mensuration，测定

 mental maps, eliciting，调动心理地图，176—177

 methodology, and methods，方法论和方法，258n29

 methods，方法，3，5—8，141，212，258n29. See also historical-comparative methods，另见历史比较法; multi-method research，多方法研究; qualitative methods，定性方法; quantitative methods，定量方法

Michels, Robert，罗伯特·米歇尔斯，105

misrepresentation，歪曲，276n12

mission statement，of professional journal，专业期刊的宗旨声明，70—71

Morgan, Philip，菲利普·摩根，187—188

motivating the project，激励项目，136—137

Muir, William K. ("Sandy")，威廉·K.（"桑迪"）·缪尔，275n5

multi-method research，混合方法研究，41，183

narrative construction，叙事结构，165

narrowing the focus，缩小焦点，165

National Academy of Sciences，美国国家科学院，259n33

National Opinion Research Center，(NORC)，国家民意研究中心，100

National Survey of Families and Households（NSFH），全国家庭和住户调查，100

National Survey of Family Growth（NSFG），全国家庭成长调查，100

necessary cause，必要原因，205—206，212

Nietzsche, Friedrich，弗里德里希·尼采，113

normal science，规范科学，56，69，130，266n7

note taking，笔记，164—165

null set，空集，82

objectivity，客观性，6，253n8

obviousness, of research results，研究结果的显著性，110—111

OCLC，计算机图书馆中心，92

Ogburn, William，威廉·奥格本，28，254n9

one-way mirror, use of，单向镜的使用，181，185—186

operationalization，操作化，42—43，47，52，113—124，139，194—196，262n47

oral culture，口头文化，246n17

oral histories，口述历史，187—188

order, as research ideal，有序是研究的理想状态，247n20

oversampling，过度抽样，264n12

Paglia, Camille,卡米尔·帕格里亚,115

Pagnini, Deanna,迪安娜·帕格尼尼,187—188

Panel Study of Income Dynamics (PSID),收入动态面板研究,264n12

parametric statistics,参数统计学,102

Parkin, Frank,弗兰克·帕金,249n28

participant observation,参与式观察,155—167,261n41,277n2

pattern of scholarly productivity,学术生产模式,69

pattern recognition,模式识别,173,190—191,199,212—213,256n16. See also QCA perfectionism,另请参阅 QCA 完美主义,220

persistence through transformation,以变革求生存,104

persuasiveness,说服力,244n8

Peterson, Richard,理查德·彼得森,13—14

physical anthropologists,物理人类学家,256n15

physical exercise, role of,体育锻炼的作用,135—136,219

playfulness, importance of,有趣的重要性,222,244n6

political scientists,政治学家,256n15

Popper, Karl,卡尔·波普尔,250n30,282n6

Porter, Theodore,西奥多·波特,259n33

postmodernism,后现代主义,8

practice,实践 5,243n1; salsa dancing as,莎莎舞作为一种实践,1—2; writing as,写作作为一种实践,224

practices:taken-for-granted,实践:理所当然,11; documenting,记载,158

prediction,预测,18

pre-Foucauldian era,前福柯时代,7—9

privileged account,优先考虑的故事版本,8

probability theory,概率理论,101—102

process tracing, use of term,过程跟踪,使用术语,256n15,260n37

professional image,专业形象,178—180

professionalization project,专业化项目,30,204,250n33,258n31

propositional inventory,命题清单,195—196

proto-science, sociology as,社会学作为元科学,58

Przeworski, Adam,亚当·普热沃斯基,259n34

public sociology，公共社会学，2，17，251n35

publishing plans, and development of research question，出版计划和研究问题的发展，69—73

QCA (qualitative comparative analysis)，QCA（定性比较分析），208—210，212—215

qualitative methods，定性方法，4—5，24—25，31—39，203—204，206—207，261n44；and gaining entrée，获得入场许可，145—153

quantification, and logic of verification，量化，验证的逻辑，56—57

quantitative methods，定量方法，4—5，23—24，36—39，206；development of，发展，25—30，204—205，254n9

quasi-experimental design，准实验设计，57—58

Ragin, Charles，查尔斯·拉金，200，204—205，207—208，212—215，249n24，256n15.See also QCA random probability sample，参见 QCA 随机概率样本，42

random sampling，随机抽样，26，125

rape，强奸，114—124

rapport, establishing，融洽关系的建立，177—178

reading，阅读，67—68，70—73，93—96，133—134. See also literature review，参见文献综述

reciprocity，互惠，150—152，276n14

record-keeping，记录保存，93，164—165

reference librarian，参考图书馆员，85—86

reflexivity, of research，研究的反思性，244n5,n7

relationships: between explanans and explanandum，关系：解释要素与待解释事物之间，53；among variables，137—138，在变量之间，137—138

reliability coder，信度编码员，202—203

representativeness, in sampling，样本的代表性，109,125

research interest, distinguished from research question，研究兴趣，区别于研究问题，51—52

research methods，研究方法；See methods，参见方法

research question, 研究问题, 51—52, 265n4; "faux," 53; identifying, 53—54; developing, 60—64; formulation of, 137—138, 谬误的识别、发展与形成

research summary, 研究摘要, 149—150

resonant frame, 共鸣框架, 67

Roiphe, Katie, 凯蒂·罗伊夫, 115

Roosevelt, President Franklin D., 富兰克林·D.罗斯福总统, 28

Rosch, Eleanor, 埃莉诺·罗施, 131

Rule, Golden, 黄金法则, 131

salami science, 腊肠科学, 69

"salsa dancing" approach, "莎莎舞"式的研究方法, 2—4, 38—39, 129, 133—134

sample, 样本, 42, 48, 100—101, 128, 161, 271n10

sampling, 抽样, 42, 47, 52, 100—113, 125, 184, 271n8; and generalization, 与普遍化, 101—102; types of, 的种类, 102—104; theoretical, 理论的, 104, 139—140, 165—166; comparative, 比较性的, 104—106; theory driven, 理论驱动的, 109—110; over time and space, 跨越时间和空间的, 161—162; by venue, 根据依据地点的, 161—162

sampling frame, 抽样框架, 42

schemas, 图式, 62—64, 214—215

Schiller, Anita, 安妮塔·席勒, 270n12

scientific method, 科学方法, 58—59

Scott, James, 詹姆斯·斯科特, 27

Search Log, for literature review, 搜索日志, 针对文献回顾, 93

selection effect, 选择效应, 58

serendipity, in research, 研究中的机缘巧合, 244n8

set theory, 集合理论, 208

setting, for sampling, 抽样中的设置, 107—110, 139—140, 161—162. See also data outcropping, 参见数据切头

sex education, 性教育, 209—211

sexual autonomy model, 性自主的模型, 117—118, 123

sexual property, 性财产, 115—117

Shapin, Steven，史蒂文·沙宾，203

Shapiro, Martin，马丁·夏皮罗，196

Sherman, Rachel，瑞秋·谢尔曼，105

Siegel, Reva，里瓦·西格尔，104

Silver, Christina，克里斯蒂娜·西尔弗，282n1

Singer, Burt，伯特·辛格，259n33

Skocpol, Theda，西达·斯考切波，191

Skowronek, Stephen，斯蒂芬·斯科夫罗内克，27

Small, Albion，阿尔比恩·斯莫尔，22，24

small group analysis，小群体分析，181

Snow, David，大卫·斯诺，66

social anthropologists，社会人类学家，256n15

social arithmetic，社会算术学，24

social closure，社会闭合，249n28，258n31

social life, importance of，社交生活的重要性，219—220

social reform，社会改革，22—24

social science, distinguished from journalism，社会科学，区别于新闻学，55—56，275n5

Social Science Citation Index，社会学引文索引，69，92

Social Studies of Science，科学社会研究，59

"so what?"question，"那又如何？"的问题，136—137

specifying the case，明确你的案例，137

statistics，统计学，101—102

Staw, Jane Anne，简·安妮·斯托，222—223

Stewart, Justice Potter，波特·斯图尔特大法官，281n3

Stimson, James，詹姆斯·斯廷森，182

strangers on a train，火车上的陌生人，169—172

Strauss, Anselm，安塞尔姆·斯特劳斯，32—34，104，207，247n20

subspecialty, identifying，找到所属专业，64—67，268n19

sufficient cause，充分原因，205—206，212

Survey of Income and Program Participation (SIPP)，收入与计划参与调查，100

survey research，问卷研究，25—30，37—38，181—183，260n37

survey researchers，问卷研究人员，146—147

surveys，choice of，问卷的选择，100

Swidler，Ann，安·斯维德勒，167—168

symbolic interaction，象征性互动，207

synecdoche，提喻法，108—109，271n9

synthetic article，综述文章，86—87

systematic random probability sample，系统随机概率抽样，100—101

tacit control group，隐性对照组，105，127—128

tacit knowledge，隐性知识，246n11

taking the role of the other，扮演对方的角色，147

tape recording, of interviews，录音记录访谈，171，174

Taylor，Carl，卡尔·泰勒，258n24

Teune，Henry，亨利·特恩，259n34

tharn，被车灯照射后无法动弹的感觉的术语，251n36

theoretical sampling，理论抽样，104，139—140，165—166

theory, and real-world problems，理论和现实问题。See also groundedtheory; probability theory，参见扎根理论;概率论

Theory and Society，《理论与社会》，71—72

theory building，理论建构，37

theory generating，理论生成，125，160，265n4，282n5

theory testing，理论检验，76，125，282n5

Thomas，William I.，威廉·I.托马斯，24

Tilly，Charles，查尔斯·蒂利，207

Touraine，Alain，阿兰·图海纳，272n12

transcription, of interviews，访谈的转录，175

transparency, of knowledge，知识的透明，68—69

truth，真相，6，203，279n18

truth telling，说出真相，153

truth tree，真理树，210

"turn signals,"转向信号，171—172，184

uncertainty，不确定性，259n34

unit of analysis，分析单位，162

University Microfilms. See Digital Dissertations-ProQuest（University Microfilms），大学缩微胶卷出版公司。参见电子学位论文数据库（大学缩微胶卷出版公司）

University of California, Los Angeles，加州大学洛杉矶分校，93

University of Chicago, Sociology Department，芝加哥大学社会学系，22—24，206—207，252n2,255n11

University of Surrey，萨里大学，282n1

unobserved heterogeneity，未观察到的异质性，57—58

Van Doren, Charles，查尔斯·范多伦，96

variable: conditional，变量：条件变量，10—11; dependent，因变量，10—11，52，196，271n8; independent，自变量，10—11，52，196; omitted，被忽略的，182—183

variable construction，变量建构，262n47. See also operationalization，参见操作化

variables, relationships among，变量之间的关系，137—138. See also elements，参见元素

Venn diagrams，维恩图，81—83. See also"bedraggled daisy"，参见"凌乱的雏菊"

videotaping, of focus groups，焦点小组录像，186

volunteering，志愿工作，149

Voss, Kim，金·沃斯，105

Wacquant,Loïc，卢瓦克·华康德，32，191，249n27

Wallace, Walter，沃尔特·华莱士，52

Watt, Ian，伊恩·瓦特，9，246n17

weak ties, and gaining entrée，弱联结与获得入场许可，148—149

Weber, Max，马克斯·韦伯，23，126，138，249n28

White House Committee on Recent Social Trends (1933)，白宫近期社会趋势委员会(1933)，28

Willis, Paul，保罗·威利斯，277n7

Wisconsin，威斯康星州，250n34

Wiseman，Jacqueline，杰奎琳·怀斯曼，279n21，280n22

Women's Health Initiative，女性健康行动组织，58

women sociologists，女性社会学家，22—24

Works Progress Agency，工程进展署，28

World War Ⅱ，第二次世界大战，26—30，180，261n44

writer's block，写作瓶颈，222—223

writing process，写作过程，20—21，94—95，142—143，164—165，175，220—223

Youth Risk Behavior Surveillance Survey（YRBSS），青少年风险行为监测调查（YRBSS），100

Zambianization，赞比亚化，104

Zen，禅宗，6，41—42，60，68，263n3

Znaniecki，Florian，费洛里安·兹纳尼茨基，24

Zueblin，Charles，查尔斯·祖布林，255n12

图书在版编目(CIP)数据

莎莎舞式的社会科学——超信息时代的研究方法/(美)克里斯丁·卢克(Kristin Luker)著;陈娟,邵成圆译.--北京:中国传媒大学出版社,2025.4
ISBN 978-7-5657-3156-3

Ⅰ.①莎… Ⅱ.①克… ②陈… ③邵… Ⅲ.①社会科学－研究方法－历史－研究 Ⅳ.①C3

中国版本图书馆 CIP 数据核字(2022)第 026488 号

SALSA DANCING INTO THE SOCIAL SCIENCES: RESEARCH IN AN AGE OF INFO-GLUT by Kristin Luker
Copyright © 2008 by Kristin Luker
本书简体中文版专有出版权由 Harvard University Press 授权中国传媒大学出版社出版。
版权所有,侵权必究。
简体中文版通过 Barden-Chinese Media Agency 安排引进。
著作权合同登记号:图字:01-2021-6467 号

莎莎舞式的社会科学——超信息时代的研究方法
SHASHAWU SHI DE SHEHUI KEXUE——CHAOXINXI SHIDAI DE YANJIU FANGFA

著　者	[美]克里斯丁·卢克(Kristin Luker)
译　者	陈　娟　邵成圆
策划编辑	姜颖昳
责任编辑	姜颖昳
封面设计	闰江文化
责任印制	李志鹏

出版发行	中国传媒大学出版社			
社　址	北京市朝阳区定福庄东街1号	邮　编	100024	
电　话	86-10-65450528　65450532	传　真	65779405	
网　址	http://cucp.cuc.edu.cn			
经　销	全国新华书店			
印　刷	唐山玺诚印务有限公司			
开　本	787mm×1092mm　1/16			
印　张	15.75			
字　数	308 千字			
版　次	2025 年 4 月第 1 版			
印　次	2025 年 4 月第 1 次印刷			
书　号	ISBN 978-7-5657-3156-3	定　价	79.00 元	

本社法律顾问:北京嘉润律师事务所　郭建平